젠더와
일본 사회

젠더와
일본 사회

Gender and Japanese Society

권숙인·김효진·지은숙 엮음

한울
아카데미

서문

/

　지난 수십 년 사이 한국 사회에서 여성과 젠더를 주제로 한 연구는 학계 뿐 아니라 정책 수립 분야에서도 중요성이 커져왔다. 1970년대 중후반 이래 여성·젠더적 관점이 인문·사회과학 전반에서 핵심적인 패러다임으로 대두하였고, 여성의 사회 진출과 젠더 차별에 대한 사회적 관심이 증가하였기 때문이다. 이런 맥락에서 젠더를 둘러싼 관념이나 제도 면에서도 '가까운 이웃'인 일본의 상황은 현실적으로 중요한 참조가 되어왔다. 그러나 한국 학계에서 일본의 여성·젠더를 실증적이고 체계적으로 다루고 있는 연구서는 극히 드물고, 많지 않은 연구물들도 특정 시기와 주제에 국한되어 있다. 특히 현대 일본 사회를 젠더 관점에서 정면으로 다룬 연구서는 존재하지 않는다.[1]

　이러한 상황은 우선 한국의 일본 지역연구의 성숙도와 관련이 있을 것이다. 한국의 일본 연구가 어문학 중심에서 본격적인 지역연구로 전환이 된 것이 1990년대 이후라면, 젠더 민감성이 일본 연구에 반영되기에는 일정 정도 시간이 필요했다고 볼 수 있다. 실제 구미의 일본 연구에서도 젠더 관점

1　학술지 논문이나 석·박사 학위논문의 경우는 상황이 많이 달라져서 최근 들어 일본 여성에 대한 연구가 적지 않게 나오고 있고 그 주제도 과거에 주로 문학에 편중되었던 것에 비해 매우 다양한 사회과학적 주제들을 다루고 있다. 그런 점에선 일본 여성·젠더를 주 연구 주제로 삼는 연구자 집단의 형성이 시간문제일 것이란 기대도 가능할 것 같다.

이 반영된 것은 1980년대 이후의 일이다. 1970년대 초두까지 서구 학계 전반에 팽배했던 젠더 편향성은 일본 연구에서도 마찬가지여서 젠더 관점은 고사하고 '여성'이 그 자체로 연구되는 경우란 거의 없었다. '일본인'은 곧 '일본 남성'으로 가정된 채 분석이 이루어졌고, 여성이 등장하는 경우란 가족이나 육아 등 특정 주제를 다룰 때 특정의 역할(어머니나 아내)로 제한되었다.[2]

1980년대 이후 서구 학계 전반에 고양된 젠더 민감성은 일본 연구에도 영향을 주어 일본 여성·젠더에 대한 연구가 본격화되었다. 초기에는 특정 사례나 쟁점, 특정 개인에 초점을 맞춘 연구들이 이루어지다가 점차 공사 영역 분리와 성별 역할 분업, 노동, 계급, 정체성, 소비, 국가, 저항, 섹슈얼리티, 대중문화, 소수자 정치 등 인문·사회과학의 핵심적 주제들에 대한 연구에 젠더 관점이 적용되었다. 그리하여 다른 학문 분야에서와 마찬가지로 일본 연구에서도 여성·젠더 연구는 가장 생산성 높은 연구 영역 중 하나로 부상하였다.

반면 한국의 일본 연구에서는 일본 여성과 젠더에 대한 연구가 아직 단편적으로 밖에 이루어지지 않았으며, 이제 막 연구자 집단이 형성되기 시작한 단계라 할 수 있다. 한국에서 지역학으로서 일본 연구는 한일 관계의 특수성으로 인해 정치학이나 경제학, 그리고 역사학이나 문학 연구를 중심으로 진행되어왔고 이 과정에서 젠더 이슈는 언제나 부차적인 것으로 취급되거나 일본 여성의 특수성이 강조되는 경향이 있었다. 국제화와 함께 지역연구 프로그램이 캠퍼스에 본격적으로 도입된 1990년대 중반 이후, 사회문화적

---

2 예를 들어 서구 학계에서 본격적인 일본 지역연구의 시발점이 된 루스 베네딕트(Ruth Benedict)의 『국화와 칼』(1946)에서 묘사된 '일본인'은 제12장 "어린아이는 배운다"에 등장하는 보통명사로서 '어머니'를 제외하고는 남성=일본인이며, 일본의 사회구조를 다룬 또 다른 고전인 나카네 지에(中根千枝)의 『일본 사회의 인간관계』(1967)에 등장하는 일본인 관료와 농민들 역시 남성=일본인이다. 인류학자 셉 린하르트(Sepp Linhart)가 지적하듯 1960년대와 1970년대 초두까지는 일본 연구에서 (연구 대상과 연구 주체로서 모두) 여성이 부재했다.

관점에서 일본을 연구할 필요성이 강조되기 시작했고 이런 흐름 안에서 일본 사회의 마이너리티, 그리고 여성 문제 등에 대한 관심도 조금씩 나타나기 시작했다. 한국의 젠더 연구나 페미니즘 운동의 경우 가까운 비교 사례로서 일본에 대한 관심이 매우 높지만, 언어의 장벽을 넘지 못해 일본 사회에 대한 충분한 이해 없이 논의되거나 필요할 때마다 일회성으로 참조되는 경우도 적지 않았다.

전후 일본 사회에서 젠더를 둘러싼 지형은 전반적인 사회경제적 변화 속에 일정한 변모를 거쳐왔다. 우선 고도성장기(1950년대 중반~1970년대 초두)에 일반화된 성별 분업, 즉 샐러리맨 남편과 전업주부 아내, 그리고 두 명 전후의 아이들이라는 모델은 낭만적 사랑을 기반으로 한 핵가족이 규범화하면서 일반화되었다. 성별에 따른 공적 영역과 사적 영역의 분리는 자명한 것으로 간주되었고 이는 도심으로 출근하여 밤에만 돌아오는 남자들과 교외에 머무르는 여자들과 아이들이라는, 성별에 따른 공간의 분리로도 이어지게 되었다. 즉 도심과 교외라는 지리적 요인 또한 젠더에 따른 분리에 기여하고 있다.

패전 이후 미국보다 더 급진적이었던 여성 인권의 전면적 수용을 통해 일본 여성은 선거권과 교육의 권리를 가지게 되었지만 젠더 역할과 권리와 관련된 세부적 제도나 의식이 변화하는 데는 좀 더 시간이 필요했다(신기영, 권숙인 참조). 또한 정치와 경제는 여전히 남성의 영역이었고 교육 또한 전전 엘리트 양성 기관이었던 제국대학을 비롯한 4년제 대학은 남학생이 압도적 다수를 차지했다. 많은 여학생들은 대학 대신 짧은 직장 생활 후 결혼하여 핵가족을 꾸려 아이를 낳아 기르다 파트타이머로 다시 노동시장에 복귀하는 생애 주기가 일반적인 것이 되었다(김영 참조). 대중미디어와 헤게모니적 담론은 이런 식의, 교외에서 아이를 키우는 평범한 가정주부를 일반적인 일본 여성의 모델로 적극 재현하였다. 이런 맥락에서 일본의 젠더 연구에서 가정주부에 대한 관심은 꾸준하여, 주로 가정주부이자 어머니로서의 가정 내 지위, 시민사회와 정치 영역에서의 활동, 그리고 (생산 영역을 주도하는 남성들 뒤에서) 소비를 '책임'지는 여성과 여성의 소비문화 등에 대한 연구가 이루어졌다.

상황이 변한 것은 일본 경제가 거품 경기와 함께 호황을 거듭하던 1980년대 들어서다. 지속적인 인력난과 경제적 풍요는 여성의 대학 진학률을 높였고 1980년대 중반 남녀고용기회균등법의 제정·시행과 함께 고급 여성 인력의 사회 진출이 확대되었다. 남녀고용기회균등법이 가져온 양가적 효과가 드러나는 데는 오랜 시간이 걸리지 않았지만, 그럼에도 불구하고 과거 여성의 공적 노동이 주로 보조적이고 단기적인 업무에 치중되어 있었던 것에 비해 남녀고용기회균등법으로 상징되는 1980년대 중후반의 변화는 현대 일본의 성별 분업 구조에 중요한 분기점이 되었다. 거품경제가 여성의 지위에 끼친 또 하나의 영향은 소비문화와 이에 바탕한 도시 문화를 발전시켰다는 점이다. 앞서 언급했듯이 남성이 생산을, 여성이 소비를 맡는 성별 분업은 여성을 소비문화의 주역으로 만들었고 여성을 타깃으로 한 다양한 소비재와 콘텐츠가 발달하는 계기가 되었다. 그러나 여성을 타깃으로 한 대중문화 영역에서도 소비재와 콘텐츠의 제작, 즉 생산은 여전히 남성 위주로 진행되고 있어 생산과 소비를 둘러싼 젠더 분업의 현실은 비판적 분석을 필요로 하고 있다.

1990년대 이후 경기 불황과 함께 여성의 사회 진출은 한풀 꺾이는 한편, 고령화와 저출산이 본격적으로 문제시되었다. 고령화와 저출산은 노동력 감소와 함께 막대한 복지 수요를 발생시켰고 이에 대한 다각도의 진단과 처방이 제시되었다. 이와 함께 기존의 규범에 도전하는 (예컨대 '고갸루' 등의) 젊은 여성들의 등장은 일본 사회 전반에 우려를 증폭시켰다. 그러나 최근까지 20여 년을 넘게 계속되어온 기나긴 불황에서 여성들은 비정규직의 증가, 사회복지의 축소, 변화의 속도가 떨어지는 젠더 역할과 '정상적인' 가정에 대한 일본 사회의 집착으로 인해 직접적인 피해에 노출되기 쉬운 취약한 존재가 되고 있다(김효진 참조). 또한 잃어버린 20년이란 표현이 더 이상 어색하게 들리지 않게 된 현재, 변한 것은 여성만은 아니다. 남성들의 가치관과 삶의 방식 역시 분기하면서 기존의 샐러리맨 기업 인간으로 상징되던 표준적 라이프스타일에 대한 불신이 커지고, 돌봄 노동에 참여하는 남성들이 증가하는 등 남성의 생애 과정과 성 역할도 보다 다양화하고 있다(지은숙 참조).

이런 상황에서 이 책은 현대 일본의 젠더·여성에 대해 학제적 관점에서 체계적으로 접근하고 동시에 젠더를 통해서만 파악될 수 있는 일본 사회의 성격을 포착함으로써 한국의 일본 지역연구의 지평을 확장하고 여성·젠더 연구에도 중요한 참고가 되기를 희망하며 준비되었다. 2014년 가을부터 권숙인, 김효진, 지은숙이 모여 이 책을 기획하면서 다음의 몇 가지 사항을 염두에 두었다.

우선, 한국 학자들의 연구 성과를 담자는 것이다. 사실 일본이나 서구 (여성주의) 학자들의 일본 여성·젠더에 대한 연구는 상당한 축적을 자랑하고 그중 일부는 한국에 번역·소개되기도 하였지만 지난 20여 년 사이 크게 성장하고 전문화된 한국의 일본 연구 성과를 반영하고 싶었다. 저자들은 각자 명시적으로 혹은 좀 더 간접적으로 한국 사회의 시점을 경유하여 일본에 접근하고 있기 때문에 번역서보다 한국적 상황과의 연결이 자연스럽고 보다 읽기 편할 것이다. 둘째, 일본의 젠더와 관련된 핵심적인 주제를 다루되 현재적 관점을 담은 연구를 한데 모으자는 것이다. 이것은 일차적으로 위에 언급했듯이 일본 여성·젠더에 대한 포괄적이고 체계적인 안내를 할 학술서가 아직 한국 학계에 부재하기 때문이다. 우리는 가부장적 젠더 질서와 여성의 도전, 성별 분업, 섹슈얼리티와 문화로 분류된 대주제하에 천황제, 가족제도, 여성운동, 여성 노동, 돌봄, 남성 동성애, 젊은 여성의 하위문화 등의 주제를 담은 논문들을 한 자리에 모을 수 있었다. 그중 다수는 현재 진행되고 있는 쟁점을 다루고 있다. 셋째, 구체적인 자료에 근거한 실증 연구를 담는 것이다. 이 책에 실린 다수의 연구물은 직접적인 '현장 연구'에 기초한 것이고, 사료나 문학텍스트를 분석하는 경우도 당대의 구체적인 정치사회적 맥락을 중시함으로써 '현장성'을 살리고 있다.

기획 취지의 뜻을 모은 후 편집팀은 인문·사회과학에서 한국 연구자들이 쌓아온 연구 성과들을 함께 리뷰하고 기획의 성격에 적합한 글들을 엄선하는 과정을 거쳤다. 그 결과 젠더라는 관점을 공유하는 역사·정치·사회문화·문화연구·문학 등 다양한 분야의 연구 성과들을 모아 유기적으로 연결된 하나의 기획을 만들 수 있었으며, 이를 통해 중요한 이론적인 분석틀을 활용하면서도 구체적인 자료에 근거한 생생한 일본의 현실을 전달할 수 있게 되었다고 생각한다. 이 책에 실린 대부분의 글은 1990년대 이후 변화하는 일본 사회에서 고착화된 젠더 규범에 대한 저항과 도전, 새로운 관행의 대두와 젠더 질서의 변화에 초점을 맞추고 있다. 그리고 이런 현대 일본의 젠더 역학에 대한 맥락을 제공하기 위해 근대 시기 일본 여성운동의 전개(이은경 참조)와 근대 이후 일본 남성 동성애문학이 거쳐온 궤적(이지형 참조)을 함께 실어 균형을 잡고자 하였다.

우선 권숙인의 "전후 천황제와 젠더: 황태자비 마사코의 시련과 황실의 위기를 중심으로"는 황태자와 혼인 후 장기간에 걸쳐 '적응장애'를 앓고 있는 황태자비 마사코의 '시련'을 창구로 삼아 일본 천황제에 내포된 젠더 문제를 고찰한다. 현 황태자 나루히토와 화려한 외교관 경력의 오와다 마사코의 혼인은 "황실의 새로운 시대의 개막"이라는 수사 속에 적극적으로 해석되기도 했지만 실제 마사코에게 기대되었던 최우선의 역할은 황위 후계자 아들을 낳는, 전혀 새롭지 않은 역할이었다. 그리고 이 역할을 충족시키지 못한 까닭에 마사코가 감내해야 했던 '시련'은 강고한 부계·부권적 제도 속에 갇힌 여성이 겪는 딜레마의 아주 상투적인 예일 뿐이다. 그런 의미에서 마사코의 '질병'은 그동안 근대성과 개인, 그리고 젠더 관계의 변화를 둘러싸고 전개되어온 일본 여성의 역사에 대한 불편한 도전일 수밖에 없다. 나아가 그것은 전후 상징천황제가 직면하고 있는 '위기'란 다름 아니라 천황제의 핵심에 자리한 남계 왕조시대의 논리가 젠더적 측면에서 근본적인 균열을 겪고 있음을 드러내는 징후이기도 하다.

혼인으로 정체성이 크게 달라지는 것은 황태자비뿐만이 아니다. 현재 일본의 민법은 부부가 혼인을 하면 부부 중 한쪽이 다른 쪽의 성으로 바꾸어야한다. 남편과 아내 중 어느 쪽이 성을 바꾸어도 상관없으나, 지금까지의 통계에 의하면 아내가 남편의 성을 따르는 경우가 96%가 넘는다. 신기영의 "'개인적인 것이 정치적인 것이다': 선택적 부부별성과 이름의 정치학"은 일본의 부부별성(夫婦別姓: 부부가 서로 다른 성을 가지는 것) 문제가 여성의 혼인과 이름 변경이라는 지극히 간단하고 사적인 문제로 보이지만, 본질은 젠더화된 공사 영역의 이중 구조에서 주변화되는 여성의 이류 시민권의 문제임을 극명하게 보여주는 실례라는 점에 주목한다. 저자는 부부동성이 근대적인 가부장적 가족제도가 확립되는 과정 속에서 새롭게 제도화된 것이며, 사적 영역에서 강요되는 부부동성은 여성이 공적 (남성) 영역에 이류시민으로 포섭될 수밖에 없는 젠더화된 공사 영역의 연결 고리임을 여성들이 겪고 있는 다양한 경험을 통해서 밝히고 있다.

이은경의 "근대 일본 여성운동의 조직화와 노선 갈등: ≪여성동맹≫을 통해 보는 신부인협회의 역사와 의의"는 20세기 초 신여성들의 운동으로 거슬러 올라가 가부장적 젠더 질서에 대한 여성들의 도전을 다룸으로써 이 책에 실린 기타 논문들의 역사적 배경을 제공하는 동시에 한국에 잘 알려지지 않은 근대 일본 역사 속 여성운동의 의미를 밝히고 있다. 다이쇼기(1912~1926)는 일본 역사상 '다이쇼 데모크라시'로 대표되는 역동적인 변화의 시기로, 일본판 여권주의 운동이 조직화되고 활동을 전개해간 시기였다. 저자가 분석 대상으로 삼은 '신부인협회'는 일본 최초의 부르주아적 여성 단체라는 역사성에도 불구하고 약 3년의 짧은 활동을 뒤로하고 해산의 길을 걷게 되었다. 그러나 이 단체의 탄생과 갈등의 과정을 통해 향후 수십 년간 일본 여성주의 운동을 주도한 주요 지도자들이 등장했으며 핵심 쟁점이 드러나고 주요 노선의 기초가 놓이게 되었다. 그런 점에서 '신부인협회'의 짧은 역사는 다이쇼 데모크라시를 거치면서 '자각하기' 시작한 당시 여성들이 무엇을 원하는지를 보여주는 과정이었으며, 최종적인 해산은 그러한 자각이 점점 뚜렷해졌음을 반증하는 것이자 근대 일본 여성운동의 한계를 드러낸 것으로 보아야 할 것이다.

김영의 "수다 공동체의 진지전과 제한적 내부화: 일본 슈퍼마켓 기업의 인사관리 제도에 관한 젠더 분석"은 2000년대에 들어 일본의 종합슈퍼 기업이 도입하고 있는, '고용 형태 대신 노동 방식'을 기준으로 지위나 처우를 결정하는 새로운 인사관리 제도의 내용과 특징, 제도 개정의 배경 및 그 효과를 분석한다. 종합슈퍼 기업은 주부로 구성된 파트타임 노동자를 기간 노동력으로 활용하는 대표적인 업태로, 1980년대 이후 파트타이머의 업무 범위가 지속적으로 확대되고 관리적 업무를 담당하는 파트타이머가 늘어나고 있음에도 여성 파트타이머와 정규직의 임금 격차는 계속 확대되어왔다. 이러한 배경에서 종합슈퍼 선두 기업들은 고용 형태 대신 노동 방식을 기준으로 기업 내 지위와 처우를 결정하는 인사관리 제도를 도입했다. 저자는 작업장에 대한 장기간의 현장 조사를 바탕으로 작업장 차원의 미시 정치에 주목해서, 제도 개정의 배경에 파트타이머의 비공식 권력이 작용하고 있을 가능성을 제시했다. 고용 형태의 신분성을 약화하는 대신 젠더의 신분성을 강화하는 새로운 인사관리 제도는 인건비 삭감을 위해서 파트타이머의 기간 노동력화를 한층 더 진행시키고자 하는 슈퍼 기업이 기간 노동력으로서 파트타이머의 제한적 내부화를 고도화함으로써 파트타이머의 비공식 권력을 억제하고, 이윤 창출 구조를 안정화시키고자 하는 장치임을 규명해낸다.

김영의 연구가 노동 현장에서 나타나는 젠더의 신분성에 접근하고 있다면 지은숙의 연구 "부모를 돌보는 비혼 남성의 남성성: 일본의 젠더 질서와 가족 돌봄의 역학"은 남성 돌봄의 증가에 따른 남성성의 변화를 일본 사회의 가족 관계와 젠더 질서의 변화 속에 위치시켜 추적한다. 일본에서 비혼 남성 가족 돌봄자는 1990년대부터 시작된 장기 불황과 고용 유동화에 따른 남성들의 비혼화, 2000년부터 시작된 개호보험 제도로 가족 돌봄에서 친자녀의 부모 돌봄 규범이 강화되는 것을 배경으로 등장하였다. 저자는 고령의 부모를 돌보는 비혼 남성에 대한 민족지연구(ethnography)를 통해 비혼 남성의 부모 돌봄은 이들의 남성성을 위축시키고 주변화시키고 있음을 보여준다. 여자가 없는 비혼 아들은 헤게모니적 남성성에서 볼 때 낮은 위계에 위치하고 이것은 비혼 남성을 여성 영역으로 간주되어온 돌봄에 가깝게 배치하는 힘으로 작동하는 것이다. 그러나 다른 한편으로, 부모를 돌보는 비혼 남성의 남성성은 헤게모니적 남성성에 도전하는 대안적 남성성으로서의 가능성도 보여주고 있다. 특히 현재 일본 사회는 남성 생계 부양자 가족 모델에서 남녀 모두 일과 가정의 양립이 가능한 남녀공동참가사회[男女共同参画社会]로의 전환을 꾀하고 있는 바, '돌봄'과 '남성'의 결합은 새로운 젠더 질서의 출현과 관련해 중요한 가늠자 역할을 할 수 있을 것이다.

다음의 두 연구는 텍스트를 실마리로 섹슈얼리티를 경유해 일본 사회의 주변부 삶에 접근하고 있다. 이지형은 "금기와 미망을 넘어서: 일본 남성 동성애문학세계 읽기"에서 'LGBT문학'을 'LGBT적 문학'이라는 유연하고 포괄적인 의미로 정의한 후 일본 LGBT문학 가운데서도 남성 동성애문학에 초점을 맞추어 논의를 전개한다. 저자는 남성 동성애문학이 LGBT문학 중에서도 질과 양면에서 중심적인 영역이면서도 동시에 그 문학의 주변성, 소수자성을 상징한다는 의미에서 양의성을 지닌다고 지적한 후, 일본 근현대 소설 가운데 남성 동성애문학의 대표적인 작품을 선별한다. 그는 방대한 작가와 작품 가운데서 하마오 시로의 『악마의 제자』(1929)에서 시작해 이시카와 다이카의 『내 그대는 어디에 있나?』(2002)에 이르기까지 약 70년에 걸쳐 17명의 작가와 22편의 작품을 일본 남성 동성애문학의 대표적인 텍스트로 범주화하는데, 이것은 문학의 경계를 넘어 근대 일본 사회의 '성과 정치'를 논하기 위한 디딤돌로서의 의의를 갖는 작업이다. 남성 동성애문학 고찰을 통해 동성애를 바라보는 외부의 시선과 동성애 아이덴티티를 자각하는 내부의 정서가 교차하는 지점을 세밀하게 살피는 저자의 작업은 '동성애'에 관한 '월경과 횡단'을 시도하는 것이며, 이것은 일본 LGBT문학이 지닌 가능성의 영역을 현실화하는 데 기여하고 있다.

한편 김효진의 "2000년대 이후 지방 공동화와 젊은 여성들: 핸드폰소설, ≪소악마아게하≫, 그리고 '불황문화'"는 2000년대 이후 핸드폰소설과 호스티스 잡지인 ≪소악마아게하≫를 교외와 지방에 사는 젊은 여성들의 삶과 그들이 향유하는 하위문화를 표현하고 있는 매체로 규정하고 이를 현대의 커뮤니케이션 양상 및 지방의 하위문화로 잘 알려진 1980년대 양키문화와 관련시켜 고찰한다. 핸드폰소설은 도심부보다는 교외와 지방의 표준화된 대형 쇼핑몰, 대형 서점에서 인기를 끌고 있는데, 이는 거품경제 붕괴 이후 일본 지방 사회의 공동화를 상징하는 현상이기도 하다. 역 앞 상점가로 대표되는 지방에 토대를 둔 불량 문화로서 양키문화는 거품경제 붕괴 이후 지역 경제의 붕괴와 함께 점차 그 힘을 잃어갔고, 이는 지방 여성들의 유일한 취직처로서 호스티스 클럽을 대두시켰다. ≪소악마아게하≫의 인기로 대표되는 호스티스라는 삶의 방식은 젊은 세대의 도덕적 타락을 의미한다기보다는 경제적 토대를 상실한 여성들의 어쩔 수 없는 선택이라는 측면이 더 강하며, 이는 2000년대 이후 '불황문화' 속에서 자라난 젊은 세대, 특히 그 타격을 보다 강하게 받은 지방의 젊은 여성들이 만들어낸 하위문화로 볼 수 있다는 것이다.

2015년 3월 8일 세계 여성의 날을 맞아 ≪이코노미스트≫가 발표한 유리천장(glass ceiling)지수에서 OECD국가 중 한국이 꼴찌를 차지했다는 사실이 다양한 매체를 통해 대서특필되었다. 여성의 사회 참여나 직장 내 승진을 가로막는 보이지 않는 장벽을 뜻하는 유리천장지수가 OECD국가 중 가장 낮고 평균에 한참 못 미친다는 사실(60점 평균에 25.6점)은 한국 사회에 여전히 엄존하는 여성 차별의 현실을 가감 없이 반영하고 있다. 나아가 여성의 지위를 논하는 기사에서 항상 함께 등장하는 것이 일본이다. 한국보다는 낫다고 해도 일본은 유리천장지수 발표 때마다 한국의 바로 위, 즉 꼴찌에서 두 번째(2015년의 경우 27.6점)를 차지하고 있다. 명실상부한 선진국에 경제 대국임에도 불구하고 일본은 여성의 사회적 지위에 관해서는 한국과 그리 차이가 없다는 점이 세계적으로도 인식되고 있는 것이다. 이렇게 한국과 일본은 사회에서 요구되는 젠더상에 대해 극히 보수적이라는 공통점을 지니고 있다.

유교 문화의 영향, 식민 종주국과 피식민지, 냉전기 미국의 막대한 영향 하에서 이루어진 급속한 경제성장과 핵가족화, 그리고 저출산과 고령화 등 최근의 사회문제에 이르기까지 한국의 현재와 미래를 생각할 때 가장 먼저 떠오르는 참조항으로서 일본에 대한 연구는 그 중요성이 매우 크다. 과거 1970년대와 1980년대에는 "우리보다 20년(30년) 앞서가고 있다"는 경제 발전을 추동하는 논리의 정점으로서 일본의 고도성장이 있었다면, 2010년대도 중반을 지난 현재, 과거와 같은 '목표'로서의 빛은 잃었다고 해도 일본 사회는 여전히 한국 사회의 가능한 미래, 즉 '갈 수 있는 또 하나의 길'을 보여주는 역할을 한다. 특히 고령화와 저출산으로 인한 사회적 문제를 한국보다 먼저 겪고 있다는 점에서, 또한 한일 양국이 보여온 유례 없는 빠른 속도의 고령화와 저출산이 양 사회의 젠더 질서와 매우 밀접하게 연결되어 있다는 점에서도 일본의 젠더 문제는 한국 사회에 중요한 비교와 참조가 될 것이다.

이 책에 실은 이상의 연구 일곱 편은 한일 양국의 젠더 연구, 일본 연구의 일선에서 활약하고 있는 연구자들의 귀중한 연구 성과이다. 특히 한국에 일본의 젠더에 대한 연구서나 교과서가 부족하다는 점, 그리고 젠더 문제에 대한 사회적인 인식 개선이 필요하다는 관점에 기반을 두고 이 책은 학술적 목적 이외에도 교양서로 읽힐 수 있도록 흥미로운 주제를 엄선하였다. 또한 학제적 기획의 장점을 살리기 위해서 논문의 스타일이나 접근 방식의 차이를 가능한 조정하지 않고 그대로 두었다. 방법론과 전공 분야에 따라 편차가 존재하지만 이를 살리는 것 또한 연구 성과를 보다 잘 전달하는 데 필수적이라 판단하였다. 애초 계획했던 일정보다 많이 지체되어 글을 맡겨준 저자들에게 송구하다. 지체된 이유 중 하나가 일본 여성과 관련된 '역사적' 판결이라 할 수 있을 부부별성제 법안에 대한 대법원의 최종 판결 결과를 기다린 것도 있었다. 이 판결의 함의를 좀 더 생생하게 전달할 수 있었던 것은 의미 있는 소득이다. 우리 기획에 공감하며 귀한 글을 맡겨 주신 저자들과 한울 편집부의 노고에 깊은 감사를 표한다.

봄이 오는 관악에서 엮은이

차례

/

3부 섹슈얼리티의 서사와 젠더 표상

가부장적 젠더 질서와 여성의 도전

1장

전후 천황제와 젠더

황태자비 마사코의 시련과 황실의 위기를 중심으로

/

권숙인

1. 마사코의 시련과 황실의 위기

2013년 정초, ≪아사히신문≫은 상당한 지면을 할애해 황태자비 마사코의 근황을 전했다.[1] 기사에 따르면, "적응장애"를 앓고 있는 마사코의 요양 생활이 장기화되어 10년째를 맞고 있으며 따라서 황태자비는 2013년 6월로 만 20년에 달하는 결혼 생활의 절반을 요양으로 보낸 셈이 된다. 이어서 기사는, 2004년 7월 궁내청이 마사코의 상태와 관련해 '적응장애'라는 진단명을 발표했지만 의료 전문가들로부터 이 진단과 치료 방침에 의문의 목소리가 있음을 지적하고[2] 황태자비의 현재 상태가 어떤지, 치료는 어떻게 하고

---

1 "雅子さま, 療養生活10年目 伝わらぬ「適応障害」の病状", ≪朝日新聞≫, 2013년 1월 8일 자, 37면.
2 위의 기사에 따르면 미국 정신의학회의 진단매뉴얼은 적응장애를 "스트레스 인자에 대한 반응으로 정신적·행동적 증상이 나타나는 것으로, 우울증이나 불안장애 등 다른 정신질환의 진단 기준은 충족시키지 못하나 심한 고통을 수반한다"고 정의한다. 2004년 궁내청이 '적응장애'라 발표한

있는지에 대해 "구체적인 설명은 없다"고 평하고 있다. 새해 벽두에 어울리지 않는 이 음울한 소식은 "7년에 걸친 황태자의 구애" 혹은 "헤이세이(平成: 1989~) 신데렐라"의 주인공으로 포장되었던 황태자비 개인의 비극적 반전이자 전후 일본 황실에 대해 반복적으로 형용되어온 '위기'의 핵심을 건드리고 있다. 만세일계(萬世一系)의 신화에도 불구하고 일본 황실의 역사는 위기의 반복이었다. 전후로 국한할 경우 그 위기의 핵심에는 천황제를 둘러싼 제도와 시대적 변화 사이의 불협화음이 있다. 그리고 현재 국면에서 그 불협화음을 만들어내는 주요 고리 중 하나가 천황제에 내포된 젠더 문제이다.

1990년대 이후 황실과 관련해 가장 큰 사회적 관심을 불러일으킨 것은 황태자 나루히토(德人)의 결혼과 여제(女帝)논쟁이라고 할 수 있다. 1993년 초, 오랫동안 무성한 소문과 여론의 무자비한 취재 경쟁의 대상이 되었던 나루히토의 결혼 문제가 마침내 해결되었다는 발표가 있었을 때 많은 일본인들은 진심어린 축하를 보냈다. 더구나 힘들게 성사된 이 혼인의 상대가 화려한 학력과 경력, 직업을 두루 갖춘 '커리어 우먼'이라는 사실에서, 마치 한 세대 전 현 헤이세이 천황과 미치코(美智子) 황후의 혼인 때처럼 황태자의 결혼을 새로운 시대의 상징으로 읽어내고 싶어 한 일본인이 적지 않았다.[3]

당시부터 이 진단명이 마사코의 상태를 에둘러 표현한 것이라는 의견이 많았다. 이번 ≪아사히신문≫ 기사 역시 "치료가 연 단위로 장기화될 경우에는 적응장애라고 보기 힘들고 우울증 등을 의심하는 게 일반적"이라는 전문가 말을 빌려 의구심을 표하고 있다.

3 항간에 잘 알려진 대로 오와다 마사코(小和田雅子)는 부친이 외교관인 덕분에 어린 시절을 러시아, 일본, 뉴욕을 오가며 성장했고 고등학교 과정을 보스턴에서 마치고 하버드 대학에 입학해 경제학을 전공했다. 대학 졸업 후 다시 도쿄 대학에 입학했다가 바로 외무고시에 합격해 외교관으로 일하기 시작했고 해외연수 차 옥스퍼드 대학에서 2년간 석사과정을 마치고 귀국해 북미조약국이라는 엘리트코스를 타며 경력을 쌓고 있었다. 5개 국어에 능통하다는 보도를 더하지 않더라도 뛰어난 능력을 부정할 수 없으며, 해외유학마저 기피하고 소극적이라고 비판받는 일본 젊은이들의 이미지와 비교할 때 매우 진취적이고 적극적인 이미지를 발신했음은 분명하다.

사진 1-1 약혼 내정을 알리는 잡지

또한 이 결혼은 마사코 개인의 인생 여정과 일본 황실이 갖는 속성 사이의 엄청난 대비 때문에도 국내외에서 많은 이목을 끌었다. 지극히 국제적이고 현대적인 성장 배경에 엘리트 학벌과 직업을 갖춘 여성이 더할 나위 없는 고색 전통을 고수하는 황실로 '혼입(婚入)'한다는 점은 영화나 동화의 스토리로도 손색이 없을 만큼 극적인 요소를 갖춘 것이었다. 그런 까닭에 마사코의 황실 혼입에 대해서 긍정적인 해석과 낙관적 전망이 주로 유포되는 가운데, 수차례의 고사 끝에 결국 결혼에 응한 마사코의 '선택'에 안타까움과 동정심을 표하거나 향후 황실에서의 생활에 우려를 내비치는 소리도 들렸다.

결혼 후 들려오는 소식들은 이러한 우려를 확인시켜주는 것이었다. 1993년 6월 9일에 거행된 결혼식 직후부터 황태자비가 황실 생활에 잘 적응하지 못하는 것은 아닌가 하는 추측과 그런 추측을 뒷받침해주는 소식들이 끊이지 않았다. 그런 점에서 위에 인용한 ≪아사히신문≫ 기사는 그간 반복적으로 불거져 나온 불미스런 소식의 연장선일 뿐이다. 혼인 이후 황태자 가족과 관련된 큼직한 흐름만 살펴보자. 우선 결혼식 4개월 뒤인 1993년 10월, 미치코 황후가 쓰러졌고 이후 1년 가까운 기간을 실어증을 겪었다. 언론이 수개월간 미치코를 집중적으로 비난한 것[일명 "미치코 배싱(bashing)"]이 원

사진 1-2 황태자 결혼 기념 우표

인으로 거론되었는데,[4] 특히 황태자 부부와의 입장 차이와 갈등이 주목을
받았다. 나루히토 부부가 해외 방문을 포함해 자신들 방식으로 '공무(公務)'
를 하고자 했던 반면 천황 부부와 궁내청 지도부는 황위 계승자를 낳는 것이
이 부부의 가장 중요한 의무라 생각했으며, 그 의무를 하지 않은 상황에서
다른 공무를 요구하는 것을 못마땅해하고 실제 외무성에 압력을 넣어 황태
자 부부에 대한 외국의 초청을 중간에서 차단 · 거절했다는 것이다.

실제 마사코에 대한 후계자 출산 기대와 요구는 약혼 발표가 나면서부터
표출되었다. 약혼 후 첫 기자회견에서도 자녀 출산에 관한 질문이 나왔고
결혼을 하자 아들이 태어날 것을 바라는 기사가 넘쳐났다. 그러나 결혼 후 3
년이 지나도 임신 소식이 없자 압박은 점점 강해졌고 '불임'이라는 단어가
언론에 등장했다. 5년이 지나자 포기하는 태도와 함께 "인공수정이 가능한
나이"에 대한 기사가 실리기 시작했다. 1999년 12월, 마사코의 36세 생일 직
후 "임신 징조" 기사와 함께 언론이 흥분했으나 곧이어 유산되는 일도 있었

---

4 이 기간 동안 주간지와 월간지의 미치코 배싱은 미치코가 독선적이어서 다른 사람 말을 듣지 않
   고 심지어 천황마저 휘두른다, 모진 시집살이를 시켰던 황태후가 병석에 누우며 더욱 고약해졌
   다, 이제는 본인이 시어머니가 되어 마사코를 구박한다는 식이었다. 이런 기사들이 주로 보수 우
   파 경향의 잡지를 통해 나온 것이 이례적으로, 이 시기 미치코 배싱은 헤이세이 천황 부부가 추구
   해온 '열린 황실' 기조에 대한 우파들의 불만으로 이해되었다[박진우, 「여성 · 여계 천황론과 상징
   천황제」, ≪일어일문학≫, 41집(2009)].

다. 2001년 4월, 드디어 황태자비가 임신했다는 공식 발표와 함께 궁내청은 언론에 절제된 보도를 권고했고 같은 해 12월 1일 무사히 아이가 태어났다. 황태자 부부가 결혼하고 8년 6개월 만의 일이었다. 그러나 임신 소식에 대한 환호와는 달리 출산 직후의 기자회견장은 환호 대신 "찬물을 끼얹은 듯 조용"[5]했다. 여자아이가 태어났기 때문이었다.

아이가 태어난 뒤에도 육아 등과 관련해서도 황태자 부부의 '적응'은 수월치 않은 듯 보였고 2003년 12월, 마사코는 대상포진으로 쓰러져 입원했다. 결혼 생활 10년이 지난 시점이었다. 이어 다음 해 2004년 5월에는 유럽 순방을 앞두고 가진 기자회견에서 황태자의 전례 없는 폭탄성 발언이 이어졌다. "마사코의 경력과 그것에 근거한 마사코의 인격을 부정하고자 하는 움직임이 있었던 것도 사실입니다"라는 '폭로'는 황태자비가 겪는 '시련'의 원인 제공자에 대한 논란을 다시 불러일으킴과 동시에 황태자의 처신에 대한 동생 후미히토(文仁)의 비난이 더해지며 황실 가족 내 세대 및 형제간 갈등을 암시하는 고약한 스캔들로까지 비화되었다. 같은 해 7월, 궁내청은 마사코의 상태에 대해 '적응장애'라는 진단명을 발표했다. 이후 마사코의 상태는 크게 호전되는 일 없이 요양과 치료가 계속되었고 황태자비로서의 공무는 대폭 축소되었다. 그동안 궁내청은 시종일관 "심각한 문제는 아니다", "착실히 회복 중"이라는 모호한 발표만 반복하였다. 엎친 데 덮친 격으로 2010년 2월부터 그동안 결석을 반복하던 딸 아이코가 등교 거부를 시작했고, 급기야 마사코가 매일 학교에 따라가는 사태에 이르게 되었다. 그 사이사이 궁내청과 미디어 사이에 신경전과 타협이 반복되었고, 미디어에 의한

---

5   마틴 프리츠 · 요코 코바야시, 『마사코: 일본 왕실에 갇힌 나비』, 조희진 옮김(눈과 마음, 2005), 142쪽.

미치코 배싱, 궁내청 배싱, 마사코 배싱이 얽혔다.

다른 한편, 황실전범(皇室典範) 개정 문제가 아이코의 탄생과 마사코의 건강 문제를 계기로 본격적으로 논의되기 시작해 고이즈미 총리는 여성의 천황직 계승을 인정하는 황실전범 개정안의 국회 상정을 추진하였다. 이 개정안은 황실 구성원들을 비롯해 국민들 사이에서도 찬반 논의를 불러 일으켰고, 자민당 내 일부 정치가들로부터도 강한 반발을 샀다. 고이즈미는 여전히 개정안 제출을 강행할 자세를 보였지만 2006년 2월 황태자의 동생 후미히토 부부가 셋째를 임신했다는 뉴스와 함께 개정 시도가 주춤해졌고 같은 해 9월 아들이 태어나며 일단 중지되었다.

이렇게 볼 때 나름대로 '헤이세이 황실 붐'을 일으켰던 황태자의 결혼 이후, 황태자비로서 마사코의 황실 생활은 부적응과 시련으로 점철된 셈이다. 마사코에 동정을 표하고 현 황실의 제도적 개선을 희망하는 사람들은 황실 내의 따돌림과 고립, 그리고 궁내청과 황실의 시대착오적 관행에서 원인을 찾는다. 물론 현 천황제를 지지하는 보수파들의 의견은 전혀 다르다. 이들은 마사코의 '자질'에 대해 무자비할 만큼 냉혹한 평가를 내린다. 보수파들에게 마사코는 처음부터 탐탁한 후보가 아니었다. 풍부한 해외 경험이나 화려한 학력과 경력은 오히려 바람직하지 못한 요소였다. 그런 요소들이 함의하는 적극적이고 현대적인 여성 이미지는 전통을 중시하는 황실에 별로 달가운 자질이 아닐뿐더러, 황태자보다 황태자비를 더 부각시킬 수 있을 것이란 우려도 갖게 만들었다. 실제 1993년 1월의 약혼 발표 기자회견에서는 황태자가 9분 9초 발언한 것에 비해 마사코가 28초 더 긴 9분 37초 동안 발언을 했다는 비난도 있었다.

그러나 더 근본적인 이유는 후계자 출산 가능성에 관한 것이었다. 마사코는 "결혼 당시 이미 나이가 29살에, 형제가 여자만 세 명이었고, 어머니도 무남독녀이었던 점 등을 고려하면 후계자를 얻을 확률이 높았다고는 할 수 없었"[6]던 후보라는 것이다. 그런 까닭에 결혼이 확정된 후 궁내청은 "신부의 나이가 많기 때문에……후손을 보기 위해 하루라도 허비하지 않기 위해"[7] 황태자비 교육 기간을 통상보다 줄여가며 결혼식을 서둘렀다. 이런 식의 생각을 하는 보수파들에게 아이 낳는 일에 전념하지 않고 자신의 경력과 적성을 살릴 수 있는 공무에 힘을 쏟고 싶다는 마사코의 생각은 본분을 이해하지 못한 처사로 다가왔다. 결혼 후 부적응도 자기가 원하는 것만 하고 싶어 하는 제멋대로의 성격 때문, 혹은 애초 부적격한 사람이었기 때문인 것이다. 한마디로 황실 입장에서는 "부적절한 선택"이었고, 마사코는 자신의 성향과 황실에서의 향후 역할에 대한 이해 없이 황실행을 선택했다는 점에서 "지나치게 대담한 일"[8]을 했다는 것이다.

역사상 군주제는 거의 대부분 남성 군주를 중심으로 형성되었으며, 그런 제도 속에서 여성들은 권력의 주체보다는 객체, 혹은 권력을 구축하고 행사하는 데 수단으로 간주되어왔다.[9] 그런 까닭에 군주를 중심으로 구성되는 왕조와 왕궁은 여러 가지로 명백한 양성불평등을 내포하고 있으며, 젠더 관점에서 중요한 질문들을 제기한다. 예를 들어 남성들의 권력 게임에 여성이 얼마나/어떻게 희생당하고, 조종당하고, 이용당했는가? 그럼에도 불구하고 (일부) 여성들은 어떻게 (주로 비공식적인) 권력을 획득하고 발휘했는가? 남성이 핵심이 되는 왕조에서 여성 구성원에게 부과된 역할과 책임은 무엇인

---

6   八幡和郎, 『妃殿下の硏究』(東京: 幻冬舍, 2012), p. 57.

7   마틴 프리츠 · 요코 고바야시, 『마사코: 일본 왕실에 갇힌 나비』, 80쪽.

8   八幡和郎, 『妃殿下の硏究』.

9   Anne Walthall, *Servants of the Dynasty: Palace Women in World History*(Berkeley: University of California Press, 2008).

가? 권력의 절대 정점에 위치한 군주와의 관계에 의해 형성되는 왕궁 내 여성 혹은 남성 구성원들의 위계 관계는 어떻게 만들어지며 어떤 특징을 갖는가? 그렇다면 군주의 역할이 더 이상 통치가 아니라 상징으로 축소되고 그 상징 기능의 수행에 왕실의 여성이 핵심 역할을 하게 된 현대사회에서 왕정이 제기하는 젠더 문제는 어떻게 발현되고 있을까? 보다 구체적으로 그 일본적 양상은 어떠할까?

이 글에서는 위에 기술된 황태자비의 결혼 생활을 출발점으로 삼아 일본 천황제에 내포된 젠더 문제를 조망함으로써 마사코 개인의 시련을 맥락화하고 현대 일본 사회에서 천황제의 위상과 의미를 고찰하고자 한다. 마사코의 시련을 통해 천황제를 조망하는 것은 천황제도가 고수해온 강고한 남성 중심주의를 드러내줄 뿐만 아니라 천황제 '위기'의 한 중요한 핵심을 고찰할 수 있게 한다는 점에서 일본 천황제를 분석하는 데 매우 중요한 지점이다. 야와타 가즈오(八幡和郎)와 같은 보수계 논자들은 현재 일본 황실의 위기로 황태자비의 적응 문제, 천황제 계승 위기, 아이코 공주의 불안한 학교 생활, 황태자의 가족 우선 태도, 공무 담당자 부족 문제, 해외에 마이너스 이미지 발신 등을 꼽고 있으나,[10] 전후 보다 장기적 관점에서 천황제 위기의 핵심은 황실에 대한 국민들의 지속적인 관심 하락과 천황제의 존속 자체에 대한 의문과 비판의 목소리일 것이다. 그리고 이런 장·단기적 위기는 일본 천황제에 내포된 젠더 문제와 직접적으로 연결되어 있다.

---

10 八幡和郎, 『妃殿下の研究』.

2. 제도적 몸과 자연적 몸, 역할과 인격 사이

인류학자 다키에 리브라(Takie Lebra)는 일본 화족에 대한 연구에서 이들 귀족층은 자연적 성향과 문화적 통제 사이의 간격을 아주 넓게 유지하는 사람들, 즉 자연적 충동을 억제하고 문화적 예의 규범을 잘 지켜야 하는 사람들이라 지적한 바 있다.[11] 귀족층은 문화와 자연, 혹은 공적인 것과 사적인 것 사이를 엄격히 구분하고, '자연'을 공중의 시선에 노출되지 않도록 해야 한다는 것이다. 우리는 여기에서 더 나아가 천황가 사람들이야말로 이런 '문명화'의 정점에 있고, 경우에 따라서는 그 자체로 '문화'가 되어야 하는 사람들이라 할 수 있을 것이다. 무릇 황족은 "좋고 싫음을 내색하지 않고, 깍듯한 예의를 갖추고, 상냥한 태도를 취해 국민들을 우아하게 대하는 것이 매우 중요"한 사람들이다.[12] 일본 문화의 특징으로 지적되는 '포장의 문화'[13]를 아주 잘 체현해야 하는 존재인 것이다. 무대의 전면부와 후면부의 이중 구조[14], 혹은 오모테(表)와 오쿠(奧)의 분리 구조 속에서 황족은 무대 뒤에서 벌어지는 것을 관객들에게 노출시켜서는 안 된다.

나아가 황족, 특히 천황은 그 신체 자체가 이중적이다. 그는 '자연적 신체(body natural)'와 '정치적 신체(body political)'라는 두 신체를 가지고 있으며[15] 이 양자는 서로 분리되어 조심스럽게 배치·관리되어야 한다. 정치적 i

---

11 Takie Sugiyama Lebra, *Above the Clouds: Status Culture of the Modern Japanese Nobility*(Berkeley and L.A: University of California Press, 1993).

12 八幡和郎, 『妃殿下の研究』, p. 74.

13 Joy Hendry, *Wrapping Culture: Politeness, Presentation and Power in Japan and Other Societies*(London: Oxford University Press, 1995).

14 Erving Goffman, *The Presentation of Self in Everyday Life*(Garden City: Doubleday, 1959).

15 Takie Sugiyama Lebra, *Above the Clouds: Status Culture of the Modern Japanese Nobility*.

신체는 끊임없이 전시되는 반면 자연적 신체는 깊은 궁중 속에 감추어져 있다. 특히 천황제라는 '제도적 신체(institutional body)'를 기준으로 볼 때 황족의 자연적 신체는 그 제도적 신체를 매끈하게 유지해나가는 비가시적인, 하나의 역할에 불과하다. 천황제를 지탱하는 종교적 해석에 따르면 개별 천황의 신체는 죽고 사는 것이 있게 마련이지만 그들의 신체에는 만세일계를 통해 대대로 전해져 내려온 영원불변한 '천황령'이 깃들었다가 다시 후대 천황에게로 계승된다. 따라서 육체는 바뀔지라도 '천황령'이 일단 깃들게 되면 동일한 천황이 된다.[16] 제도적 신체로서 천황의 몸은 오직 하나인 것이며, 개별 천황은 "만세일계인 그 계통의 한 시기를 담당"[17]할 뿐이다. 이 논리에서는 '자연인'은 부정되며, 개성이나 인격 등은 들어설 자리가 없다.

황실에서 천황의 여자는 기본적으로 '빌려온 자궁'으로, 남계를 통해서만 전달되는 "만세일계의 황통"을 이어주는 역할을 부여받았다. 남계 남성으로만 이어지는 가계(家系)에서 여성이 부여받는 재생산자(reproducer) 역할의 전형이다. 또한 메이지 이전에는 천황의 정처(正妻)가 곧 황후직에 오르는 것도 아니었다. 헤이안 시대의 경우 그 역할에 잘 부합하는 사람이 있으면 "황후로 세우는(立后)" 식이었고 결혼하지 않은 내친왕이 황후가 된 경우도 있었다.[18] 황후란 대부분 사후에 부여되는 직위로, 대개는 천황직을 이어받은 후계자의 어머니였다. 에도시대에 들어서는 오랫동안 황후가 존재하지 않기도 하였다. 메이지유신 이후 천황제를 정비하는 과정에서 천황의 '정실'을 황후로 책봉하는 제도가 만들어졌으며 메이지 황후는 이 제도에 의해 황

---

16 折口信夫, 「大嘗祭の本義」(1928), 남근우, 「다이조사이(大嘗祭)'의 구성 원리」, 아시아문화연구소 엮음, 『천황과 일본문화』(한림대학교 아시아문화연구소, 2004)에서 재인용.

17 스즈키 마사유키, 『근대 일본의 천황제』, 류교열 옮김(이산, 1998), 184쪽.

18 八幡和郎, 『妃殿下の研究』, p. 145.

후가 된 최초의 경우였다. 후계자를 안정적으로 확보하기 위한 장치인 측실 제도도 다이쇼 천황 때 와서야 폐지되어 천황도 일부일처제를 따르게 되었다.[19] 실제 메이지 천황(재위 기간: 1867~1912)을 비롯해 그 윗대 고메이(孝明) 천황(재위: 1846~1867), 다음 대인 다이쇼(大正) 천황(재위: 1912~1926) 모두 '측실'의 소생이었다. 다만 메이지 천황이나 다이쇼 천황 모두 형식적으로는 정실(황후)의 아들로 입양되는 절차를 거쳤고, 이에 따라 황후는 천황직 계승자의 어머니라는 논리적 연속성을 확보할 수 있었다. 즉 '황후'라는 직위는 천황의 배우자라기보다는 그의 후계자와의 관계에 의해 정의되는 지위였던 셈이다.

이처럼 근대 이후 일부일처제로의 전환 등 천황의 혼인과 관련된 관행이 점차 바뀌었지만 여전히 '사랑이 전제된' 부부 중심의 혼인과는 거리가 멀었다. 천황의 혼인은 신성한 제도에 대한 의무와 결부되어 있었고 그 의무의 핵심은 후계자 확보였다. 실제로 메이지 천황의 유일한 아들이었던 다이쇼 천황은 매우 허약해서 황실이 특별히 신경 써서 '건강한' 배우자를 간택했고 이 부부는 히로히토를 포함해 네 명의 아들을 낳았다. 그 이후 쇼와(昭和) 천황(재위: 1926~1989), 헤이세이 천황(재위: 1989~) 모두 아들 낳는 데 성공함으로써 근대적 일부일처제에 잠재된 후계자 확보 관련 '위기'가 불거질 계기가 없었다.

천황제라는 제도적 몸을 뒷받침해온 또 다른 논리는 '고귀한 혈통[貴種性]'이라는 믿음이다. 천황을 위시한 황족은 일반인과 구분되는 고귀한 존재로, 그 고귀함은 만세일계로 이어져왔다는 신성함에 근거한다. 이 귀종성 역시

---

19 메이지 천황의 경우 10여 명에 달하는 '측실'이 있었고 그런 복수의 관계를 통해 15명에 달하는 자녀를 보았다.

남계로 이어지는 것으로, 천황직 후계를 입양해야 할 경우 일반 서민들의 관행과는 달리 혈연자로 제한했고, 역사상 존재했던 여덟 명의 여제(女帝)도 미혼이거나 미망인 등 독신에 국한시켜 천황직이 여계로 계승될 가능성을 차단하였다. 즉 역사상 존재했던 여제는 천황으로서의 권력의 크기와 별도로 계보 관계만으로 볼 때는 남계를 이어주는 중계적 존재였던 셈이다. 천황의 배우자를 선택하는 범위 역시 매우 제한적이어서 대대로 화족(華族)이나 황족 간의 혼인이 반복되었다. 이는 근대 이후에도 마찬가지여서 메이지, 다이쇼 천황은 물론이고 히로히토와 그 아들들도 현 천황인 아키히토를 제외하고는 이른바 다섯 섭가(攝家)나 황족 가문을 중심으로 한 일본의 최고 '명문' 집안의 딸들과 혼인했다.[20] "테니스코트의 로맨스", "신분을 뛰어 넘은 사랑"으로 회자되던 아키히토와 '평민' 미치코의 결혼이 세간의 큰 관심을 끌게 된 맥락이다. 그간의 황실 혼맥을 고려하면 현 헤이세이 천황의 결혼은 말 그대로 엄청난 신분 차이를 뛰어넘은 것이었다. 실제 미치코가 최초의 평민 출신으로 황실에 혼입하게 되었을 때 황족 출신인 쇼와 황후는 며느리의 출신을 문제 삼아 반대를 했고 미치코의 혼인 후에도 황실의 다른 여성들과 함께 시집살이를 많이 시킨 것으로 알려져 있다. 쇼와 천황 히로히토 부부는 단 한 번도 미치코의 친정 부모와 식사를 나눈 적이 없으며, 미치코의 공식 약혼식에도 부모들은 참석하지 못했다. 마사코는 미치코와 미치

---

20 다섯 섭가란 헤이안 시대 이후 섭정과 관백의 지위에 올라 천황을 대신해 실질적인 통치 권력을 행사할 수 있었던 집안들로 대대로 황후를 내었다. 고노에(近衛), 규조(九條), 이치조(一條), 니조(二條), 다카쓰카사(鷹司) 가문이 그 다섯이다. 메이지 황후는 이치조가, 다이쇼 황후는 규조가의 딸이었으며 쇼와 황후는 내친왕, 즉 황족이었다. 메이지 초기에 제정된 구 황실전범은 황족의 혼인 범위로 "동족 또는 천황의 뜻에 의해 특별히 인허된 화족에 한한다"(39조)고 제한함으로써 천황가의 족내혼(endogamy) 범위를 제도적으로 제한하였고, 실제로 이 규정에 위배되는 영친왕과 일본 황족 나시모토노미야 마사코의 결혼 문제는 황실전범 증보를 만들어서 '해결'해야 했다.

코의 둘째 며느리인 기코에 이어 '일반인'으로 황실에 혼입한 세 번째 여성이다.

황태자비의 자격으로서 '고귀한 피'에 대한 금기는 이미 미치코에 의해 깨진 상태였지만 남성 후계자를 낳아 천황가의 제도적 몸을 잇게 해야 하는 역할은 마사코에게도 여전히 엄중하게 요구되었다. 처음부터 보수 우파들이 황태자비로 원한 자질은 재생산 능력이 큰 몸과 (그러한 것이 존재한다면) 아들을 낳을 가능성이 높은 몸이었다. 사실 젊고 건강하고 유전적으로 우월한, 한마디로 우수한 재생산 능력은 어디서나 황태자비 간택의 가장 중요한 기준이었다. 그런 조건에 비해 학력과 경력은 부차적이거나 과도하면 오히려 부정적인 요소이다. 따라서 보수파들은 만 30살에 가까운 나이와 가계상 아들을 낳을 가능성이 높지 않다는[21] 이유로 마사코를 달가워하지 않았다. 물론 황태자의 재생산 능력은 질문거리가 될 수 없었다. 결혼을 주저하는 마사코에 대한 회유책으로 '황실 외교' 역할이 제안된 것으로 알려졌으나 정작 결혼 후에는 궁내청과 황실의 압력에 의해 해외 방문이 번번이 좌절된 것으로 알려졌다. 출산이라는 몸적 실천이 달성되지 않은 상태에서는 가당치 않다는 이유였다.

이렇게 볼 때 마사코의 시련이 드러낸 것은 천황 제도가 기반을 두는 자연적 몸의 문제이다. 고귀한 존재로서 천황이 자연적인 몸을 감추고 제도적 몸을 아무리 우아하게 배치하더라도 결국 제도로서의 천황제를 재생산하기 위해선 자연적 몸에 의존해야 한다는 딜레마를 드러낸 것이다. 결국 마사코의 시련과 위기의 핵심에는 남계 왕조시대의 논리가 그대로 자리하고 있는

---

21 이 근거로 보수파들은 마사코 형제가 마사코와 쌍둥이 여동생을 합쳐 딸만 셋이고 어머니가 외동 딸이라는 점을 든다.

셈이다. 이 논리에서는 황태자비는 "한 사람의 인격으로서가 아니라 황통을 이어갈 왕자를 낳는 하나의 도구"[22]로, 전근대적 왕조시대와 마찬가지로 군주의 '남계 혈통을 이어주는 '빌려온 자궁'의 역할로 존재한다. 그러나 천황제라는 제도적 몸을 재생산하기 위한 도구로서의 황태자비 역할은 근대 이후 새롭게 주체성과 개인성을 확보한 여성들이 받아들이기 힘든 것이며, 실제 황태자 나루히토가 배우자를 찾는 과정에서 겪은 오랜 난항은 현대 일본 사회에서 천황제가 위치한 사회적 맥락의 변화를 잘 반영한다.

전후 일본 사회가 황실에 대해 지속적으로 요구해온 "열린 황실"과 "밝은 황실"은 두 가지 의미를 내포하고 있다. 하나는 황실의 신체를 자연화하고 탈신성화시키는 것이고, 또 하나는 황실 안팎을 가르는 장애를 제거하여 황실 구성원들을 공중에게 좀 더 가시적으로 하고 접근 가능하게 하라는 것이다.[23] 물론 보수 진영은 이런 방향의 변화가 결국 천황에 대한 국민들의 존경과 경외감을 상실시킬 거라며 강하게 저항한다. 전래의 천황제를 옹호하는 사람들에게 천황은 여전히 신토(神道)의 최고 제사장이며 '신성'을 유지하고 있는 존재이다. 패전 후 천황의 '인간 선언'과 함께 황실의 새로운 방향으로 "열린 황실"이 제시되었지만 이는 자칫 황실의 신비주의적 측면을 와해시키고 그 존재의 정당성마저 해칠 위험이 있다는 것이다. 천황은 여전히 "구름 위"에 있어야 하며 세상의 논리와 관행에 의해 오염되어서는 안 되는 것이다. 이런 논리에서 보면 최고 학력에 경쟁력 있는 커리어를 구축해온 마사코는 너무 많이 '오염'된 인물이었다. 마사코를 비판하는 보수파들이 마

---

22 박진우, 「일본 내셔널리즘과 천황제」, 박진우 편저, 『21세기 천황제와 일본』(논형, 2006), 938쪽.
23 Takie Sugiyama Lebra, "Self and Other in Esteemed Status: The Changing Culture of the Japanese Royalty from Showa to Heisei", *Journal of Japanese Studies*, Vol. 23, No. 2(1997).

사코와 비교해 황후 미치코와 기코를 긍정적으로 평가하는 근거로 내세우는 것은 두 사람 역시 평민 출신이었지만 대학 졸업 후 바로 결혼을 했고 "사회생활을 해본 적이 없다"는 것이다.

결과적으로 마사코가 의식적·무의식적으로 드러내 보인 것은 천황제도가 부정해온 '자연'(인)으로서의 모습인 셈이다. 임신할 수 없는(하기 힘든) 몸, 아픈 몸, 개인적 불만, 사적인 희망과 요구 등 지극히 인간적이고 개성적인 것들이지만 고도의 자제와 포장을 덕목으로 하는 황실 코드로 봤을 때는 모두 부적절한 모습이다. 마사코가 '몸'으로 겪어온 고통은 우아하고 매끈하게 유지·재생산되어야 할 제도적 몸으로서 황실이, "구름 위의 존재"로서의 신비한 외양 만들기에도 불구하고 결국 다른 평범한 개체들처럼 자연적 몸에 의존할 수밖에 없음을 드러냈다는 점에서 보수파들에겐 곤혹스러움으로 다가왔다. 특히 황위 계승자를 출산하는 데 겪은 어려움과 궁극적인 실패는 천황제라고 하는 고귀한 '문화'가 결국은 '자연'(의 불확실성)에 의존할 수밖에 없는 사실을 드러내 보였다는 점에서 '위험한' 것이기도 하다. 인류학자 메리 더글러스(Mary Douglas)가 지적한 것처럼 문화의 경계를 와해시키는 것은 곧 '위험'이며, 다양한 금기는 그러한 위험을 차단하고 경계를 확고히 하려는 문화적 장치이다.[24]

황태자비로서 마사코의 정체성(identity)을 규정한 절대적인 조건은 여성의 생물학이었다. '여성의 근대'가, 여성의 정체성을 출산하는 몸으로 일차적으로 정의해온 오랜 역사를 극복하고 생물학적 몸의 제약에 국한되지 않고 다양한 모습의 사회적 존재로서의 정체를 구축하려는 노력이었다면, 21세기 초두의 마사코의 시련은 너무나 익숙하고 상투적으로 해석될 수 있는

---

24 메리 더글러스, 『순수와 위험』, 유제분·이훈상 옮김(현대미학사, 1997).

증상이어서 오히려 위화감을 불러일으킨다. 마사코의 뛰어난 사회적 성취를 흡수해버리는 생물학적 구속성은 여성과 관련된 그간의 모든 시대적 변화를 부정해버리기 때문이다.

3. 황실의 표상: 이상적 가족상과 새로운 젠더 관계

패전 후, 천황의 위상이 신성한 절대군주에서 연성(soft) 상징천황으로 엄청난 변화를 겪었음에도 불구하고 천황제를 뒷받침해왔던 강성(hardcore) 가부장제는 큰 흔들림 없이 고수되었다. 천황직을 비롯한 황족의 지위는 남계의 남성으로만 계승되며 천황의 후면부에 머물러야 하는 황후가 표상하는 것은 부부중심의 평등하고 민주적인 가족이라는, 헌법에 의해서도 보장받게 된 전후의 이상과는 거리가 멀었다. 남성 천황을 정점으로 그와의 계보적 거리에 의해 규정되는 천황가의 위계적 관계 역시 전후 일본가족이 거쳐온 급격한 변화들과 무관히 천황가는 여전히 메이지 민법의 가부장적 이에(家) 제도를 실천하고 있음을 보여주었다. 실제 메이지기 천황제의 근간이 된 구 황실전범이 규정하는 천황은 이에적 질서의 모범적 체현자였다. 남계 장자상속, 남녀차별적 권리와 의무, 가장에 대한 순종, 가장의 강력한 통제와 감독 권한, 가산의 유지와 조상의 유훈 계승 등에 기초한 이에적 질서 구축 과정에서 황실은 전형적인 이에로, 천황은 이상적인 가장으로 부각되었다. 살펴보았듯이 황실 안에서 단혼제와 동반자와의 결합으로서 혼인이라는 개념이 자리한 것도 극히 최근의 역사이다.

큰 틀에서는 황후·예비 황후의 모습은 당대 일본 사회의 지향(정치적 분위기, 가족제도, 젠더 관계 등)과 조응해서 구축되어왔다. 메이지 황후의 경우 근대 일본의 국민국가 만들기 과정이 기초하고 있던 가부장제적 가족제도의 모범적인 체현체로서 그 역할과 이미지가 만들어졌고 황후는 주어진 역할을 모범적으로 수행했던 것으로 평가받는다.[25] 보다 정확히 말하면 메이지 황후 하루코는 근대적 여성상의 표상이자 현모양처라는 역할의 이상적인 구현자였다. 하루코는 양장을 입고 공식 행사에 남편과 함께 참석했으며 여성 교육과 사회 구휼 활동에 힘을 기울였다. 동시에 그녀는 '가족국가 일본'의 가부장인 천황의 배우자로서 이상적인 양처현모상을 구현했다. 양처현모 역할은 근대 일본이 부상하는 부르주아 계층의 여성들에게 부여한 새로운 역할이자 사명이었다. 청일전쟁 이후 강화되는 내셔널리즘과 근대화의 열망 속에 가정은 강력한 근대국가로 거듭나야 하는 일본의 든든한 초석이 되어야 했으며 이 가정 영역을 전담하는 역할은 근대적 교육을 받은 여성들이 가장 잘 수행할 것으로 간주되었다. 다시 말해 근대 일본의 양처현모는 "이 말이 통상 이미지화 하는 '보수적', '전통적' 여성상과는 다른, 근대국가에 어울리는 국민을 낳고 기르는, 교육을 겸비한 여성"[26]에게 부여된 새로운 역할이었다. 이렇게 근대 일본이 여성에 대한 새로운 담론과 제도를 생산하는 과정에서 황후를 비롯한 황실 여성들은 "여성다운 미덕의 화신이 되어야 했"[27]으며 황실의 결혼은 이상적인 여성상을 그려내며 일본 가족을 재정의하는 데 기여했다.

패전 후 개혁 국면에서 이에 제도는 봉건성의 온상으로 강하게 비판 받으

---

25 와카쿠와 미도리, 『황후의 초상』, 건국대학교 대학원 일본문화언어학과 옮김(소명출판, 2007).

26 牟田和恵, 「新しい女·モガ·良妻賢母: 近代日本の女性像のコンフィギュレーション」, 伊藤るり 外 編, 『モダンガールと植民地的近代: 東アジアにおける帝国·資本·ジェンダー』(東京: 岩波書店, 2010), p. 163.

27 다카시 후지타니, 『화려한 군주: 근대일본의 권력과 국가의례』, 한석정 옮김(이산, 2003), 252쪽.

며 부정되었고, '평화헌법'의 정신에 근거한 신민법(1946년)은 남계 직계가족으로서 이에 제도의 법적 근거를 제거했다. 이제 가족은 남녀평등과 부부의 동등한 권리에 기초한 핵가족으로 '현대화'되었다. 가족과 관련된 일본인들의 의식이 실질적으로 변모하기 시작하던 시점에 거행된 황태자 아키히토와 쇼다 미치코의 결혼식(1959년)이 대대적인 '밋치 붐'을 불러일으키며 황실에 대한 국민적 환호와 관심을 집중시킬 수 있었던 것은 이에 제도가 폐기되고 가족 구성원 간의 평등하고 민주적인 관계에 기초한 가족제도가 공포되었던 점과 풍요롭고 활기찬 새로운 일본 사회에 대한 대중적 열망이 확산되었던 데에 기초한다. 황실의 오랜 전통을 깨고 아이들을 한 지붕 아래서 키우며 직접 수유를 하고 요리를 해주는 미치코와 정원의 흙을 함께 만지며 아이들과 놀아주는 미래의 천황의 모습은 당대 서민들이 지향했던 '마이홈주의'와 아주 잘 공명했다.[28]

황실의 적극적인 홍보와 영향력을 더해가던 대중미디어의 중재를 통해 미치코는 중산층 어머니이자 주부의 완벽한 모델로 표상되었다. 젊은 황태자 부부에 대한 국민들의 환호는 이들이 황태자 부부의 모습에서 새로운 시대의 도래와 현대적이고 이상적인 가족상을 보았기 때문이다. 부부가 연행(演行: perform)하는 핵가족적 친밀성과 그 안에서 여성이 행하는 핵심적인 역할은 분명 가부장이 이끄는 세대를 초월한 이에 제도와 대조를 보이며 일반 관중들에게 호의적으로 다가갈 수 있었다. 이러한 시대적 분위기와 조응하고 또 그런 변화를 선도할 수 있었다는 점에서 만큼은 황태자비 미치코는 행운이었다. 물론 당시에도 미치코의 새로운 시도와 황실 가족의 변화된 모

---

28 황달기, 「황족의 결혼」, 아시아문화연구소 엮음, 『천황과 일본문화』(한림대학교 아시아문화연구소, 2004).

사진 1-3 공주 아이코와 황태자 부부

습에 비판을 가하고 황실의 존재 이유를 전통과 영원불변함에서 찾고자 하
는 세력은 존재했었지만 말이다.

한편 남녀공동참가사회[男女共同参画社会] 건설이 국정 과제로 제안되고
여성들의 커리어 지향이 당연시되던 1990년대 초두, "최초의 커리어 우먼
황태자비"의 등장은 분명 시대적 변화를 반영하는 것처럼 볼 수도 있었고
그런 점에서 변화에 저항이 큰 황실에도 획기적인 변화의 바람을 일으킬 수
있을 것이란 기대가 모아지기도 하였다. 실제 1993년 여대생들을 대상으로
한 조사에서 마사코는 "매력적인 일하는 여성"의 "넘버원"으로 꼽혔다.[29] 다
른 한편에서는 마사코가 커리어를 포기하고 황실로 들어가는 것에 대한 페
미니스트들의 비판의 목소리[30]와 동시대를 살아가는 일반인들의 복잡한 심
경도 피력되었다.[31] 미치코가 시대정신을 선도하는 것으로 비쳤다면 마사코

29 Takie Sugiyama Lebra, "Self and Other in Esteemed Status: The Changing Culture of the
   Japanese Royalty from Showa to Heisei", p. 285.

30 Akiko Fukami, "Not all ready to raise a toast to royal nuptials," *Japan Times*, April 8, 1993.

31 예를 들어 약혼 발표 직후나 결혼식 직후에 독자들이 일간지에 투고한 다음과 같은 소회를 들 수
   있다. "황태자비 내정 뉴스가 전해진 밤, 일말의 쓸쓸함을 느꼈다. '축하한다'는 심정에 거짓은 없

는 오히려 그로부터 후퇴한 것으로 해석될 수 있기 때문이었다. 물론 가속화된 황실의 위기를 고민하는 보수파들에게는 마사코의 등장을 남녀평등식의 '일반 세계'의 논리로 해석하는 것 자체가 불쾌하고 가당치 않은 것이었다. 이들에게 황실은 세상의 변화와는 무관한 별개의 세계이며 '어설픈' 일반인들의 논리를 적용시킬 대상이 아니다. 이처럼 미치코의 결혼 때와 비교할 때 마사코가 표상하는 것은 좀 더 복잡한 양상을 띠었으며, 실제 '마사코 붐'은 '밋치 붐'과는 비교할 만한 것이 못되었다.[32]

천황제가 내포한 이에적 관행은 호적 제도에서도 발견된다. 예컨대 전후의 개정 민법에 의해 일반인 여성이 결혼할 경우는 결혼 전 호적으로부터 제적(除籍)되어 부부가 새로운 호적을 만들게 된다. 부부동성제에 따라 새로 만드는 호적은 필두자(筆頭子)의 성으로 통일하게 되는데 현실적으로 대부분 남편이 필두자가 되어 호적을 만들고 있다. 반면 황족과 결혼할 경우엔 황실의 족보라 할 수 있는 '황통보(皇統譜)'에 등록되며 결혼 전 주민기본대장이 없어지고 성도 없어져 경칭으로 불리게 된다. 호적법의 적용을 받지 않기에 선거권, 피선거권도 없어진다. 전후 개혁에 의해 이에 제도가 폐지

다. 그러나 꽃다발을 건네주며 복잡한 심경을 숨길 수 없었던, 회사 동기 여성의 결혼퇴직 날과 비슷한 심정이 되었다. 오와다 마사코 씨와 동년배인 우리들은 남녀고용기회균등법(1986)의 적용을 받은 1기생이다. 균등법을 계기로 기업은 여성에게 머뭇거리며 문호를 열었고 여성들은 희망에 차 그 문으로 들어갔다. 이 1기생들은 지금 일로, 사생활로, 여러모로 흔들리고 있다. 직장에서는 관리직 말단에 올라가기 위한 최초의 승진 기회를 맞고 있는 반면, 결혼과 출산 적령기라는 말도 듣고 있다. 선택에 몰리는 경우가 많다. 남성사회라 말해지는 기업 조직 안에서 손으로 더듬어가며 한걸음씩 걸어온 것이 우리 세대이다. 오와다 씨도 분명 그런 생각을 품고 있었을 것이다. 기업사회가 우리들에게 미지의 세계였던 것처럼 오와다 씨에게 황실이라는 사회도 아직 미지의 세계일 것이다. 남성보다 반 보 떨어져 걸어야 한다는 식의, 전통의 힘이 무거운 세계에 들어가 향후 어떤 활약을 보여줄까. 일말의 쓸쓸함을 느끼면서도 '분발하세요'라고 응원을 보내고 싶다." (≪朝日新聞≫ 1993. 1. 13)

32 황달기, 「황족의 결혼」.

되면서 호적의 편제가 세대를 초월하여 영속하는 출계 집단의 계보를 의미하는 것에서 부부 중심의 핵가족을 기재하는 것으로 바뀌었지만 천황가의 황통보는 '만세일계'의 이에로서 천황가의 계보를 담고 있다.

전통적인 이에 제도에서 여성이 권력과 권위를 가질 수 있는 역할 중 하나는 오카미(女將)이다. 가업이 있는 이에의 안주인으로서 오카미는 가업의 영속과 번영이라는 무거운 의무를 지는 한편 가업의 운영과 식솔들에 대해 커다란 권한을 갖는다. 일부 논자들은 천황가에 대해 "특별한 가업을 유지 계승해온 이에"로, 황후/황태자비 자리를 "일종의 오카미"로 비유하며 마사코의 태도를 비난하기도 한다. 가업이 있는 가정의 후계자와 결혼한다는 것은 "아내가 되는 것과 동시에 가업을 담당하고 그에 부합하는 지위에 오르는 것"을 의미하며 그 경우 이에라는 조직과 가업의 영속이 개개인의 개성이나 인격보다 우선시되어야 한다는 것이다.[33] 오카미로서 황태자비의 중요한 역할은 '공무'라는 형태로 수행된다. 마사코에 대한 비난과 우려의 주요 이유 중 하나는 황태자비로서 공무에 크게 적극적이지 않으며 건강 문제가 불거진 이후로는 실제 거의 공무를 제대로 수행하지 못하여 천황 부부의 부담이 가중되고 황실의 대외 이미지도 깎아 내리고 있다는 것이다. 공주 아이코의 등교 거부가 장기화되자 마사코가 매일 아이를 따라 등교를 한다든가 공무를 거의 멈춘 상황에서 아이 학교 관련 다른 일에 적극 나서는 것에 대해 비난이 가중된 것도 이런 맥락 때문이다.[34] 해야 할 의무를 다하지 못하면서 자신의 핵가족만 챙긴다는 것이다.

---

33 八幡和郎, 『妃殿下の研究』.

34 예컨대 이런 비난까지 있다. "병 때문에 회사를 쉬고 있는 처지에 매일 아이의 학교에 따라가는 것은 사회통념상 허락되기 힘들다. 그런 경우엔 회사를 그만두는 것이 상식이다"(八幡和郎, 『妃殿下の研究』, p. 78).

황태자 역시 사적 핵가족을 더 중시한다는 우려의 시선을 받아야 했다. 나루히토는 약혼 발표 기자회견에서 "마사코를 평생 온 힘을 다해 지켜주겠다"고 약속함으로써 마사코와의 결혼을 낭만적 사랑에 기초한 남녀의 결합이라는 틀로 위치 지웠고, 혼인 후에도 황실의 오랜 관행을 깨면서 여러 비난과 비판에 맞서 배우자로서 황태자비에 대한 지지를 표방하곤 했다. 그런 모습의 절정이 앞서 언급한 2004년 5월 기자회견에서의 '마사코 인격 부정' 발언이었다. 보수파들은 즉각 "적절치 못한" 처신을 지적했고, 황태자비뿐만 아니라 황태자까지도 공무보다는 "가족에 대한 배려를 우선하는 듯" 보인다며 비난을 했다. 황태자 부부의 문제에 대한 비판과 우려의 분위기 속에 일부 미디어를 통해 '황태자 퇴위 가능성' 등이 언급되더니 급기야 2013년 3월 전 국제일본문화센터 소장이자 종교학자인 야마오리 데쓰오가 "황태자 전하, 퇴위 하십시오"라는 도발적인 제목의 글을 활자화하기에 이른다.[35] 이 글은 상징천황제의 위상과 성격에 대한 리뷰와 함께 "사적(私的) 가족에 기울어진" 황태자에게 차라리 퇴위하여 마사코 비, 아이코 공주와 함께 교토로 가서 마사코의 치료도 하며 단란하고 평화로운 가족생활을 꾸려갈 것을, 즉 가족 중심의 '제2의 인생'을 선택할 것을 권하고 있다. 그것이 2천 년간 유지해온 '상징가족'과 '근대가족' 간의 균형을 되찾아 "천황가의 위기"를 해결하는 길이 될 거라는 주장이다.[36]

---

35 山折哲雄, 「皇太子殿下, ご退位なさいませ」, ≪新潮45≫ 3月号(2013).

36 야마오리의 '퇴위론'이 실린 ≪新潮45≫는 신조사가 발간하는 월간지로 ≪週刊新潮≫에 비해 좀 더 대중성이 강하다. 우익 성향의 신조사가 지명도 높은 학자의 필을 빌려 '퇴위론'을 활자화한 것은 천황제 옹호론자들의 황태자 때리기의 연장이라 볼 수도 있고 최소한 황실에 대한 대중들의 관심을 자극하려는 의도로도 읽을 수 있을 것이다. 천황제 옹호론자들의 입장에서는 황실이 국민들에게 그저 잊히는 것도 매우 우려스러운 일이기 때문이다. 천황제와 관련된 일련의 젠더 이슈에 대해 일본 페미니스트들이 (사회 비평이나 학술 논문의 차원 모두에서) '침묵'하는 이유에 대해

이렇게 볼 때 현대의 상징천황제가 내포한 젠더 문제는 결국 일본의 근현대 가족제도가 내포한 젠더 관계와 긴밀히 연결된 것이었다. 메이지유신 후 새롭게 제도화된 가부장적 이에 제도는 근대적 국민국가 만들기 과정을 통해 일본 사회에 표준화되어갔고, 천황가는 부계제, 장자 승계, 가부장의 절대적 권한에 기초한 일본 근대 가족제도의 모범이 되었다. 나아가 천황은 '가족국가 일본'을 앞에서 이끄는 전 국민의 가장이 되었다. 패전 이후 이에 제도가 폐기되고 가족 구성원 간의 평등하고 민주적인 관계에 기초한 가족제도가 공포되었을 때 그동안 천황 뒤에서 그림자로 머물렀던 황후의 위상에도 근본적인 변화가 예고되었다. 확실히 쇼와 황후는 패전 후 과거에 비해 가시성이 확연히 증가했고, 미치코는 살펴본 대로 새로운 핵가족의 이상을 '연행'하면서 황실의 이미지를 훨씬 친근하게 만들었다. 그러나 전후 개혁의 일환으로 구 황실전범이 개정되었음에도 불구하고 천황제도는 여전히 명백하게 남녀차별적이다. 천황직은 남성만 계승할 수 있고 배우자 관계도 여전히 남성중심적이며, 남계로만 연결되는 계보 관계로 인해 일반인과 결혼한 공주는 황족 신분이 박탈된다. 즉 천황가만이 여전히 메이지 초기에 제도화된 가부장적 이에 제도를 고수하고 있는 셈이다. 결국 마사코가 희망한 것은 현대 일본의 '정상' 핵가족 생활과 그 속에서의 지위와 역할이었던 듯하다. 그러나 그런 '사적' 희망이 받아들여지기에는 황실 생활은 천황제라는 틀 속에서 각각의 지위에 할당된 역할과 의무가 훨씬 우선되는 곳이다.

'무관심 전략'이라는 답을 들은 적이 있다.

4. 여제는 가능할까? : 여제 논쟁과 여론조사로 본 여성 천황의 과거와 미래

근년에 일본 황실을 둘러싼 가장 큰 논쟁거리로 부상했던 것은 이른바 '여제(女帝) 논쟁'이었다. 힘들게 결혼한 나루히토 황태자 부부 사이에 아이 탄생이 늦어지면서 황위 계승자 확보와 관련된 우려감이 표명되었고 2001년 12월, 결혼 후 8년 만에 인공수정으로 태어난 아이가 딸임이 밝혀지면서 '여제의 가능성'이 본격적으로 부상하였다.[37] 이제 첫아이가 태어났으니 둘째, 셋째도 가능할 수 있고 그중 남아가 태어날 수도 있지 않겠냐는 목소리도 있었으나 당시 상황은 그런 불확실성에 힘이 실리기에는 '여유'가 없었다. 우선 황태자 부부의 나이가 적지 않았고 동생 후미히토 부부도 딸만 둘이었다. 더 중요하게는 자칫 계승 조건을 충족시킬 황족원이 단절되는 상황도 초래될 수 있었기 때문이다. 1965년 현 천황의 둘째 아들인 후미히토가 태어난 뒤 아이코를 포함해 황실에 태어난 9명이 모두 딸이었다. 따라서 2000년대 초두 상황은 나루히토, 후미히토까지 황위 계승이 된 후에는 더 이상 후보자가 없었다. 당시 아키히토 대와 그 윗대에도 소수의 남자 황족원이 있었지만 이미 상당히 고령이었으며, 나머지 여성은 누구도 황위 계승자가 될 수 없었다.

2016년 6월 현재 아키히토 천황의 두 아들과 손자 히사히토를 제외하면 그 윗대로는 두 명의 고령 남자 황족원이 생존해 있다(〈그림 1-1〉 참조).

---

37 일본에서 '여제 논쟁'은 이번이 처음은 아니어서 구 황실전범을 만드는 과정에서도 커다란 논쟁거리로 대두했었다. 2000년대 초의 여제 논쟁의 자세한 경위와 함의에 대해선 박진우, 「여성·여계 천황과 상징천황제」를 참조할 수 있다.

그림 1-1 황실 구성원과 천황직 계승 순위 (2016년 6월 기준)

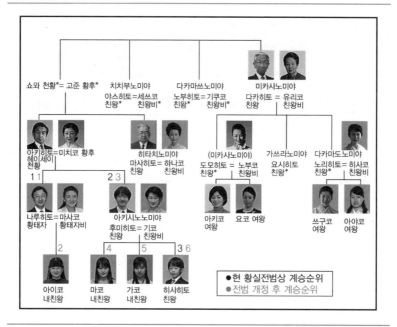

* 표시는 사망
자료: 일본 궁내청 홈페이지(http://www.kunaicho.go.jp/about/kosei/koseizu.html)

사실 2000년대 초 대두된 여제 논쟁 이전에도 일본 황실에는 오랫동안 남자 수가 부족했다. 남계 계승을 보장하는 장치로 '측실 제도'가 있었지만[38] 이미 에도시대 후기부터 남계 계승은 겨우 겨우 가능한 정도였다. 다이쇼 천황 재위까지 포함한 100여 년 동안 즉위했던 닌코(仁孝: 재위: 1817~1846), 고메이, 메이지, 다이쇼 천황 모두 전 대 천황의 유일하게 생존한 아들이자 측실의 아들이었다. 에도 후기에 오면 이전에 비해 측실의 규모가 작아졌고

---

38 所 功,「<皇室典範>と女帝問題の新論点」,『歷代皇后人物系譜總覽(別冊歷史読本 24)』,東京: 新人物往来社, 2002.

근친혼, (의료 목적으로라도) 황손의 신체를 접촉하는 것에 대한 금기 등으로 황실의 유아사망률이 높았기 때문이다. 게다가 패전 후에는 연합군 점령 하에 시행된 신적강하(臣籍降下) 조처에 의해 남성 황족 26명을 포함한 51명이 황족 신분에서 이탈하였다. 다이쇼 천황의 직계 자식만 황족 신분을 유지하고 나머지 11개의 방계 황족가문(宮家)이 황적에서 이탈, 평민이 된 것이다.

현재 천황직 계승의 기본 요건은 우선 '일본국 헌법' 제2조의 "황위는 세습에 의하고, 국회가 의결한 황실전범이 정하는 바에 의해 계승한다" 라는 조항과 '황실전범' 제1장의 황위 계승 규정이다. '황실전범' 제1장 1조는 "황위는 황통에 속하는 남계(男系)의 남자가 계승한다"로, 9조는 "천황 및 황족은 양자를 들일 수 없다"고 되어 있어 생물학적으로 이어진 남계 남성만이 계승 자격을 갖는다. 2조가 규정한 황위 계승 순서는 황장자→ 황장손→ 기타 황장자의 자손→ 황차자 및 그 자손→ 기타 황자손→ 황형제 및 그 자손→ 황백숙부 및 그 자손으로 되어 있다.

따라서 여제 논쟁은 곧 황실전범(이하 '전범'으로 표기함) 개정 여부를 의미하였다. 전범 개정과 관련해 고려해야 할 것으로 여러 쟁점들이 지적되었으나 가장 핵심은 여성에게 계승 자격을 부여하는 방안이었다. 위에 언급한 '귀종성'의 믿음에 의해 입양이라는 대안은 더욱 허용하기 힘들었을 것이다. 증폭된 위기감을 배경으로 전범 개정파인 당시 수상 고이즈미는 2004년 12월 '황실전범에 관한 유식자 회의'라는 전문가 기구를 만들어 여성·여계(女系) 황위 계승에 관한 전범 개정안을 만드는 일에 착수했다. 황족과 구 황족, 그리고 보수파들이 여성·여계 황위 계승에 반대 혹은 우려를 표했지만 유식자 회의는 2005년 11월 '제1자 계승', '여성·여계 계승', '여성궁가(宮家)설립' 등의 인정을[39] 골자로 하는 보고서를 제출하였고 고이즈미 수상은 이를 바탕으로 전범 개정안을 만들어 국회에 상정한다는 자세를 보였다. 이러한 움직임에 당시 관방장관 아베 신조와 아소 다로 등 보수파 정치가들이 강하게 반발하며 전범 개정 문제가 정치적 대립으로까지 번져가는 와중에 2006년 2월 후미히토 부부의 셋째 임신 사실이 발표되었고 전범 개정 작업은 새로운 국면을 맞게 된다. 그리고 2006년 9월, 41년 만에 황실에 아들이 태어나면서 개정안 상정 문제는 유보되었고 현재까지 여제 논쟁은 일단 중지된 상황이다. 그러나 이는 해결된 사안이라기보다는 미뤄진 것으로 보아야 할 것이다. 살펴보았듯이 남계 남성 계승 위기는 언제든 반복될 수 있기 때문이다. 현재 황족의 구성과 (황실전범 개정 여부에 따른) 천황직 계승 순위는 〈그림 1-1〉과 같다.

그렇다면 일반인들은 여성 천황에 대해 어떤 태도를 보였을까? 우선 여론의 추이부터 살펴보자. 교도통신사(共同通信社)와 그 주요 가맹 언론사로 구성된 일본세론조사회가 1975년부터 30년간 여성 천황에 대해 실시한 여론조사 결과를 보면(〈표 1-1〉) 여성 천황에 대한 지지도에서 현격한 변화가 있었음을 볼 수 있다. 특히 2003년 조사에서는 5년 전 결과와 비교해 여성 천황을 지지하는 비율이 49.7%에서 76.0%로 급증한 반면 남성이 천황이 되어야 한다는 응답은 30.6%에서 9.6%로 급감하고 있다. 2003년 시점에는 아이코가 태어난 이후 황실의 후계 문제와 관련해 위기감이 증폭되고 마사코의 '부적응'에 동정심도 확산되던 시점이었다. 그리고 유식자 회의가 전범 개정안을 제출하기 직전인 2005년 10월에는 여성 천황에 대한 지지가 80%

39 세 가지 모두 주요 쟁점화되었던 것으로, '제1자 계승'이란 성별에 상관없이 장녀/남에게 계승 우선권을 주는 것이며 '여계 계승'은 모계를 통해 계승권을 부여하는 것으로 '여계 여성 천황'과 '여계 남성 천황'이 가능하다. 과거 8명의 여제는 모두 여계 천황과 무관한, 남계를 이어주는 여성 천황이었다. '여성궁가 설립'은 공주가 혼인을 할 경우 공주를 가장으로 하여 그 배우자와 자녀를 황족으로 편입시켜 황족원의 규모를 늘리자는 것이다.

표 1-1 여성 천황에 대한 지지도 추이

조사 시점	1975. 12	1984. 12	1998. 4	2003. 6	2005. 10	2006. 2	2009. 10
여자가 천황이 되어도 좋다	31.9	26.8	49.7	76.0	83.5	71	77
천황은 남자만 되어야 한다	54.7	52.5	30.6	9.6	6.2	13	14
특별히 관심 없다	8.1	18.0	17.5	12.7	9.3		
기타	0.2	0.2	0.4	0.4	0.2		
모르겠다/무응답	5.1	2.8	1.8	1.3	0.8	16	10
합계	100.0	100.0	100.0	100.0	100.0		

* 2006년과 2009년 결과는 가토(加藤元宣)에서[40], 나머지 연도의 조사 결과는 일본세론조사회의 여론조사 결과임.

를 넘고 반대 의견은 6%선으로 떨어지는 등 전체적으로 30년 사이에 극적인 변화를 보이고 있다. 개정안이 여론에 의해 탄력을 받았음을, 그리고 고이즈미가 개정안 상정에 강한 의지를 보였던 시점에서는 여성 천황에 대한 일반인들의 지지가 압도적이었음을 알 수 있다. 물론 일부 보수 우파들의 강력한 반발도 있었지만 대부분의 언론을 비롯해 정부와 여당도 여성 천황을 용인하는 전범 개정에 찬성을 표하고 있었다.

이런 변화가 어디까지 사회의 전반적 변화를 반영하고 어디까지 황통 존속의 위기 상황을 반영하는지 정확히 구분해내기는 힘들다. 다만 보수 우파들 사이에서도 여성 천황에 대한 지지층이 있었다는 점은 여성 천황의 용인이 남녀평등 의식의 단순한 반영만은 아니었음을 말해준다. "무엇보다도 황

---

40 加藤元宣, 「平成の皇室観: '即位20年 皇室に関する意識調査'から」, 『放送研究と調査』 2月号 (2010).

실의 혈통이 계승되어야 한다"[41]는 절박감이 이들로 하여금 여성에 의한 계승도 '용인'하도록 만들었을 것이다. 실제로 2006년 가을, 황실에 아들이 태어나자 여성 천황에 대한 지지가 다시 하락하고 반대로 남성 천황 지지층이 증가하는 모습은 이러한 사실을 방증한다. 물론 여성 천황에 대한 찬성이 황위 계승에 대한 위기감에서만 나온 것도 아닐 것이다. 오히려 일반인들의 지지가 꾸준히 확대된 것은 1999년 2월 '남녀공동참가사회기본법안'의 국회 제출 등으로 상징되는 시대적 변화와 황실의 남성 중심주의 사이의 간격이 그 어느 때 보다 벌어진 때문으로 보아도 될 것이다. 여성 천황에 대한 지지가 향후 장기적으로 어떤 흐름을 보일지는 좀 더 지켜볼 일이지만, 대폭 하락하기는 힘들 것이라 예상되는 이유이다.

실제로 여제 논쟁이 본격화된 데에는 아이코의 탄생이 계기가 되었지만 여성 천황이 가능하도록 제도를 바꾸자는 제안은 이미 나루히토의 결혼난 중에도 제기되었다. 예를 들어 1993년 1월 나루히토의 약혼 발표 직후 신문에 투고된 일반인들의 소감에는 황태자의 약혼 자체에 머물지 않고 천황제의 존재 방식 전체를 질문하는 의견이 다수 있었다. 그리고 "이 참에" 여성도 천황이 될 수 있게 하자는 의견도 피력되었다. 예를 들어 35세의 한 남성 회사원은 다음과 같이 물었다.

"약혼이 성사되기까지 이렇게 난항을 겪은 이유는 여러 가지가 있겠지만 나는 황위 계승이 남자만 가능한 것도 이유 중 하나라 생각한다. 반드시 남자를 낳겠다고 약속할 수 있는 여성이 이 세상에 있을까. 나아가 아이를 낳는 것 자체가 확약할 수 있는 성질의 것이 아니다. 본인도 주저하고 부모가 반대하

---

41 박진우, 「여성·여계 천황론과 상징천황제」, 11쪽.

는 것도 무리가 아니다. 남녀는 평등한 존재이며, 여성의 사회 진출도 활발해지고 있다. 오와다 마사코가 그 좋은 예이다. 황실만이 여성을 차별하는 것은 시대에 뒤떨어진 것이 아닌가……이참에 황실전범을 개정하여 여성도 황위계승이 가능케 하는 것이 어떤가"[42]

마찬가지로 황태자의 혼례 직후 29세의 주부는, "왜 애초 여성은 황위 계승을 할 수 없는 것일까……국민 통합의 상징인 천황이 그런 불평등한 황실전범에 의해 존재하는 이상 일본 사회의 '후계자는 남자'라는 생각 역시 바꾸기 힘들 것이다. 모든 생명은 남녀 동등하게 존엄하다. 언젠가 태어날 황태자 부부의 아이가 낙담의 소리를 들으며 이 세상을 대면하게 되는 일이 있다면 절대 안 될 것이다. 하루라도 빨리 황실전범이 개정되기를"[43] 희망하고 있다.

여성 천황을 지지하는 사람들은 흔히 천황제의 역사에서 이미 여성 천황이 존재했음을 지적한다. 실제 에도시대 두 명의 여성 천황을 포함해 10대에 걸쳐 여덟 명의 여성 천황이 즉위하였으며, 그중 몇 명은 강한 통치력을 발휘하기도 하였다. 역사상 처음으로 천황직 승계 자격에서 여성을 배제한 것도 메이지 헌법에 와서이다. 여성 천황을 허용하는 것은 양성평등이란 시대적 가치와도 부합하고 이를 통해 황실을 국민들에게 좀 더 가까운 존재로 만드는 데 기여할 것이란 의견도 많다. 유럽의 여러 왕실이 여성 승계를 배제하지 않는 점도 여성 천황 지지 논리에 유리하다.

그렇다면 전범 개정안에 반대하는 사람들이 내세우는 이유는 무엇일까.

---

42 《朝日新聞》, 1993년 1월 8일 자.
43 《朝日新聞》, 1993년 6월 15일 자.

우선 "2천년 남계 원칙"이라는 '전통'은 무슨 일이 있어도 유지되어야 한다는 주장이다. 보수파들에 의하면 역사상 존재했던 여성 천황은 위기에 처한 남계 계승을 "이어주는" 역할을 했을 뿐이며, 그들의 존재가 천황제의 출계율(descent rule)에 초래한 변화는 없었다는 것이다. 이들은, 일반인들 중 여성 천황과 여계 천황을 명확히 구분하지 못하는 사람들이 많으며 여계 천황의 허용은 일본 역사상 전례 없는 새로운 변화로 "그리 간단한 사안이 아니"라고 주장한다. 또한 여계 천황을 한번 인정하면 오랫동안 유지되어왔던 황실의 다른 전통과 금기가 계속 와해될 것이고 결국은 천황제 자체가 흔들릴 것이란 주장이다. 따라서 이들은 남계 전통을 유지할 다른 대안, 예컨대 1947년 신적강하 조처로 황족에서 이탈한 구 황족의 복권 등을 주장한다. 측실을 부활시켜야 한다거나 황태자가 이혼하고 다른 여성을 찾아야 한다는 좀 더 과격한 소리도 있었다. 반대파들이 불편해하는 또 다른 것으로 여자 천황의 남편에 대한 대우·예우 문제도 있다. 천황은 가장 높은 지위와 신분이어야 하는데 일본인들의 통념상 "남편은 아내의 위"이기 때문에 곤란하다는 것이다. 사실 외부인의 시각으로 볼 때 이 점은 논리적이라기보다는 감각적 거부감으로 다가온다. 보수파들이 줄곧 주장해온 대로 황실은 '일반 세상'의 논리나 잣대를 적용할 수 없는 대상이라고 하면 될 일이기 때문이다.

5. 세속화된 사회 속의 극장국가와 그 주역들

현재 전 세계적으로 보아도 설사 왕정이 존속한다 해도 정치와 행정 업무는 대의제 민주주의와 관료 제도에 의해 수행되고 군주에게 남은 것은 의례적 역할뿐인 경우가 대부분이다. 세속적인 권력이 제거된 채 '극장성'만을 그 기능으로 부여받고 있는 것이다. 물론 세속 권력 역시 권력의 정당화나 과시를 위해 각종 의례를 고안하고 수행하며, 통치의 의례적 연행은 현대 정치에서도 익숙한 풍경이다. 경우에 따라선 이 극장성이 곧 권력을 만들어내고 유지하는 데 핵심이 되기도 한다. 인류학자 클리퍼드 기어츠(Clifford Geertz)가 식민화 이전의 발리의 왕권을 '극장국가(theater state)'라 부른 것은 통치의 기호론적 속성과 지배의 표현성 그 자체가 곧 질서와 현실을 창조한다는 것을 부각시키기 위해서였다. 여기서 국가의 의례적 실천과 연극적 상연은 곧 정치를 실현하는 방식이다.[44]

왕권과 극장성이란 맥락에서 볼 때 메이지유신 후 제도화된 근대 천황제는 기어츠가 말하는 극장국가로서 천황제의 효과를 극대화시켜가는 과정이었다.[45] 연약한 여성적 이미지로 이해되던 천황을 강력한 군주이자 통치자로 세우는 과정은 일련의 주도면밀하게 기획된 연행을 통해서 가능했고, 천황이 주인공이 되는 황실 의식와 국가 의례는 근대국가 일본의 국민이라는 상상의 정치 공동체를 창출하는 데 불가결한 요소가 되었다. 근대 천황제 만들기 과정이 일단락되고 천황이 '화려한 군주'가 된 이후에도 상징의 시연과 의례는 천황의 권위와 권력을 구성하는 불가분의 요소가 되었다.

문제는 제2차세계대전 이후의 상징천황제이다. 이제 천황과 황실은 극장국가의 역할을 공식적으로 부여받았지만 세속 권력이 부정된 상태에서 극

---

44 Clifford Geertz, *Negara: The Theater State in Nineteenth-century Bali*(Princeton: Princeton University Press, 1980).

45 물론 후지타니가 그의 저서 『화려한 군주』에서 명민하게 보여주듯이 천황을 둘러싼 메이지 초기의 의례적 장치들(pageants)이 그 고풍스러움에도 불구하고 근대 이후 위정자들에 의해 기획되어 체계적으로 유포되어간 것이란 점에서 메이지 천황제의 극장성은 분명 계보학적으로 읽어낼 필요가 있다. 그런 점에서 기어츠의 극장국가 개념도 일종의 이념형으로 해석할 때 보다 풍부한 분석적 함의를 끌어낼 수 있을 것이다.

사진 1-4 황실의 정례화·의례화된 일반인 인사 행사

장성이 발휘할 수 있는 상징적, 정서적 장악력은 매우 제한적이고 위태로울 수밖에 없다. 황실 구성원의 잘 연출된 연행은 관중을 사로잡고 그들로부터 높은 지지를 끌어낼 수 있지만, 극장성(만)을 공식 역할로 부여받은 만큼 황족의 일거수일투족은 대중과 미디어의 시선에 무자비하게 노출되며 사생활은 쉽게 스캔들로 번질 수 있다. 또한 유럽 등지의 왕실과 비교해볼 때 일본 황실은 극장성을 부여받았으되 그 연행의 폭이 매우 제한적이다. 황실은 엄격한 규칙하에 움직이며, 주로 '전통'과 '보수'라는 주제로 연행을 한다. 무엇보다 천황제가 고수해온 만세일계의 신화 때문이다. 아직도 황실을 감싸고 있는 비의(秘儀), 신비주의, 폐쇄성 등의 이미지는 천황제의 핵심에 존재하는 '신성한' 계보와 긴밀히 연결되어 있다. 예컨대 2012년 런던올림픽 개막식에서 영국 여왕이 선보인 극적이고 파격적인 연행을 일본에서는 상상할 수 없는 이유이다.

황실의 극장성이 가장 극적으로 표현되는 장은 황태자의 혼례, 천황의 즉위식, 장례식 등의 황실 통과의례이다. 특히 황실이 "전통문화의 구현자"로[46] 남아 있길 원하는 사람들은 이런 황실 의례에 많은 공을 들여왔다. 이들에게 '열린 황실'은 엄청난 위험을 내포한 것이다. 열린 황실이 의미하는 것이 황실을 둘러싼 강고한 금기를 완화시키고 황실 구성원들의 개성과 자유를 좀 더 보장하여 황실을 국민들에게 더 가까운 존재로 만드는 것이라면, 이는 자칫 황실의 권위 상실과 최악의 경우 유럽의 왕실들처럼 황실을 스캔들과 가십의 대상으로 만들 수 있다는 것이다. 특히나 '만세일계'에 매달리는 이들에게 황실의 신성성 침해는 용납하기 힘들다.

그러나 현실은 '전통문화의 정수'로서의 황실의 극장성도 그 기반이 지극히 취약하다는 점이다. 헤이세이기 들어 연이어 공연된 황실 의례에 대한 일반인들의 관심도가 횟수가 거듭될수록 현격히 감소한 것은 이 점을 잘 보여준다. 나아가 이러한 의례가 전달하고자 하는 의미와 메시지에 대한 수용에서도 차이와 이견이 확대되고 있다. 예를 들어 헤이세이기 가장 큰 대중적 관심을 끌었던 황태자 혼례식에 대한 일본인들의 반응은 '유구한 전통문화'를 테마로 한 황실의 공연물이 관객들에게 받아들여지는 다양한 층위를 살펴볼 수 있게 한다. ≪아사히신문≫은 혼례식 바로 다음 날, 독자들의 투고로 꾸며지는 '잠시 한 때(ひととき)' 코너에 아홉 명의 일반인의 목소리를 전하고 있다.[47] 21세의 여학생 한 명을 제외한 여덟 명은 20대에서 60대에 걸친 주부들이다. 우선 눈에 띄는 것은 여덟 명이 마사코를 소재로 이야기를 하고 있어 황실이라는 극장에서 여성이 차지하는 비중을 확인시켜준다. 황태자에 대한 언급은 "두 분"이라는 표현 속에 한번 등장할 뿐이다. 그 내용도, "주니히토에(十二單)를 입은 마사코 비, 움직이는 게 힘들어 보였다", "전통적 의식은 나름 흥미로웠으나 젊은 커플에 어울리는, 보다 새로운 형식의 결혼식은 될 수 없었을까. 두 분의 결혼식인데 왠지 궁내청의 결혼식

---

46 八幡和郎, 『妃殿下の研究』, p. 16.
47 ≪朝日新聞≫, 1993년 6월 10일 자.

같은 인상이 들었고 국민들이 따뜻하게 축복해준다는 느낌은 아니었다", "주니히토에 모습의 마사코 비. 정말로 외교관을 그만두고 자신의 능력을 황태자비 역할에 쏟겠구나, 이제부터 힘들겠구나 하는 생각이 들었다", "외무성 시절의 마사코 씨는 큰 보폭으로 씩씩하게 걷는 멋진 여성이었는데, 약혼 후에는 시선을 내리깔게 되었고 황실풍의 모자와 의상도 잘 어울린다는 생각이 들지 않는다. 텔레비전도 아침부터 같은 것만 보여줘서 그만 꺼버리고 말았다" 식의, 신문 편집자의 평처럼 "의외로 냉담한 반응이 많았다."

'긍정적' 평가를 한 세 사람 중 "'헤이세이 신데렐라'의 미소를 느꼈다"는 의견을 제외한 두 사람은 전체적으로는 양가적 평가를 하고 있다. 이를 테면, "아주 멋었다. 헤이안 시대의 두루마리 그림을 보는 것 같았다. 다만 행사와는 별도로 궁중의 관례는 매우 까다로운 듯해 손수건 하나 드는 방식을 포함, 일상의 여러 가지에 대해 주변에서 잔소리를 한다고 들었다. 그런 식으로 마사코 비를 속박하지 말고 차라리 마사코 비한테 영어라도 배우는 편이 훨씬 의미 있는 일일 거라고 생각한다", "이런 국민적 행사로 일본인이 하나가 되는 것은 좋은 거라고 느꼈다. 엄숙한 종교적 행사도 좋았다. 다만 현 천황의 혼례 때는 황실에 처음으로 서민이 들어가는 점과 처음으로 텔레비전을 보게 되어 정말로 감격의 눈물을 흘렸지만 이번에는 차분하게 지켜보았다. 이미 사전에 예산 규모 등도 보도되었는데 차라리 운젠(雲仙) 지역 같은 피재지에 그 돈을 주는 게 낫지 않을까 하는 생각도 들었다"는 식이어서 의례적 연행에 대한 호감이 반드시 황실 전체의 관행이나 존재 방식에 대한 긍정과 동일한 것은 아님을 확인시켜 준다.

나아가, "눈물을 억지로 삼키는 듯한 마사코 부모의 인터뷰 장면을 보며 남편과 같이 울었다", "이제 호칭이 마사코 '님'(さま)이 되는 걸 보고 역시 먼 존재가 되었다고 느꼈다", "계엄령에 준하는 삼엄한 경비를 보고 있자니 두

사진 1-5 마사코의 여러 모습들: 커리어 우먼(왼쪽 위), 주니히토에 차림(오른쪽 위), 혼인 후 이세신궁 참배(아래)

려움이 느껴졌다. 전후 48년의 시간이 도대체 무엇이었을까" 식의 목소리는 가장 고풍스럽고 우아하게 포장된 순간에도 황실의 연행이 각본가들의 의도대로 수용되지 않음을 보여준다. 예컨대 황실의 전통 의례에서 주니히토에의 극장성은 각별하다. 열두 겹 '포장'은 그 겹침과 색조의 미학으로 헤이안기의 화려한 궁중 의상의 전통을 표상하는 것처럼 간주되지만, 위의 독자들 소리에서 보듯이 오히려 그 의상을 입은 주인공의 움직임과 개성을 꼭꼭 싸매어 속박하는 것으로 해석되고 있다. 거기에서 유구한 전통을 느끼기 보다는 다양한 금기와 제약으로 겹겹이 싸여 있는 황실의 모습을 읽어내는 것이다. 실제 1990년 1월, 그해 11월에 국사(国事)로 예정되어 있던 헤이세이

사진 1-6 공무 참석 중인 여성 황족

천황의 즉위식 관련 여론조사에서도 12%가 "성대하게 해야 한다"고 답한 반면, 나머지는 "즉위식에는 찬성하나 화려하게 하지 말아야 한다"(65%), "별도의 의식은 필요 없다"(5%), "관심 없다"(16%)는 답을 하고 있다.[48] 결국 현재 황실의 핵심 역할이 극장성에 있지만 그 중심 주제와 배역의 할당, 공연 레퍼토리와 공연 방식, 각본의 창조와 각색 가능성 등에선 많은 도전과 질문을 받고 있는 상황이다.

황실의 극장성과 관련해 주목할 점 하나는 여성 황족원의 중요성이 매우

---

48 ≪朝日新聞≫, 1990년 1월 6일 자.

커졌다는 것이다. 쇼와 천황 히로히토가 통수권자에서 어느 날 갑자기 '상징'이 되었지만, 그가 이끄는 황실의 이미지는 주로 천황에 의해서만 구현되었고 황후를 비롯한 여성 황족은 천황의 뒤에 가려져 있거나 무대 중심에서 비껴나 있었다. 쇼와 황후가 후년에 올수록 국민들에게 모습을 드러내는 일이 증가하고 행사 참석이나 여행에 보다 적극적으로 임했다고는 하나 여전히 무대의 중심은 히로히토였다. 그러나 히로히토 다음 대부터는 상황이 바뀌었다. 이제 황실은 황후와 황태자비를 전면에 세우지 않고는 표상하기 힘들어졌다. 특히 시각 미디어가 황실의 연행과 대중 사이를 잇는 주요 매체로 등장하면서 황실의 극장성을 구현하는 주역은 여성이 되었다고도 할 수 있는 상황이다. 물론 공식적인 시선은 항상 천황과 황태자에게 먼저 향하지만, 대중의 관심과 환상을 자극하는 것은 여성 황족원이다.

그러나 황족 여성이 극장의 주역으로 등장한 사실이 갖는 젠더적 함의는 그리 단순한 것 같지는 않다. 집중 조명의 대상이 되면서 가시성과 영향력이 증가했겠지만 그만큼 취약성도 커졌다고 보아야 할 것이다. 언급한 대로 전후 천황제가 세속 권력이 제거된 채 극장성만 그 존재 근거로 부여받게 되고 미디어의 영향력이 증가하면서, 천황제도는 일종의 미디어 합성물 혹은 미디어를 통해 중재된 대중 소비물로 일반인들에게 다가오게 되었다. 학교 교육에서도 현대 천황제에 대해 별로 다루지 않는 만큼 일반인들이 천황을 '접할' 수 있는 기회는 거의 대중매체를 통해서 뿐이다. 이런 상황에서 스포트라이트를 받는다는 것은 그만큼 감시와 제약이 증가한 것으로 볼 수 있으며, 개성이나 사적인 욕구를 섣불리 드러내는 것은 매우 위험해질 수 있다. 미치코와 마사코만 비교해봐도 미디어 노출에 의한 취약성은 큰 차이를 보인다. 과거 미치코는 황실 안에서 따돌림을 받고 고생을 했지만 주로 추측과 루머의 대상이었다면 마사코나 기코의 경우 결혼 전부터 일거수일투족에 카메라 렌즈가 근접해가면서 '포장'과 '절제'의 필요성이 훨씬 절실해졌다. 또한 황실을 보도하는 미디어의 태도에도 지난 수십 년 사이 큰 변화가 있어서 궁내청에 의한 압력과 지침이 있다고는 하나 황실이 악의적인 비난과 추측성 보도에 무방비 상태로 노출되는 빈도가 훨씬 증가하였다. 대략 1990년대 이전까지만 해도 천황가에 대한 험담이나 스캔들은 공식적으로 보도하지는 않는다는 금기가 매체들 사이에 암묵적으로 지켜졌다면, 1990년대 들어서는 "미치코 배싱", "마사코 배싱", "황태자 배싱", "천황 배싱" 식의 표현이 통용될 만큼 황실이란 성역이 무너져 내리고 있다. 그리고 여기서 흥미로운 것은 이런 금기를 깨는 분기점이 여성 황족이었다는 점이다.

이처럼 현재의 '황실의 위기'를 이해하는 데 중요한 지점 중의 하나가 황실의 극장성과 젠더가 서로 얽히는 방식이다. 천황제에 새로운 형태의 극장성이 요구되면서 황후와 황태자비에게 스포트라이트가 쏟아지게 된 것과 1990년대 이후 미디어의 천황가 배싱이 주로 여성에게 집중된 점을 고려하면, 천황제를 보호해온 금기가 젠더적 측면으로부터 교란되고 균열을 일으켜왔다고 할 수 있다. 미디어를 통한 천황가 배싱이 주로 '열린 황실'에 대한 보수파들의 불만에서 촉발된 것이라면,[49] 보다 '진보적' 입장에서의 천황제 비판 역시 양성평등이란 가치에 근거한 경우가 많다는 점에서 젠더적 관점에서의 분석을 요한다. 양성평등 의식이 훨씬 고양된 현재 국면에서 지금까지 고수해온 황실의 극장성은 감동을 주기 힘들거나 오히려 비난의 대상이 될 수 있다. 호화로운 주니히토에서 '속박'과 '구속'을 읽어낸 것처럼 관객들은 개성을 무시한 채 정형화된 틀만 고집하는 황실의 연행에 별로 공감하지 않는다. 예를 들어, "황태후를 뵈러갈 때 했던 하얀색 헤어밴드. 그 이전

---

49 박진우, 「여성·여계 천황론과 상징천황제」, 2쪽.

까지의 패션을 고려할 때 분명 마사코 씨가 골랐다고는 할 수 없다…… 마사코 씨 정도로 유능하고 총명한 여성을 순식간에 이 정도로 바꾸어버리는 전통이라는 것에 위협감마저 느꼈다"[50]는 30대 주부의 목소리나, "의복에는 언어와 마찬가지로 그 사람의 인격과 생활관, 역사라 할 수 있는 것들이 잘 드러난다. 그동안 살펴본 바로는 마사코 비는 좋은 머리와 아주 훌륭한 감각을 가진 것 같다. 좀 더 본인이 좋아하는 것을 고를 수 있게 하면 어떨까. 마사코비가 옷갈아 입히기 인형은 아니지 않은가"[51]라는 40대 남성의 지적은 황실의 극장성에 대한 좀 더 근본적인 고민이 필요함을 환기시킨다.

정리하자면, 황실로 시집온 여성들의 역할은 후손을 낳는 것에 덧붙여 황실이라는 극장에서의 '공연'을 통해 황실에 대한 호의적인 반응을 이끌어내고 이를 통해 황실의 존재 당위성을 확보하는 일이다. 황실의 여러 의례나 의식 외에도 황족이 담당하는 '공무'는 이런 공연이 펼쳐지는 공식적인 장이고 실제 천황이나 황태자 부부는 정기·부정기 공무 일정이 빈번하다. 그러나 마사코는 결혼 이후 공무 수행에 그다지 의욕적이지 않은 것으로 비춰졌으며, 실제 공무를 거의 수행하지 못했다.[52] 황태자 부부에 대한 비난 중 하나는 이 부부가 공무를 제대로 수행하지 못해서 노쇠한 천황 부부에게 공무가 집중되어 부담을 가중시키고 있다는 것이다. 마사코는 또한 반복되는 질병과 천황 부부를 포함한 다른 황실 가족들과의 갈등설을 불러일으키며 황

---

50 ≪朝日新聞≫, 1993년 5월 5일 자.

51 ≪朝日新聞≫, 1993년 6월 26일 자.

52 예컨대 궁내청 홈페이지에 공개된 마사코의 공식 직함은 2016년 3월 기준 일본적십자사 명예부총재가 유일하다. 반면 천황의 둘째 며느리인 기코는 황실회의 예비의원, 결핵예방회 총재, 은사재단모자애육회 총재, 대성사 문화·호우회 명예총재, 일본적십자사 명예부총재, 일본학술기금 명예특별연구원 등이 기재되어 있다. 마찬가지로 황태자 나루히토의 공식 직함이 두 개인 것에 비해 나루히토의 동생 후미히토의 공식 직함은 열다섯 개가 기재되어 있다.

실을 우아한 극장무대보다는 추측과 스캔들의 장으로 만들어버렸다는 비난을 받았다.

그러나 마사코에 대해 공무 소홀과 연행 의무 불충족을 운운하기에는 결과만 탓하는 것이라는 지적을 피하기 힘들다. 살펴본 대로 "출산 먼저!"를 이유로 마사코의 운신에 많은 제약을 가한 것은 오히려 황실과 궁내청 쪽이기 때문이다. 여기서 보다 중요하게 고민이 필요한 부분은 철저하게 세속화된 현대사회에서 왕정이 어떤 역할과 모습으로 존재의 정당성을 확보할 수 있을까 하는 질문일 것이다. 좀 더 구체적으로는 황실이 공식적으로 부여받은 '극장'과 '연행' 역할을 어떻게 수행할 것인가라는 질문이 된다. 예컨대 근년의 사례로 이야기하자면 2011년 동일본대지진 이후 천황 부부의 피재지 방문과 위로가 가져왔던 긍정적인 반응 정도가 황실이 현실적으로 행사할 수 있는 역할의 극대치라고 할 수 있다. 그 외의 역할은 아마도 국내적으로는 자선과 문화 행사, 대외적으로는 황실 외교 정도일 것이다. 이 경우 황실 여성에게 (경우에 따라서는 천황직 자체도 포함하여) 더 큰 역할을 위임하는 것은 황실의 연행 효과를 보다 가시화시킬 전략일 수 있으며, '열린 황실' 요구에 부응하는 한 가지 방법일지도 모른다.

6. 천황제의 위기와 젠더

황태자 나루히토와 마사코를 둘러싼 환경과 그 안에서의 생활은 낭만적인 '동화'와는 너무나 거리가 먼 것으로 보인다. 오히려 구래의 제도를 완강히 고집하는 세력과 무자비한 미디어의 관음증적 보도에 무방비로 노출된 채 힘겨운 '저항'을 시도하다 꺾이고 마는 주인공들의 잔혹 스토리, 나아가 고

부 갈등, 동서 간 경쟁, 신입 며느리의 시련 등의 주요 주제가 망라된 통속 드라마에 가깝다고도 할 수 있다. 가장 최근에는 '황태자 퇴위론'마저 활자화되면서 이 시대착오적 이야기가 어떤 결말로 이어질지 예측이 힘들 정도이다.

언급했듯이 마사코의 시련이 제기하는 젠더 문제의 핵심은 아주 고전적이고 상투적이다. 그것은 살펴본 것처럼 '남계 만세일계'의 족쇄가 엮어내는 통속극이기 때문이다. 마사코의 시련이 드러낸 것은 강고한 부계·부권적 시스템 속에 갇힌 여성의 딜레마 이상도 이하도 아니다. 여성이기 때문에 마사코의 몸에 가해졌던 정치적·문화적 압력들, 그리고 그것을 견디지 못해 야기된 질병인 적응장애·우울증은 '전통적인' 여성의 역할과 그것과 갈등하는 여성들이 보여온 아주 전형적인 몸적 반응 방식이다. 살펴보았듯이 황태자 부부(특히 마사코비)가 겪어야 했던 시련의 배경에는 황위 계승자, 보다 정확히는 아들을 낳지 못한 것이 절대적으로 작용했다. 황태자의 결혼이 "황실의 새로운 시대의 개막"이란 수사로 포장되기도 했지만 실제 마사코에게 기대되었던 최우선의 역할은 아들을 낳는, 전혀 새롭지 않은 역할이었다. 전후 상징천황제와 '열린 황실' 등 시대적 변화에 맞춰 새로운 제도적 틀과 모범적 지향점이 모색되어왔음에도 불구하고 천황제의 핵심에는 시대의 변화와 무관한 남계 왕조시대의 논리가 자리하고 있었던 것이다. 2003년 12월 궁내청 장관이 (마사코에게 더 이상의 생물학적 재생산을 기대하는 대신) 황태자의 동생 후미히토에게 "셋째를 낳기를 강하게 희망한다"는 입장을 공식 기자회견에서 피력할 정도로 황실을 둘러싸고 있는 핵심 집단은 시대의 변화를 완강히 부정한다. 이처럼 마사코의 '질병'과 '장애'가 결국은 남계 출계를 잇는 역할을 다하지 못한 데서 기인한다는 점은 일본에서 근대성과 개인성, 그리고 젠더가 서로 연결되어 그동안 엮어왔던 일본 여성의 역사를 도전하는 불편한 사실이다.

아주 냉소적으로 보자면 마사코가 한 역할이란 결국, 황실이 여전히 고수하고 있는 지독한 보수주의를 드러내어 논쟁거리로 점화시킨 불쏘시개 역할이었다고도 할 수 있겠다. 물론 그 불씨마저도 학수고대하던 남자 황족이 태어나면서 진화되고 말았지만 '여제의 가능성'이라는 주제가 큰 논쟁거리로 부각되고 이 과정을 통해 적지 않은 사람들이 천황제가 내포한 젠더 문제에 주목하게 되고 다른 가능성을 생각해보게 된 것은 매우 중요한 의미를 갖는다. 여기서, 천황제와 관련된 현재의 제도적 틀을 고수하고 싶은 보수파들이 논쟁을 서둘러 무마시키고 싶어 했던 정황이야 충분히 납득이 가지만 어렵게 시작된 논쟁이 그저 다시 묻힌 것이야말로 역설적으로 보수파들이 가장 우려해야 할 점인지도 모른다. 논쟁을 계속 이어가면서 황실의 존속과 역할에 대한 장기 비전을 모색해가기에는 일반인들의 관심과 개입 의지가 매우 약하다는 증거일 수 있기 때문이다. 그런 점에서 마사코의 시련은 현대 일본 사회에서 천황제의 존재 방식에 대한 질문과 맞닿아 있으며, 그것은 많은 사람들이 현재 일본 황실의 딜레마로 지적하는 '유구한 전통'과 '열린 황실' 사이의 균형점을 어떻게 찾을 것인가의 질문이 된다.

마지막으로, 마사코 본인은 이 모든 극적인 전개 과정에서 어떤 '주체'였을까? 적응장애·우울증으로 상징되는 가련한 희생양의 이미지 외에 좀 더 적극적인 다른 독해의 가능성을 열어 둘 수 있을까? 앞서 인용한 일간지 독자들이 관찰했던 "씩씩"하고, "유능하고 총명"하며, "좋은 머리와 아주 훌륭한 감각"을 가졌던 결혼 전의 마사코는 정말로 약혼 결정과 동시에 완전히 사라진 것일까? 개인의 개성은 물론 자신의 생각을 드러내는 것이 거의 불가능하고 행동거지 하나하나에도 엄격한 금기가 적용되는 황실이라 마사코 본인이 어떤 생각으로 황실에 들어갔고 들어간 후에는 어떤 시도를 했는지 알기는 쉽지 않다. 다만 그동안 황태자의 발언 등으로 미루어보아 공식적으로는 황실의 역할에 대해 새로운 시도("시대의 변화에 어울리는 새로운 공무")를 하고자 했고, 사적 영역에서의 '저항'(예컨대 핵가족적 가치를 중시)도 시도했다고 추정해볼 수 있다. 마사코는 2003년 말 대상포진이 발병한 후 황실 시설이 아닌 친정집 별장에서 한 달간 요양했고, 이런 "파격"은 많은 비난과 비판을 부르기도 했다. 또한 해마다 정초에 열리는 황실 행사인 와카(和歌) 짓기 모임(歌会始)에서의 '고집스러운' 면모도 이런 맥락에서 흥미롭게 다가온다. 한 기사에 따르면 마사코는 2001년 아이코가 태어난 이래 일관되게 '내 아이'에 대해서만 시를 지었고, 여기에 대해 궁내청 등에서 "자신의 위치에 어울리는, 좀 더 공적인 내용의 시를 지어야 한다"는 비판을 받아왔다. 마사코는 아이코의 등교 거부 문제 등이 불거진 2010년부터 2012년까지 세 차례의 행사에서는 아이코를 소재로 하지 않았다. 그러다가 2013년에는 다시, 11년 전 아이코가 태어났던 날 밤의 정경을 읊은 것으로 보도되었다.[53] 같은 해 5월 초에는 네덜란드 새 국왕 즉위식에 나루히토와 함께 참석함으로써 11년 만에 공식 외유를 하기도 했다. 비록 아들 낳기의 실패로 천황직의 직계 계승은 불가능하게 되었지만, 현 헤이세이 천황이 노쇠한 상황에서 머지않은 미래에 마사코의 새로운 비전(혹시 그런 것이 있었던 것이라면)이 펼쳐질 좀 더 우호적인 장이 만들어질지 일말의 기대는 남겨두고 싶다.[54]

---

53 ≪週刊朝日≫, 2013년 2월 1일 자.
54 이 글을 완성한 2013년 봄 이후 현재까지, 언론에 의하면 마사코의 최근 근황에 새로운 소식은 없는 듯하다. 황실과 연예 기사를 주로 다루는 주간지 ≪여성세븐≫ 최근 호 기사는 "마사코 황태자비가 요양 생활에 들어간 지 벌써 12년이나 흘렀음에도 병세가 회복되지 않은 것 같"고, "황태자비로서의 역할을 제대로 못하고 있는 게 현실"(≪女性セブン≫ 2015년 3월 12일 자)이라고 진단하고 있다. 이어 이 잡지는 황태자 가족이 스키 여행을 다녀온 것을 황태자비의 소극적인 공무 수행과 대비시키며 '공무 수행에는 소극적이면서 가정사나 놀이에는 적극적인 황태자비'라는, 마사코에 대한 오랜 비난을 반복하고 있다(≪女性セブン≫2015년 4월 9일 자). 즉 마사코에 대한 (황색) 저널리즘의 보도 태도도 바뀐 것이 없고, 마사코 본인의 상태도 크게 바뀌지 않은 것으로 보인다.

더글러스, 메리(Mary Douglas). 1997. 『순수와 위험』. 유제분·이훈상 옮김. 현대미학사.

박진우. 2009. 「여성·여계 천황론과 상징천황제」. ≪일어일문학≫ 41호, 313~337쪽.

_____. 2006. 「일본 내셔널리즘과 천황제」. 박진우 편저. 『21세기 천황제와 일본』. 논형.

스즈키 마사유키(鈴木正幸). 1998. 『근대 일본의 천황제』. 류교열 옮김. 이산.

아시아문화연구소 엮음. 『천황과 일본문화』. 한림대학교 아시아문화연구소.

오리구치 시노부(折口信夫). 2004(1928). 「다이조사이(大嘗祭)'의 구성원리」. 남근우 옮김.

와카쿠와 미도리(若桑みどり). 2007. 『황후의 초상』. 건국대학교 대학원 일본문화언어학과 옮김. 소명출판.

프리츠, 마틴(Martin Fritz)·요코 코바야시(Yoko Kobayashi). 2005. 『마사코: 일본 왕실에 갇힌 나비』. 조희진 옮김. 눈과 마음.

황달기. 2004. 「황족의 결혼」. 아시아문화연구소 엮음. 『천황과 일본문화』. 한림대학교 아시아문화연구소.

후지타니, 다카시(Takashi Fujitani). 『화려한 군주: 근대일본의 권력과 국가의례』. 한석정 옮김. 이산.

加藤元宣. 2010. 「平成の皇室観: '即位20年 皇室に関する意識調査'から」. 『放送研究と調査』 2月号.

所 功. 2002. 「〈皇室典範〉と女帝問題の新論点」. 『別冊歴史読本』 24. 新人物往来社.

牟田和恵. 2010. 「新しい女·モガ·良妻賢母: 近代日本の女性像のコンフィギュレーション」. 伊藤るり 外 編. 『モダンガールと殖民地的近代: 東アジアにおける 帝国·資本·ジェンダー』. 東京: 岩波書店.

山折哲雄. 2013. 「皇太子殿下, ご退位なさいませ」. ≪新潮45≫ 3月号.

八幡和郎. 2012. 『妃殿下の研究』. 東京: 幻冬舎.

Geertz, Clifford. 1980. *Negara: The Theater State in Nineteenth-century Bali.* Princeton: Princeton University Press.

Goffman, Erving. 1959. *The Presentation of Self in Everyday Life.* Garden City:

Doubleday.

Hendry, Joy. 1995. *Wrapping Culture: Politeness, Presentation and Power in Japan and Other Societies*. London: Oxford University Press.

Lebra, Takie Sugiyama. 1993. *Above the Clouds: Status Culture of the Modern Japanese Nobility*. Berkeley and L.A: University of California Press.

_____. 1997. "Self and Other in Esteemed Status: The Changing Culture of the Japanese Royalty from Showa to Heisei." *Journal of Japanese Studies*, Vol. 23, No. 2.

Walthall, Anne. 2008. *Servants of the Dynasty: Palace Women in World History*. Berkeley: University of California Press.

≪朝日新聞≫. 1990년 1월 6일 자.

≪朝日新聞≫. 1993년 1월 8일 자.

≪朝日新聞≫. 1993년 1월 13일 자.

≪朝日新聞≫. 1993년 5월 5일 자.

≪朝日新聞≫. 1993년 6월 10일 자.

≪朝日新聞≫. 1993년 6월 15일 자.

≪朝日新聞≫. 1993년 6월 26일 자.

≪朝日新聞≫. 2013년 1월 8일 자. "雅子さま, 療養生活10年目 伝わらぬ「適応障害」の病状", 37면.

≪週刊朝日≫. 2013년 2월 1일 자.

≪女性セブン≫. 2015년 3월 12일 자.

≪女性セブン≫. 2015년 4월 9일 자.

Akiko Fukami. 1993년 4월 8일 자. "Not all ready to raise a toast to royal nuptials." ≪Japan Times≫.

궁내청 홈페이지(www.kunaicho.go.jp)

2장

"개인적인 것이 정치적인 것이다"

선택적 부부별성과 이름의 정치학

/

신기영

1. 젠더화된 공사 영역과 여성의 이름

지난 2015년 12월 16일 일본에서는 1990년대부터 20여 년간 논란이 되어 왔던 '부부별성(夫婦別姓: 부부가 서로 다른 성을 가지는 것)'에 관한 대법원 판결이 있었다. 이번 소송은 그간 입법부를 통한 가족법 개정이 빈번하게 좌절된 후, 사법부의 위헌판결에 기대를 걸고 2011년부터 4년간에 걸쳐 진행한 기념비적인 소송이었다. 그러나 대법원은 법률혼의 조건으로 부부가 동성을 선택해야 하는 민법상 부부동성(夫婦同姓)의 강제 조항을 합헌이라고 판결하여 다시 한번 일본 사회의 가부장성을 확인하였다.

일본의 민법은 부부가 혼인을 하면 부부 중 일방이 다른 쪽의 성으로 바꾸어야 한다. 남편과 아내 중 어느 쪽이 성을 바꾸어도 상관없으나, 지금까지의 통계에 의하면 아내가 남편의 성을 따르는 경우가 96%가 넘는다. 법률상 여성에게 남편의 성을 따르라고 강요하지는 않지만, 관습상 여성이 결혼하면 남편의 성으로 바꾸는 것이 자연스러운 일로 인식되어왔다. 반면, 남성이 결혼을 통해서 아내의 성으로 바꾸는 경우는 아내의 집안이 명문으로 성을 계승할 특별한 이유가 있거나 혼인한 집안의 데릴사위(양자)가 되는 것과 같은 특별한 경우가 아니면 드문 일이다.

우리나라는 성씨가 부계 혈통의 계승을 상징하기 때문에 여성의 혼인과 성씨의 변화가 연동되어 있지 않지만 세계적으로 여성이 결혼 후에 자신의 이름(성)을 유지할 수 있게 된 것은 오랜 기간의 투쟁을 필요로 하였다. 예를 들어, 일찍부터 미국에서는 루시 스톤 리그(Lucy Stone League)가 혼인한 여성도 남편 성을 따르지 않고 자신의 이름(성)을 유지하자는 운동을 전개하였고, "이름은 자신의 정체성이며 결혼으로 인해 상실하는 것이 되어서는 안 된다"고 주장하였다.[1] 이러한 여성들의 주장에 의해 과거 수십 년간 대부분의 국가에서는 여성들이 혼인에 관계없이 자신의 성을 유지하고 선택할 수 있는 이른바 '이름 선택에 대한 평등권'을 획득하였다.

그러나 루시 스토너(Lucy Stoners)들의 이러한 주장은 일본 여성들에게는 아직도 먼 나라의 이야기이며 이름 선택에 대한 평등권은 21세기 초반에도 달성되지 못한 권리가 되었다. 1947년에 제정된 부부동성 강제 조항은 가족 유대의 가치를 앞세운 보수적인 사회 세력의 반대에 부딪혀 오늘날에도 여전히 여성들에게 이름 선택의 권리를 제한하고 있기 때문이다.

일본에서는 전후 새헌법이 제정됨에 따라 구민법[2]도 새헌법의 내용에 맞

---

1 루시 스톤 리그(Lucy Stone League)는 1921년에 설립되어 여성들의 "이름선택평등권(name choice equality)"을 위해 활동한 미국의 여성 단체이다. 결혼 후에도 남편의 성을 따르지 않고 자신의 성을 유지했던 미국의 여성참정권운동가 Lucy Stone의 이름을 따서 만든 단체로 오늘날에도 자신의 성을 유지하는 여성들을 루시 스토너(Lucy Stoner)라고 부른다. 필자가 2009년까지 홈페이지 www.lucystoneleague.org.에서 단체의 역사와 활동을 확인할 수 있었으나, 2016년 1월에 다시 확인한 결과, 홈페이지가 폐쇄되어 이후의 활동을 확인할 수 없었다.

게 개정되었다. 이에 따라 메이지 시대에 법제화된 봉건적인 가족제도('이에'
제도라고 부른다)가 대부분 폐지되었다. 그러나 1947년에 개정된 신민법에도
가부장적 요소는 여전히 유지되었고, 당시에도 논란이 되었던 부부동성 강
제 조항은 형태를 바꾸어 남게 되었다. 전후 일본의 가족은 그 형태, 역할,
사회적인 의미의 모든 면에서 변화하였고 여성들의 사회 진출도 크게 증가
하였다.[3] 그러나 가족법은 그러한 변화들을 적절히 수용하지 못한 채 오히
려 여성의 역할을 가정이라는 공간에 한정짓고 가장의 권위에 종속시키는
전통적인 젠더 규범을 강화하는 역할을 해왔다.[4]

　가족법은 이러한 공사 영역의 성별화를 정당화하고 가부장적 가족은 이
상화되어 지친 현대사회를 살아가는 시민들에게 더욱 신성시되고 있다. 점
차 많은 여성들이 공적 영역에서 활동하게 되었지만, 여성은 여전히 가족 영
역과 동일시되고 사적 영역에서의 돌봄 역할은 여성들의 일차적인 의무로
요구된다. 여성들의 현실과 사회적으로 요구되는 젠더 규범이 불일치하는
상황에서, 여성들의 실제 삶이 가족 공간에 한정되지 않고 공적인 영역으로
확장될 때 사적 영역의 가부장적 가족제도는 여성의 시민권에 모순적인 영
향을 미치게 된다. 여성들이 가족 영역에서 담당하고 있는 돌봄 역할은 여
성의 시민적 의무로 당연시되어도 그것이 곧 그들의 공적 영역의 시민권을
보장하는 충분조건이 되지는 않기 때문이다. 따라서 여성들이 공적 영역에

2　민법의 친족, 상속편을 가리켜서 가족법이라고 약칭한다.

3　예를 들면, Marcus Rebick & Ayumi Takenaka eds. , The Changing Japanese Family (New York: Routledge, 2006).

4　부부동성 강제 조항이외에도, 여성에게만 6개월간 재혼 금지 기간을 두고 있는 점, 법정 혼인 연령의 남녀 차이(여자는 16세 이상, 남자는 18세 이상), 적출자 추정 원칙 (법적인 혼인 관계 내에서 출생하였다고 추정하는 원칙으로 법적 부자 관계를 결정하는 원칙이다), 혼외자 상속 차등 (혼외자는 혼내자의 상속분의 2분의 1을 상속한다) 등이 그 예이다. 이중에서 혼외자 상속 차별 문제는 2013년, 여성 재혼 기간 6개월 금지 규정은 2015년에 각각 위헌판결을 받았다.

참여할 때에는 그들의 동료 시민(남성들)의 존중을 얻지 못하는 '남의 영역의 구성원'으로 편입되어,[5] 남성들이 주인공인 공적 영역에서 자격이 부족한 이류 시민으로 주변화되는 것이다. 이때 여성들이 제기하는 가족 내부의 미시적인 권력 관계의 문제는 남성 시민들에게는 사적이고 개인적인 문제로 치부되어, 공적 영역과는 별개로 '사적으로' 해결해야 할 문제로 격하된다.

일본의 부부별성의 문제는 여성의 혼인과 이름 변경이라는 지극히 간단하고 사적인 문제로 보이지만, 이 문제의 본질은 이러한 젠더화된 공사 영역의 이중구조에서 주변화되는 여성의 이류 시민권의 문제를 분명하게 보여주는 실례이다. 이 글에서는 일본의 가부장적 가족제도의 구성 원리로 성립된 부부동성의 원칙이 어떻게 여성의 공적 영역에서의 시민권을 규정하는지를 여성들의 부부별성 운동을 통해 밝히고자 한다.

2. 부부별성과 여성의 시민권

페미니즘의 유명한 슬로건 "개인적인 것이 정치적인 것이다"는 여성의 혼인과 이름 문제에 대한 중요한 통찰을 제공한다. 이 시각은 개인의 이름 변경과 같은 사적이고 개인적인 삶이 어떻게 여성이 그녀가 속하는 정치 공동체에서 특수한 형태의 시민으로 위치 지워지는지를 설명하는 열쇠를 제공한다. 즉, 개인적이고 사적인 것으로 치부되는 것들이 어떻게 여성들이 공적인 영역으로 온전하게 참여하는 것을 제한하거나 방해하게 되는지, 또한 개인적인 것과 정치적인 것은 어떻게 구분되는지, 나아가 개인적인 것과

---

5 Carole Pateman, "The Patriarchal Welfare State," *The Disorder of Women: Democracy, Feminism and Political Theory*(Stanford: Stanford University Press, 1989), p. 197.

정치적인 것을 구분함으로써 유지되는 권력 구조는 무엇인지를 묻게 함으로써 '사적인' 것들의 '정치적인' 효과에 주목하게 한다.

이 슬로건은 또 우리가 얼마나 여성의 문제를 사적이고 개인적인 일인 것처럼 간주하고 말하는 것에 익숙해 있는지를 드러내준다. '여자들의' 문제는 남자들의 '공적인' 일과 대비되면서, 공적 영역에서 남성 시민들이 신중하게 논의할 만한 주제가 아닌 주변적이고 부차적인 일로, 공적 논의의 우선순위에서 밀려나는 것을 당연시해왔다. 예를 들면, 공적 영역에서 발생하는 국가 폭력은 중대한 인권침해이지만, 그보다 더 빈번히 발생하는 친밀한 관계나 가정 내 폭력은 오랫동안 같은 종류의 폭력으로 인식조차 되지 않았다. 여성이 가족 영역과 동일시되어온 까닭에 여성의 문제는 공적 시민(남성)들의 사적인 문제로 인식되어 개별 남성과 그의 가족(여성)과의 관계에서 해결해야 할 문제로 간주되었기 때문이다.

페미니즘은 사적인 문제로 규정되어 비정치적 문제로 인식되어온 개인 간의 친밀한 관계가 사실은 여성의 시민권을 제한하는 지극히 정치적인 효과를 은폐하고 공사 영역 모두에서 젠더 위계질서를 유지시키는 기제가 될 수 있음에 주목하였다. 이때, 근대국가의 기본단위이며 시민들의 정서적 안식처로 여겨지는 '가족'은 자연스러운 정서적·혈연적 공동체가 아니라, 미시적 권력이 실천되는 매우 정치적인 장으로 여성의 시민권을 둘러싼 젠더 권력을 분석하는 출발점으로 재인식되는 것이다.

나아가 페미니즘은, 공사 영역을 사적/비정치적인 영역과 정치적 영역으로 이분화한 것은 정치사회를 가부장적으로 재구축한 담론적 구성물이라고 본다. 이때 공사 영역의 이분화란 서구 자유민주주의의 주장처럼 단지 각각의 영역이 두 종류의 서로 다른 활동을 하는 독립된 영역이라는 단순 구분을 의미하지 않는다. 서구의 자유민주주의는 공적 영역을 통치하는 원리가 사적 영역과는 분리된 또는 독립적인 것이라는 시각 위에 성립되는데, 이러한 시각에 의하면 공적 영역에서는 모든 시민들이 동등한 권리주체로서 평등한 관계가 형성되지만, 이러한 공적 영역의 시민들의 논리는 가족 간의 관계에는 적용되지 않는다. 사적 영역에서의 관계는 '개인 간의 자유로운 계약'에 의해서 성립된다고 하여 이 계약을 시민적·정치적 평등 논리의 대상에서 배제함으로써 가족 내의 불평등 관계를 정당화한 것이다.[6] 페미니즘은 이에 대해 공사 영역의 분리 독립은 허구에 지나지 않으며, 실제 사회에서는 시민사회(공적 영역, 정치 세계)는 오직 사적 영역 내에서 여성들이 다른 시민들(남성 가족)을 위해서 제공하는 무상 노동과 돌봄 노동에 의해서만 성립될 수 있음을 주장하였다. 즉, 공적 영역의 남성들 간의 (평등한) 시민권은 사적 영역에서의 위계적인 젠더 관계를 전제로 성립된 것이라고 보았다.[7]

페미니스트 이론가들이 주장하듯이 사적 영역에서의 개인 간의 관계는 '사적'이라는 용어가 암시하는 것처럼 전적으로 개인 간의 계약이나 합의에 맡겨지는 것이 아니다. 개인 간의 관계는 이를 규정하는 법과 공공 정책과 같은 지극히 공적인 요소에 의해 규정되어왔다.[8] 그러므로 공사 영역이라는 담론하에 분리된 공간으로 인식되고 있는 두 세계는 실은 같은 가부장적 권력에 의해 지배되고 있으며 두 영역은 상호 구축의 관계에 있는 것이다.[9] 공

---

6 Carole Pateman, "Feminist Critiques of the Public/Private Dichotomy," *The Disorder of Women*, p. 119.

7 Carole Pateman, *The Sexual Contract*(Stanford: Stanford University Press, 1988).

8 Anne L. Schneider & Helen M. Ingram eds., *Deserving and Entitled: Social Constructions and Public Policy*(NY: Suny Press, 2005); Mary Hawkesworth, "Gender and Democratic Governance: Reprising the Politics of Exclusion," *Gender and Power: Towards Equality and Democratic Governance*, Mino Vianello and Mary Hawkesworth Eds. (London: Palgrave MacMillan, 2015), pp. 215~234.

9 Pateman, *The Disorder of Women*, p. 5.

사 영역의 이분화에 대한 페미니즘 이론의 이러한 통찰은 가족과 정치를 구성하는 논리를 독립적인 것으로 받아들이지 않고, 오히려 보다 근본적인 문제인 정치와 가족이 왜, 어떻게 지금과 같이 마치 독립적인 두 세계인 것처럼 구축되어왔는지를 질문하게 한다. 이러한 질문을 통해 두 영역의 은폐된 관계성을 밝히는 것이 가부장적 젠더 권력의 원리를 이해하는 중요한 실마리가 되는 것이다.

이러한 시각에 의하면, 일본의 부부동성 강제와 여성의 이름 문제를 가족 내의 사적 선택의 문제로 축소하지 않고 공사 영역을 관통하며 여성의 시민권을 규정하는 정치적인 문제로 바라볼 수 있게 된다. 법률상 평등한 선택권이라는 형식하에 실질적으로는 여성에게 남편의 성을 강제하고 있는 현행 법체계는 결혼한 여성을 공공연히 '남편의 아내(Mrs. her husband)'로만 인식하게 함으로써 여성의 공적인 정체성을 그녀의 사적인 파트너십 관계에 종속시킨다. 여성이 혼인하여 남편 성을 채택하면 혼인 전의 이름이 삭제되어 공적 영역에서 결혼 전후의 동일한 정체성을 확인할 수 있는 방법이 없어지는 것이다.

이때 여성이 결혼 후에도 자신의 성을 계속 유지하려고 하면, 그로 인해 발생하는 모든 사회적 비용은 여성 개인이 져야 한다. 즉, 자신의 성을 유지함으로써 발생하는 모든 문제는 여성에게 동성 강제를 요구한 사회의 잘못이 아닌, 그런 선택을 한 여성 개인의 유별난 고집이나 희망이 초래한 '개인 선택'의 결과로 인식되는 것이다. 그러나 부부동성 강제는 법률혼을 위한 전제로 요구되고 있는 만큼 결코 사적인 영역의 개인 간의 선택 문제로 귀결되지 않는다. 부부동성 강제는 국가의 법적 권력이라는 정당성과 강제성에 의해 유지되어왔으며, 뒤에서 자세히 보듯 그러한 강제로부터 발생하는 모든 부담은, 부부동성을 받아들이건, 부부별성을 실천하든, 오직 여성들이 부담함으로서 기능할 수 있었던 것이다.

3. 일본의 부부동성 강제와 가족법

1) 1947년 개정 민법 이전의 부부의 성

역사적으로 보면 일본에서 부부의 성은 부부별성에서 부부동성으로 변화하는 과정을 겪었다고 볼 수 있다.[10] 성씨 제도는 19세기의 근대국가 형성기에 새로운 가족제도를 형성하는 중요한 요소였다.[11] 1867년의 메이지유신 때까지, 성씨는 오직 무사 계급 이상만 사용하는 특권이었고 평민은 허가를 받아야만 성씨를 사용할 수 있었다. 메이지정부는 중앙집권화를 추진하는 과정에서 성씨 사용에 대한 허가권을 국가로 집중시키고, 1870년에는 평민도 허가 없이 성씨를 사용할 수 있도록 하여 성씨와 관련된 특권을 귀족 계급으로부터 분리시켰다. 1871년에는 호적법을 제정하여 호적을 편제하기 시작했고 곧이어 1875년에는 모든 신민에게 성을 사용하도록 하고 이를 호적에 기재하도록 의무화하였다.[12]

이후 호적 제도는 더욱 확대되면서, 호주 아래로 삼대에 걸친 가족 구성

---

10 井戸田博史, 『家族の法と歴史─氏・戸籍・祖先祭祀』 (東京 : 世界思想社, 1993).

11 牟田和恵, 『戦略としての家族 : 近代日本の国民国家形成と女性』(東京 : 新曜社, 1996). 개인의 이름은 일본뿐 아니라 대부분의 근대국가의 중요한 관심사였다. 예를 들면, James C. Scott, John Tehranian & Jeremy Mathias, "The Production of Legal Identities Proper to States: the Case of the Permanent Family Surname," *Comparative Studies in Society and History*, Vol. 44, No. 1 (2002), pp. 4~44.

12 호적법은 1871년에 제정되어 1872년부터 시행되었다.

원들의 인적 사항과 신분상 변동 사항을 나이, 성별, 세대별로 한 호적에 기재하게 되었다. 호적에는 각 구성원의 출생, 혼인, 입양, 사망 정보와 호주와 거주지 변경 등에 관한 정보 등을 기록하여, 한 호적이 수 페이지에 달하는 것이 보통이었다고 한다. 호적을 편제하는 두 가지 기본 원칙은 모두 성씨와 관련이 있는 것이었는데, 한 가지는 "한 호적당 하나의 성씨"이었으며 또 한 가지는 "친자(親子)동성"이었다.[13] 다른 한편으로 메이지 정부는 여성이 호주가 되지 않는 한 결혼 후에도 혼인 전 성을 유지한다고 공표하였다.[14]

그러나 이러한 호적 정책은 일반인들에게 혼란을 불러일으켰다. 실제 가족을 기록하는 것이 호적이라는 일반인들의 이해와 달리, "호적당 한 성씨"라는 정부의 정책은 혼인 전의 성을 유지하는 아내가 남편의 호적에서 제외되어 호적상에 가족으로 기록되지 않게 되기 때문이다. 이는 일반적인 가족과 혼인에 대한 이해에 상치되는 것이었을 뿐 아니라, 호적 업무를 담당하는 지방 행정관들에게도 여러 호적 서류를 다루어야 하는 추가적인 업무를 의미했다. 주민들도 새로운 호적 업무에 대해 불만이었다. 이에 따라 호적 업무 담당자들도 여성들이 남편의 성으로 바꾸어 남편의 호적에 입적하는 편이 훨씬 간단하고 편리하다고 주장하였다.[15]

부부별성은 당시까지 무사 계급의 일반적인 관습이었다. 그러나 귀족 계급의 부부별성은 아내를 존중하기 위한 관습이 아니었다. 오히려 그 주된 의도는 아내가 본래 외부로부터 왔다는 점을 강조하여 남편의 집안에서 아내의 지위를 낮게 유지하기 위함이었다.[16] 초기 메이지 정부는 이 무사 계급

---

13 井戸田博史, 『家族の法と歷史─氏·戶籍·祖先祭祀』, p. 76.

14 1876년의 태정관지령.

15 井戸田博史 (1993), pp. 74~77.

16 山中永之佑, 『日本近代国家の形成と「家」制度』 (東京 : 日本評論社, 1988).

의 관습을 따라 부부별성을 정책으로 채택했던 것이다. 이에 반해, 당시 최초의 근대적 민법 제정을 위해 구성된 민법제정위원회는 이와 같은 정부의 공식 정책과는 다른 의견을 피력하였다. 민법제정위원회는 평민들의 불만을 이유로 아내가 남편 성을 따르는 것이 아내가 남편의 권위하에 속하는 전통적인 관습에 합치한다고 주장하였다.[17] 그리고, 여성이 혼전 성씨를 유지하던 무사 계급의 관습은 오히려 평민들의 실제 생활과 먼 낡은 관습이라고 비판하였다. 결국 이러한 보수적인 생각을 가진 위원들의 주장이 우세하여, 민법제정위원회는 여성이 혼인 시 남편 성을 따를 것을 제안하였고, 1898년에 제정된 메이지 민법의 제750조에서 아내는 혼인을 통해 남편의 가족으로 편입되며 남편 가족의 성을 따른다고 명문화하기에 이른다.

이와 같이 민법 제정 당시에는 여성의 성에 대해 다양한 의견이 존재하였다. 그러나 근대국가 건설의 일부로 가족과 성씨제도가 확립되는 과정에서 , 가부장적인 혼인관에 의해 여성은 남편의 성을 따르도록 법제화된 것이다. 이때부터 성은 호적으로 대변되는 확대가족을 한 단위로 묶어주는 공적, 행정적인 표식 및 사회적인 기호의 역할을 하게 되었다. 즉 한 가족이라면 같은 성을 쓰는 것이 당연하고, 또 타인이라도 혼인이나 입양을 통해 성을 공유함으로써 한 가족이 되었다는 것을 공표하는 효과를 가져오게 되었다. 여성이 혼인 시 남편 성으로 바꾸는 것은 남편의 이에(家, 일본의 전통적 확대가족)의 정식 구성원이 되었다는 것을 의미하며, 양자의 경우에도 양자를 받아들인 집안의 성으로 변경함으로써 그 가족의 일원으로 인정된다. 이러한 모든 과정은 호적에 기재되는 과정을 거침으로써, 개인(집안) 간의 사적인 관

17　井戸田博史,『家族の法と歴史―氏・戸籍・祖先祭祀』, p. 89~90.

계가 국가의 공인을 얻어 법률적·공적인 사실로 확정되는 것이다.

이렇게 제도화된 일본의 이에[18]는 서양의 가족(family)이나 한국의 가족(家)제도와도 다른 특징들을 가진다. 서양의 근대 가족이 남녀 개인의 결혼 계약을 통해 성립된 부부 관계를 중심으로 형성되는 것이라고 한다면, 한국의 가족제도나 일본의 이에 제도는 세대 간의 연결이 가족을 형성, 유지하는 중요한 근간이 된다. 즉, 친자 관계를 통한 세대 간 재생산을 통해 대를 이어가는 것이 가(家)나 이에(家)의 중요한 역할인 것이다. 이러한 과정에서 장자상속과 부계 혈통의 계승이 기본 원칙으로 자리잡고, 장자는 가족에 관한 모든 권한과 책임을 동시에 물려받아 다음 세대를 주도한다. 딸들은 다른 가족의 구성원으로 시집가고 둘째 이하의 아들들은 독립하여 개별 가족을 형성하는 것이 전형적인 형태이다.

그런데 일본의 이에 제도는 한국의 가족제도에 비해서 훨씬 유연하며 부계혈통에 대한 집착이 상대적으로 약하다. 집안에 대를 이을 아들이 없거나 딸이 우수할 때, 부계 혈통의 원칙이 철저한 한국에서는 같은 성씨의 친척의 아들을 양자로 들인다. 한국의 성씨는 부계 혈통과 혈연을 상징하는 기호이기 때문에 혈통이 변하지 않는 한 개인의 성은 변하지 않는다. 그러므로, 가(家)를 잇는 양자는 반드시 같은 부계 혈통 내에서 선택해야 하는 것이다.

그러나 일본의 이에에서는 딸의 남편을 양자로 들이거나 경우에 따라서는 전혀 혈연관계가 없는 타인을 양자로 들여 이에를 계승하게 하기도 한

---

18 일본의 전통적 확대가족제도인 이에 제도에 대해서는 호적에 기재되거나 생계와 거주지를 함께 하는 생활 공동체라는 의미 이외에도 하나의 무덤을 공유하거나 가계 경제활동의 단위가 되는 등 그 문화적, 경제적인 의미도 다양하다. 이러한 측면들은 이 글의 범위를 넘어서는 것이므로 여기에서 논할 수는 없으나, 평민의 성씨 제도는 이에를 성씨와 연관하여 상상할 수 있게 하였다는 측면에서 이에의 제도화에 중요한 역할을 하였다고 생각된다.

다. 일본에서 성은 이에(家)의 소속을 의미하는 것이지 생물학적 부계 혈통의 기호가 아니기 때문에 사위를 양자로 들여 성을 바꾸게 함으로써 이에를 계승하게 할 수 있는 것이다. 이에 제도의 기능은 이에 체제의 존속을 위한 것이기 때문에 생물학적 부계 혈통의 계승은 원칙일지라도 타협 가능한 것이며, 동일한 성을 공유함으로써 외형상 통일된 형태로 이에의 계승이 가능하게 된다.

이렇게 근대일본의 가족제도는 이에의 전통 위에 성씨 제도와 호적 제도를 확립하여 오늘날 모두가 상상하는 자연스러운 '가족'으로 새롭게 탄생되었다. 이러한 근대 가족제도 형성이라는 문맥 내에서 본다면, 여성의 성(姓)의 유지, 변경의 문제는 개인으로서의 여성의 지위를 가늠하는 의미보다는, 부계 혈통 가족인 이에의 이해관계에 얼마나 부합하느냐의 문제로 귀결된다.

2) 전후 신민법 시대의 여성의 성

여성의 성에 관한 정책은 전후에 몇 가지 변화를 겪었다. 미국의 통치하에서 이루어진 전면적인 법체계의 개편을 통해, 1946년 신헌법이 제정되어 14조에서 남녀평등이, 24조에서는 결혼과 가족의 평등이 헌법 가치로 선언되었다. 이듬해에는 새헌법의 이념에 따라 구민법이 전면적으로 개정되었다. 여성을 법적 무능력자로 규정했던 조항들과 호주 제도가 삭제되고 이에 제도가 전면 폐지되었다. 그러나 신민법도 보수 세력의 강력한 저항에 부딪혀 이에 제도를 완전히 청산하지 못하였고, 특히 오늘날까지 문제가 되고 있는 부부동성 강제와 호적 제도를 온존시키고 말았다.[19]

---

19 기타 다른 사항들은 각주3에서 언급하였다.

미국은 통치 기간 중 일본의 가족제도가 가부장적이며 여성을 차별하는 제도라고 규정하고 개혁을 시도하였다. 특히 이에 제도(호주와 그 가족)를 바탕으로 하는 호적대신 개인 단위의 등록 제도를 제안하였다. 그러나 일본의 관료들은 이에 크게 반발하였고 이에 제도를 단위로 하는 호적대신 부부와 그 자녀로 구성되는 핵가족을 단위로 하는 신호적 제도를 대안으로 제시하였다.[20]

이 새로운 제도는 부부가 혼인을 하면 부모의 호적에서 독립하여 새로운 호적을 만들고 호주의 권한과 호주라는 용어 자체를 폐기하는 안이었다. 이렇게 해서 살아남은 신호적 제도는 핵가족을 단위로 편제할 뿐, 출생에서 사망까지 가족의 신분 변동을 시간 순으로 모두 기재하는 구제도를 답습하고, 호주 역시 '필두자(筆頭者, 호적의 기준이 되는 사람)'라는 명목으로 남게 되었다. 필두자가 과거 호주가 기재되는 자리에 기재되고 다른 가족들은 그 아래 이름만 기재되는 것이다.

호적에 기재되는 가족은 모두 성이 같으며 자녀가 태어나면 성별과 순서에 따라 기재되고 이때 성별, 나이, 그리고 적출자인지 혼외자인지에 따라 적출자의 경우 장남, 장녀, 차남, 차녀로, 혼외자는 단순히 '자(子)'로만 기재되어 한눈에 혼외자를 구분할 수 있도록 하였다.[21] 성인이 되면 독립하여 호적을 만들 수 있으나 결혼으로 호적을 만들 때까지 부모의 호적에 남아있는 경우가 일반적이다.

---

20 和田幹彦, 「戦後占領期の民法・戸籍法改正過程(二)――「家」の廃止を中心として」『法学士林』第九五巻第二号(1997) pp. 29~85 ; 和田幹彦,「戦後占領期の民法・戸籍法改正過程(三)――「家」の廃止を中心として」『法学士林』第九五巻第四号(1998), pp. 39~89

21 민법과 호적법에는 혼외자를 명시적으로 차별하는 규정이 있었다. 호적법의 기재 방식도 그중 하나였는데 혼외자 차별과 싸우는 당사자 단체들에 의해 1990년대부터 2013년 상속 차별에 대한 위헌판결에 이르는 긴 기간에 걸쳐 그 대부분이 개정되었다.

부부동성 강제 조항도 형태를 바꾸어 살아남았다. 신민법의 750조(부부의 성)[22]는, 부부는 혼인 시에 정한대로 남편 또는 아내의 성을 택한다라고 하여 형식상 남녀의 성별에 관계없이 합의에 의해서 부부의 공동성을 결정하도록 하였다. 부부에게 이름 선택에 관한 형식상의 평등권을 부여함으로써 구민법에서 여성이 남편의 성을 따르도록 했던 명백한 종속성을 수정하였다. 그러나 합의가 이루어지지 않을 경우에는 어떻게 해야 하는지에 대한 언급이 없고, 호적법에서 이혼 시 혼인 전의 성이 복귀되도록 규정한 점에서 여성이 남편 성을 따르도록 하였던 문제를 근본적으로 개혁하고자 하는 의지가 없었다는 점을 짐작하기는 어렵지 않다.[23]

여성이 혼인 시에 성을 바꾸는 것이 실제 생활에 어떠한 영향을 미치게 될지에 대해서 당시의 정부는 놀랍도록 무관심하였다. 입법자들은 신민법 개정 과정에서 부부동성에 대한 질문을 받자, 혼인으로 성을 바꾸어도 실생활에 불편함은 아무것도 없을 것이라고 대답하였다. 그들은 호적상 이름을 바꾸더라도 실생활에서는 혼인 전의 이름을 계속해서 사용할 수 있기(이른바 통칭, 通称) 때문에 부부동성 강제가 여성의 생활에 부정적인 영향을 미치게 될 것이라는 비판을 묵살하였다.[24]

그러나 다른 한편으로 정부는 여성의 성에 대해서 이중 잣대를 만들어왔다. 유엔의 세계 여성의 해 10년이 시작되는 1976년에, 이혼 시 강제적으로

---

22 民法第750条【夫婦の氏】夫婦は、婚姻の際に定めるところに従い、夫又は妻の氏を称する。

23 이 규정은 1976년의 개정으로 이혼 후에도 혼인 시의 성을 유지할 수 있도록 개정되었다.

24 二宮周平, 「氏名の自己決定権としての通称使用の権利」 『立命館法学』 241 (1995), pp. 611~647. 통칭 사용에 대한 이러한 견해는 일본 사회에 뿌리 깊다. 2015년 12월 16일의 대법원 판결에서조차 혼인한 여성의 통칭 사용이 일반화되었기 때문에 동성강제 조항이 위헌이라고 판단할 만큼의 불합리성이 없다고 하였다.

혼전 성으로 복귀되는 규정을 개선하여 본인이 원할 경우 이혼 후에도 전남편의 성을 계속 사용할 수 있도록 하였다. 이혼한 여성들이 혼전 성으로 복귀할 경우, 일상생활에서 불편함을 겪게 되고 사생활이 드러나 프라이버시가 침해되기 때문이었다. 그러나 많은 여성들이 혼인과 관계없이 자신의 혼전 성을 유지하고자 하는 희망은 무시되었다. 예를 들면, 1976년 위의 민법 일부 개정의 심의 과정에서 부부별성의 도입 가능성에 대해 질문 받은 법무성 관료는 다음과 같은 의견을 진술했다.

> 펜네임이나 사업상, 전문직상의 다양한 이름을 사용하는 것은 금지되어 있지 않습니다. 만약 (여성들이) 그러한 이름들을 적절히 잘 사용한다면, 현 성씨 제도가 여성의 권리를 제한하는 것으로 생각지 않아도 됩니다.[25]

부부별성에 반대하는 이들은 이혼한 여성들이 전남편의 성을 계속 사용하는 것은 일본의 가족제도를 지탱하고 있는 가부장제에 위협이 되지 않지만, 여성들이 이름 선택권을 가지는 것은 그러한 가족제도를 위협할 수 있는 급진적인 변화를 불러올 것이라고 생각한다.

21세기의 오늘날에도 일본에서는 결혼을 "입적한다(籍を入れる, 籍に入る)"로 표현하며 많은 미혼 여성들에게 결혼은, 곧 자신의 성을 남편의 성으로 바꾸는 것과 동일시되고 있다. 대부분의 여성들은 부부의 성을 어떻게 할 것인지 미래의 남편과 논의하지도 않은 채 당연히 남편의 성을 부부의 성으로 기재하여 혼인신고를 한다. 가족에 관한 법정책이 가족에 대한 문화적인 이해의 방식을 규정하는 것이다. 혼인에 관한 의식은 혼인과 동의어로

---

25 二宮周平, 「氏名の自己決定権としての通称使用の権利」.

사용되는 다른 일상적인 표현들 속에서도 드러난다. 예를 들면, 여성들은 혼인을 '며느리로 간다(嫁に行く)'로 표현하고,[26] 남성들의 집에서는 '며느리를 얻는다(嫁をもらう)'라고 표현하는 것 등이 그러하다.[27] 남편의 부모만이 아들의 아내를 며느리(嫁, 요메)라고 부르는 것이 아니라 남편도 자신의 아내를 '우리집 며느리'라고 부른다. 아내는 남편을 슈진(主人, 주인)이라고 부르며 남편은 전통적으로 아내를 가나이(家内, 집에 있는 자)라고 불러왔다.[28]

혼인과 가족에 대한 이러한 문화적, 관습적 이해의 틀 속에서 여성의 성(姓) 문제를 부부 간의 자유로운 선택이라는 형식적인 평등 논리에 맡겨두는 것은 가부장적 가족의 현상 유지 이상의 의미를 가지지 못한다. 왜냐하면 형식적인 평등은 두 당사자가 실제로 비슷한 협상 능력을 가지고 있을 때만이 평등한 타협을 보장할 수 있기 때문이다. 실제로 2013년에도 혼인한 부부의 96.2%가 남편의 성을 부부의 성으로 채택하였다.[29] 이것은 대부분의 여성들이 혼인신고 시 남편의 성을 선택하였다는 것을 의미하는데 그 이유는 남편 성을 따르는 방법 이외에 법률혼을 할 수 있는 길이 없기 때문이기도 하다.

---

26 우리로 치면 '시집간다'와 비슷한 의미라고 할 수 있겠다.

27 Masumi Arichi, "Is It Radical? Women's Right to Keep Their Own Surnames After Marriage," *Women's Studies International Forum*, Vol. 22, No. 4 (1999), pp. 411~412.

28 남편을 슈진(主人)이라고 부르는 것은 아직도 일반적이나, 아내에 대한 호칭은 가나이보다 츠마(妻, 처)가 일반화되어 가나이라고 부르는 경우는 정치가 등 매우 한정적인 경우로 보인다.

29 후생노동성의 『인구동태통계』의 계산에 의하면 2013년의 총혼인건수는 66만 613건이며, 이 중 남편의 성을 취한 경우가 63만 5473건이었다.

4. 여성의 일상생활과 부부별성

1) 통칭[30]의 부담

여성들이 결혼 후에도 실생활에서 자신의 성을 사용하고자 한다면 두 가지 방법이 가능하다. 한 가지는, 혼인 전의 이름과 혼인 후에 바뀐 이름을 경우에 따라 나누어 사용하는 것으로 흔히 통명(通名) 사용이라고 부르는 방식이다. 일상생활에서는 과거부터 사용하던 혼전 성을 계속 사용하면서(통명), 호적상으로는 남편의 성을 등록하여 호적상의 이름(호적명)이 필요한 경우에만 별도로 사용하는 경우이다. 또 다른 방식은 비법률혼(이른바 사실혼)을 선택하는 것이다. '부부'로 함께 거주하고 생활하지만 혼인신고를 통한 법률혼은 하지 않는 경우를 말한다. 부부는 새 호적을 만들지 않고 각각 자신의 성을 유지하게 된다. 오늘날은 관할 구청에서 주민등록대장에 사실혼의 배우자를 '미등록의 배우자'로 등록할 수 있기 때문에, 혼인관계에 준하는 권리를 인정받는 경우가 상당히 늘어났다. 그러나 이 두 방법 모두 여성의 가족 및 사회생활에 크나큰 부담을 지우게 된다. 남성 배우자는 이와 같은 파트너의 선택에 대해서 직접적으로 반대하지 않는다 해도, 여성의 선택에 대한 관망자이거나 잘해야 심정적인 지지자가 될 뿐이다.

반면, 혼인을 통해 성을 바꾸는 경우 지금까지 사용하던 모든 공사 관련 기관과 단체에 새로운 성을 신고하기 위한 번거로운 서류 작업을 거쳐야 한다. 구청과 공공 기관, 은행, 보험사, 직장, 업무상의 파트너 및 거래처, 담당

---

30 호적명이 아닌 다른 이름으로 불리는 것을 넓게 통칭(通称)이라고 표현한다. 이때 불리는 다른 이름을 통명(通名)이라고 한다.

고객들에게 바뀐 이름을 통보한다. 그리고 호적, 여권, 통장, 운전면허증, 건강보험증, 인감 등 각종 공적 서류에 새로 바뀐 이름을 기재한 증명서를 새로 발급받아야 한다.[31] 이때 여성들은 자신의 개인사인 혼인 사실을 공적으로 공표하게 될 뿐만 아니라 혼인한 상대의 이름마저 밝히게 된다. 즉, 사회적으로 '이러이러한 사람(집안)의 아내(며느리)'가 되어 '사적 영역의 소속'이 변경되었음을 모두에게 알리는 절차가 되는 것이다. 부부별성을 특별히 지지하지 않는 여성들도 거래하던 고객들에게 이제부터 이름이 바뀌게 되었다고 하면 "아, 결혼하셨군요……"라는 반응을 얻게 되어 그것이 아무리 선의에 의한 반응이라 하더라도 필요 이상의 프라이버시 노출이라고 불편해하는 경우를 본다.

만약 여성들이 자신의 이름을 유지하기 위해 적극적으로 통명 사용을 선택하면, 실생활에서는 자신의 성으로 생활하고, 자신의 법률적 신분을 증명해야 할 때는 호적에 등록된 이름을 사용해야 하는 이중적인 생활을 감수해야 한다. 일본에서 통명 사용은 부부별성을 실천하기 위한 여성들뿐 아니라 이름으로 발생하는 차별을 피하기 위해서 일본 이름을 사용하는 재일조선인의 경우 등 다양한 사례가 있다.[32] 부부별성과 관련한 경우, 많은 여성들이 직업을 가지고, 초혼 연령도 늦어지면서 자신의 성을 계속 사용하고자 하는 여성들이 늘어나게 되었다. 이러한 기혼 여성들이 공적인 서류나 증명서에도 구성(旧姓)을 사용할 수 있도록 요구해왔고, 현재는 과거보다 많은 공

---

31 Arichi, 1999, p. 413.

32 엄밀히 말하면, 펜네임, 재일조선인의 일본식 이름, 여성들의 구성(旧姓)사용 등은 모두 통명 사용으로 얘기될 수 있지만 그 내용은 다르다. 펜네임은 본인이 자율적으로 자신의 정체성을 나누어 사용하는 경우이지만, 재일조선인의 일본식 통명은 본명을 드러내지 않기 위한 것이 목적이며, 여성들의 통명(즉, 구성(旧姓)사용)은 본명을 계속 사용하기 위한 수단인 것이다. 부부별성의 경우는 구성 또는 본명이 혼인으로 인해 통명이 되어버리는 모순이 발생한다.

공 서류에 호적명뿐 아니라 혼인 전의 성을 사용할 수 있게 되어 통명 사용이 확대되어왔다. 그 결과 1990년대 이후부터 여성의 통칭에 대해서 좀 더 관대해진 것도 사실이다.[33] 예를 들면, 여권의 경우 이전에는 호적명밖에 기재하지 못하였으나 최근에는 괄호 안에 혼인 전의 성을 동시에 기재할 수 있게 되었다. 또한 2001년부터는 국가 공무원의 급료 명세서도 구성을 사용할 수 있게 되었다.

그러나 물론 모든 경우에 통명 사용이 허용된 것이 아니기 때문에, 두 이름으로 인해 발생하는 혼란, 다른 사람으로 오인 받는 경우와 같은 문제점은 통명 사용이 일반화되면 될수록 오히려 커지게 된다. 또한 두 이름을 일상 생활에서 저글링(juggling)하면서 매 상황의 필요에 따라 끊임없이 정체성에 대한 교섭과 타협을 해야 하는 부담은 고스란히 여성 개인이 져야만 한다. 혼인으로 인한 성의 변경과 통명 사용으로 여성이 불합리하게 부담해야 하는 이러한 현실적 문제들이 사회적 주목을 받게 된 것은 1988년의 통명 사용에 관한 소송에 의해서였다.

이 소송은 부부별성에 관한 첫 소송으로 알려졌는데, 국립도서관정보대학의 세키구치 레이코 교수가 연구 활동 시 호적명 사용을 강요한 대학을 상대로 낸 손해배상 소송이었다. 세키구치는 혼인 후에도 이전부터 사용하던 이름으로 논문 발표 등의 연구 활동을 해왔기 때문에 1982년 도서관정보대학에 부임한 이후 대학에 구성(旧姓)사용을 인정해줄 것을 요구했다. 그러나 대학은 이를 받아들이지 않고 모든 공적 서류에 호적명만 사용할 것을 요구했다. 세키구치는 연구자로서 커리어 중간에 갑자기 이름이 바뀌면 지금

---

33 여성 전문인들이 많은 일본변호사협회는 1990년대부터 민법 개정의 필요성을 주창해왔다. 東京弁護士会·女性の権利に関する委員会, 『これからの選択, 夫婦別姓』(東京 : 日本評論社, 1996).

까지 축적해온 자신의 연구가 다른 사람의 연구로 오인되어 과거 연구 업적과의 연속성을 증명할 수 없게 되어 연구 활동에서 불이익을 받게 될 것이라고 주장하였다.

그러나 대학 측은 강경했고 호적명이 아닌 통명 사용은 일체 허용하지 않는다는 방침을 고수했다. 국립대학 교원은 국가가 고용한 공무원이기 때문에 이들의 개인 신분을 정확히 파악하는 것은 대학의 중요한 업무이며, 이 목적을 달성하기 위해서는 호적명이 가장 신뢰할 수 있는 수단이라는 것이 대학 측의 주장이었다. 대학의 이러한 방침 때문에 세키구치는 호적명으로 외부 연구비를 지원해야 했고 결국 연구비 획득에 실패했다. 이에 세키구치는 대학이 호적명을 강요한 결과 지금껏 자신이 발표해온 연구 결과물이 자신의 것으로 인정되지 않아 연구비 신청에서 불이익을 당했다고 소송을 제기한 것이다.

이 경우에서 알 수 있듯이, 여성들이 통칭을 선택할 때 발생하는 현실적인 비용과 정신적인 부담은 모두 여성 자신이 혼자서 지게 된다. 여성들에게는 과거부터 사용하던 자신의 이름을 실생활에서 계속적으로 사용하는 것은 당연한 일이지만, 사회는 혼인으로 갑자기 변경한 새 호적명이 그녀들의 정체성을 증명하는 가장 신뢰할 수 있는 이름이라고 주장한다.

일본은 친밀한 관계를 제외하고는 일상적으로 성(姓)만을 호칭으로 사용하는 사회이다. 이러한 사회에서는 성과 이름을 모두 부르는 한국이나 성 없이 이름만을 즐겨 부르는 서구 사회보다 성의 변경이 개인의 정체성 인식에 가져오는 사회적 효과가 훨씬 크다. 그들에게 성의 변경은 이름의 절반만이 바뀌는 것이 아니라, 그 사람이 완전히 다른 사람으로 인식되는 것을 의미하게 되기 때문이다. 성을 변경함으로서 겪게 되는 부정적인 영향은 전문 분야에서 '이름을 쌓아온' 여성들에게는 훨씬 더 치명적이다. 반면 공사 영역의 정체성이 일관되는 남성들은 혼인에 의해 정체성이 변경되는 어떠한 비용도 치르지 않는다. 누구의 남편이라는 기표를 달고 다닐 필요도 없으며, 사적영역과 공적 영역의 두 역할은 충돌하지 않고 오히려 보다 온전한 시민이 되는 요건이 된다. 부부동성과 통칭이 가져오는 비용과 부담은 오직 여성들에게만 발생하며[34] 그녀들이 결혼한 여성들이기 때문에 져야 하는 것이라는 점에서 가부장적이며 젠더 부정의(不正義)인 것이다.

그러나 부부별성의 길을 열어주지 않을까하는 높은 기대감 속에 진행된 세키구치 소송에서 1심 동경지방법원의 판결은 너무나 실망스러웠다. 법원은 원고의 주장을 일부 각하, 일부 기각하고 여성의 성에 대한 보수적인 견해를 지지하였다. 국립대 교원의 정체성을 증명하는 방법으로 호적명을 사용하는 것은 합리적이라는 대학 측의 주장을 받아들인 것이다.[35] 법원은 혼인 전 성을 오랜 기간 사용한 경우 통명이 호적명보다 개인의 정체성으로 더 중요한 역할을 할 수 있음을 인정하면서도, 이러한 이름에 대한 권리가 원고가 주장하듯이 헌법상 보장된 권리라고는 볼 수 없다고 판단하였다. 이 판결은 부부별성이 인정되지 않아 통명을 사용하면서 불편과 고통을 감수하고 있던 많은 여성들에게 크나큰 실망감을 안겨주었다.

원고는 이 판결에 설복되지 않았고 곧 고등법원에 항소하였다. 그러나 고등법원이 판결을 내리기 전에 대학 측은 원고가 통명을 사용할 수 있도록 약속하면서 이 소송은 1998년에 결국 양측의 화해로 끝나게 된다. 이 소송은

---

34 물론 약 3%에 달하는 남성들도 혼인 시 아내의 성을 채택하므로 이 논의가 모든 여성에게 적용되는 것은 아니다. 아내의 성을 선택한 남성들은 일본 사회의 젠더 규범에 의해 여성들과는 다른 비용과 부담을 지게 된다. 그들의 경험은 일본 사회의 젠더 비대칭성을 밝히는 데 매우 중요하지만 이 논문에서는 지면상 논의하지 못함을 밝혀둔다.
35 동경지방법원판결1486 (1993년 11월21일).

일본 사회에 통명에 대한 관심을 불러일으켰고 결과적으로 여성의 통명 사용이 크게 확대되었다. 많은 민간 기업들이 기업 내부의 업무와 관련한 부분에서 통명을 인정하게 되어 급여 명세서, 출석부, 이름표 등에서 여성들이 희망하면 혼인 전의 성을 그대로 사용할 수 있게 개선되었다. 앞서 언급한 것처럼 일본 정부도 2001년부터 여성 공무원들의 통명 사용을 인정하게 되었다.

다른 한편으로, 이 소송을 계기로 일본 사회에서 여성의 성에 대한 문제 제기가 본격화되면서 부부별성에 관한 찬반 논의가 확대되었다. 민법 학자들은 이름에 대한 권리는 개인의 정체성을 형성하는 핵심적인 요소이므로 이를 '인격권'의 일부로 봐야 한다고 주장하였다.[36] 인격권은 저작권법에서 이미 확립되어온 권리로 이를 부부별성에도 적용하고자 한 것이다. 저작권에서 이름에 대한 권리는 자신의 이름이 다른 사람에 의해 도용되지 않을 권리를 의미하며, 인격권의 핵심을 이루는 부분이다. 저작권법은 작가가 오랜 기간 활동하면서 사용한 이름(펜네임과 같은)은 그 이름으로 알려진 작가의 개인 정체성(인격)을 형성한다고 보고, 다른 사람에 의해 무단으로 도용될 경우 그 이름 소유자의 인격이 심각하게 훼손(인격권 침해)된 것으로 볼 수 있다는 것이다. 따라서 이름 소유자의 이름에 대한 권리는 인격권 보호의 측면에서 보호되고 있다.

그러나 이러한 논리는 민법상 부부동성 강제 조항에 대한 문제 제기로는 연결되지 못했다. 일본변호사협회의 여성변호사위원회는 "이름을 빼앗기지 않을 권리"도 인격권의 중요한 내용으로 인정되어야 한다고 주장하지만,[37]

---

36 이름에 대한 선택권을 인격권으로 보는 시각은 그 이외에도 재일조선인의 이름과 관련한 소송에서도 중요한 학설로 인용되었다.

여성의 성에 대한 이러한 주장들은 1990년대뿐만 아니라 이후 몇 번에 걸친 법 개정의 시도와 2015년 12월의 대법원 판결에서조차도 받아들여지지 않았다.

2) 비법률혼과 페이퍼 이혼(서류상의 이혼)

일본은 전후에 새로운 가족제도가 성립되면서 이에 제도가 폐지되었다는 입장이지만 많은 일본 여성들은 이에 동의하지 않는다. 여성들의 실제 삶과 가족 규범은 이에 제도가 여전히 여성들의 삶을 깊이 규정하고 있다는 것을 증명하고 있으며 부부동성 강제에 대한 사회의 태도는 가족 내의 여성의 지위에 대한 전통적인 젠더 규범이 얼마나 뿌리 깊은지를 보여주기 때문이다. 부부별성을 옹호하고 실천하는 여성들은 직장이나 사회생활에서 성을 바꿈으로써 발생하는 불편함을 해소하려는 의도보다 이러한 이에 제도의 잔재와 가족 내 젠더 규범에 대한 저항에 더 큰 의미를 두기도 한다. 가부장적 가족제도 자체에 대해 의문을 가지는 여성들은 부부별성을 실천하는 수단으로 사실혼을 선택하고 필요에 따라 (국가의) 결혼 제도를 이용하기도 한다.

법률혼을 하지 않는 남녀의 동거는 한국과 마찬가지로 일본에서도 일시적이거나 부적절한 남녀 관계를 암시할 수 있기 때문에 바람직하게 여겨지지 않는다.[38] 그러나 공동생활 기반을 가지고 동거하면서 '혼인' 관계를 유

---

37 東京弁護士会·女性の権利に関する委員会, 『これからの選択, 夫婦別姓』.

38 물론 법률혼 자체가 근대국가의 성립과 가족법의 성립을 전제로 하는 것이기 때문에 법률혼이 정상적인 혼인의 형태가 된 것은 매우 근대적인 현상이다. 메이지 국가는 민법과 호적법이 성립된 이후에도 한동안 법률혼에 대한 인식이 낮아 혼인신고를 독려하는 정책들을 폈다는 점을 지적

지하는 이들을 비법률혼 커플로 긍정적으로 재정의하는 움직임이 있다. 특히 부부별성을 실천하는 이들은 의도적으로 '혼인신고를 하지 않는 선택(비법률혼)'을 하는 경우가 많다. 비법률혼의 선택을 통해 미등록의 혼인이라는 부정적인 관계를 독립적인 두 개인의 평등한 커플 관계에 대한 공적 선언(public statement)으로 전환하고자 하는 것이다. 이 여성들에게 독립적인 개인이란 결혼한 여성에 대한 전통적인 성 역할에 구속되지 않고 자신의 라이프스타일을 선택할 수 있는 개인적 자율성을 의미한다. 이들에게 법률혼이란, 과거 이에 제도에서 기대했던 가족에 대한 여성의 의무와 며느리로서의 지위를 받아들이는 것을 의미한다. 필자의 인터뷰에 응해주었던 비법률혼 관계에 있는 한 여성은 다음과 같이 자신의 견해를 피력하였다.[39]

제 자신을 전통적인 가족 의무에 제한하고 싶지 않아요. 오늘날에도 법률혼은 여성이 며느리 역할을 맡는 것과 동일시되고 있어요. 만약 제가 제 성을 바꾼다면, 제 자신도 남편의 부모님을 위해 봉사해야 하는 의무감을 느끼게 될 거예요. 제 말은 제 친부모님이 아니라 오직 남편의 부모님만을요. 저는 이런 사회 관습에 반대하고 싶었어요.[40]

해둔다. Herald Fuess, *Divorce in Japan: Family, Gender, and the State 1600-2000* (California: Stanford University Press, 2004).

39 이 논문에서 인용하고 있는 모든 인터뷰는 필자가 2004년 4월부터 8월까지 일본에서 집중적으로 실시한 인터뷰 내용에 기초한 것이다. 이후에도 간헐적으로 다양한 장소에서 부부별성을 실천하고 있는 다양한 여성들을 만나면서 인터뷰를 계속하였다. 2000년대 후반부터 필자가 일본에서 연구 활동을 통해 만난 대부분의 여성 학자들은 통명을 사용하고 있었고, 간혹 이들의 여권에 기재된 전혀 다른 호적명을 발견하고 놀라는 경우도 있었다.

40 「結婚改正を考える会」의 회원에 대한 필자의 인터뷰에서(2004년 5월, 오사카).

기혼 여성들에게 가해지는 성 역할에 대한 문화적 압력을 이해하는 데는 일본의 주부 정체성에 대한 논의가 도움이 된다. 일본의 주부 정체성이 가지는 정치적인 함의에 대해서 분석한 르블랑은[41] "전업주부라는 정체성의 핵심은 가능한 다른 사회적 정체성으로부터 그 정체성의 소유자를 배제하는 점에 있다"고 하였다. 전업주부가 된 기혼 여성들은 단지 전업주부라는 이유만으로 부부별성이나 통명 사용이 필요한 여성으로 인정받지 못한다. 이들은 자신의 이름을 유지하고 싶어도 전문직 여성들과 같이 '독립된 개인'으로서 자신의 이름을 유지할 만한 설득력 있는 최소한의 이유도 가지지 못하기 때문이다. 전업주부의 사회적 역할은 전적으로 사적 영역에서 가족에 대한 돌봄을 제공하는 것을 의미하기 때문에, 가족으로부터 분리된 개인으로서의 자신을 상상하는 것은 자신의 역할을 벗어난 이기적인 욕심으로 비난의 대상이 된다.

이러한 점은 비법률혼 여성들이 부부별성을 선택하는 동기에서도 읽을 수 있다. 이 여성들은, "아내로서 또는 며느리로서가 아니라 나 자신의 삶을 살고 싶어요", "내 이름과 내 성은 내가 누구인지를 결정하는 중요한 것들입니다. 그런 것들을 바꾸고 싶지 않아요. 만약 내가 내 성을 바꾸어버리면, 내 자신을 잃어버리는 것 같은 느낌이 들 거예요."[42] 라고 얘기하고 있다. 혼인으로 인한 성의 변경에 저항하고 자신의 이름을 지키면서 여성들은 자신이 누구인지를 스스로 선택할 수 있는 자율성의 주체로 상상하게 된다. 그들은 '아내'라는 위치가 허락하지 않는, 파트너와 평등할 수 있는 독립적인

---

41 Robin M. LeBlanc, *Bicycle Citizens: The Political World of the Japanese Housewife*(Berkeley Calif.: University of California Press, 1999), p. 65.

42 善積京子, 『「近代家族」を超える―非法律婚カップルの声』(東京: 青木書店, 1997). 이러한 내용은 필자의 인터뷰 및 많은 부부별성 관련 보도에서도 공통적으로 나타난다.

개인으로서의 자신의 존재를 가족들에게 끊임없이 상기시키는 수단으로 부부별성을 실천하는 것이다.

비법률혼을 선택한 여성들은 역설적으로 그들이 거부하는 호적 제도를 자신들의 이익에 부합하도록 역이용하기도 한다. 자신의 이름이 없는 남편의 호적은 그 여성이 남편의 가족으로 '입적'한 적이 없다는 것을 나타내는 증거이며, 따라서 그 집안의 며느리가 아니라는 것을 증명하는 '공문서'인 것이다. 여성들은 가부장적 가족의 문화적 권력에 대항하기 위해 역으로 호적법이 가지는 국가의 법적 권력을 전유하는 전략을 사용한다.

1990년대의 비법률혼 커플을 조사한 요시즈미에 의하면, 비법률혼은 당시에 아직 일반적인 사회 현상은 아니었지만 여성들이 비법률혼의 경향을 주도하고 있으며, 이들은 가부장적 결혼 제도의 젠더 규범에 대한 저항의 의미로 의도적으로 이러한 커플 관계를 선택하고 있다고 지적하였다.[43] 이것은 비법률혼이 서구의 경우처럼 법률혼의 전 단계거나 미래의 결혼을 위해 미리 동거 생활을 시험해보는 경우와는 매우 다른 형태의 파트너십이라는 것을 의미하는 것이다.

법률혼을 선택한 경우에도 통명 사용의 번거로움에 지친 여성들은 뒤늦게 자신의 이름을 되찾고자 더욱 과감한 선택을 하는 경우가 있다. 소위 '페이퍼 이혼'을 선택하는 커플들이다. 실생활에서 '혼인' 관계를 유지하면서도 법률상(호적상) 이혼을 하고 자신의 성을 되돌리는 것이다. 일본의 가족법이 부부의 이혼에 대한 합의만 있다면 이혼에 매우 관대한 점을 이용하여 필요에 따라 페이퍼 이혼(호적상의 이혼)과 페이퍼 결혼을 반복하는 것이다. 예를 들어, 부부별성으로 비법률혼을 선택한 이들이 아이를 낳게 될 경우 혼외자

---

43 善積京子, 『「近代家族」を超える―非法律婚カップルの声』.

의 사회적 오명을 걱정하여 페이퍼 결혼을 한다. 그러면 태어난 아이는 부모의 혼인 중 적출자로 인정되고 부부는 다시 페이퍼 이혼을 하여 아내가 자기 이름으로 되돌아가는 것이다.

이렇게 통칭이나, 비법률혼, 또는 페이퍼 이혼은 모두 포기와 순종으로 체념하지 않고 현재의 가족제도 내에서 자신들이 사용할 수 있는 자원과 기회를 최대한 활용하여 일상적인 저항을 실천하는 여성들의 예들이다.[44] 일본 여성들은 순종적이며 자신을 드러내지 않고 소극적이라는 이미지를 가지고 있으나, 이는 일본 사회의 성 역할에 대한 기대와 젠더 규범에 의해 형성된 표상에 지나지 않는다. 모든 여성들이 그러한 성 역할과 젠더 규범을 받아들이고 있는 것은 아니며, 이 글에서 논의했듯이 개인적인 문제로 인식되던 부부별성을 사회문제화하고 일상생활에서 가부장적 가족제도의 불의에 도전하는 적극적인 역할은 다름 아닌 바로 이들 여성 자신이 담당하고 있다는 점에 주목할 필요가 있다.

5. 부부별성 입법을 향한 움직임

부부별성이라는 단어가 일본에서 처음으로 등장한 것은 1980년대 중반이라고 알려져 있다. 1980년대에는 유엔의 여성차별철폐조약이 비준되고, 남녀고용기회균등법이 제정되어 여성의 사회 진출에 대한 기대가 높아진

---

44 여성들의 일상적 부부별성 운동에 대해서는, Ki-young Shin, "*Fufubessei* Movement in Japan: Thinking About Women's Resistance and Subjectivity," *Frontiers of Gender Studies* 2 (2004), pp. 107~114.

시기였다. 반면 그러한 사회적인 분위기와는 달리, 정책적으로는 전업주부를 우대하는 사회복지 및 세제가 확립되는 모순적인 시기이기도 하였다. 여성의 전업주부화를 제도적으로 우대하면서도, 다른 한편으로는 보조적인 경제 참여자(파트타임 노동과 같은)로 경제활동 참여를 독려하는 시기였다. 부부별성의 요구는 이러한 변화의 시기에 주로 경제활동에 참여하던 여성들에 의해 전국적으로 확대되어갔다.

1985년에 일본 정부가 여성차별철폐조약을 비준하자, 일본변호사회 산하 동경변호사회의 여성권리위원회는 곧장 가족법의 여성차별적인 요소에 대한 연구를 시작하여 공개 심포지엄을 개최하고 여성에 대한 다양한 차별 사례를 수집하였다. 이러한 사례들을 바탕으로 가족법 개정안을 수립, 일본변호사협회의 이름으로 정부에 가족법 개정을 제안하였다. 이 개정안의 가장 중요한 요소가 선택적 부부별성의 도입이었다.[45] 법무성도 1990년에 법제심의회를 구성하여 가족법 개정을 위한 검토를 시작하였다. 이러한 분위기는 사회적으로 부부별성에 대한 큰 관심을 불러일으키면서, 1990년대 전반에 걸쳐 전국에 부부별성을 실천하는 자발적 시민 모임들이 생겨나게 되었다. 1990년부터 2010년의 20년간 주요 일간지의 기사를 '부부별성'을 키워드로 조사해보면, 1996년에 가장 기사 수가 많은 것을 알 수 있는데 이는 이 문제에 대한 사회적 관심을 잘 보여주는 것이다(〈그림 2-1〉).

수년에 걸친 논의 끝에 법무성은 1996년에 선택적부부별성과 혼외자 상속분 차별을 포함한 민법 개정안을 확정하였다.[46] 이 개정안은 전후 가족법

---

45 東京弁護士会·女性の権利に関する委員会, 『これからの選択, 夫婦別姓』.

46 법제심의회가 결정한 안 중에서 부부의 성에 관한 내용은 다음과 같다. ① 부부의 씨(氏)는 혼인 시에 결정하는 데에 따르며, 남편 또는 아내의 씨(氏)를 칭하거나, 또는 각자의 혼인 전의 씨(氏)를 칭한다. ② 부부가 각자의 혼인 전의 씨(氏)를 칭하도록 결정한 경우에는 혼인 시 남편 또는 아

그림 2-1 1990년~2010년의 5대 전국 일간지 '부부별성' 제목 키워드 검색

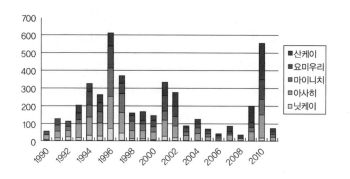

자료: 5대 일간지(산케이, 요미우리, 마이니치, 아사히, 닛케이)의 해당 연도에서 조합

체제에서 남겨진 이에의 잔재 조항들을 대부분 개정하는 데 그 초점이 있었다. 그러나 이러한 움직임은 가족법 개정에 대한 여론의 극심한 찬반 논란을 불러일으켰다. 특히 부부별성은 1995년 중간 보고의 발표 당시부터 찬반 논쟁의 중심이 되었고, 1996년에 법제심의회의 민법 개정 요강에 최종적으로 포함되자 이에 반대하는 보수 세력들이 심하게 반발하였다.

이들에 의하면 부부별성은 곧 가족의 붕괴를 의미하며 부모와 자녀의 이름이 달라지면 자녀가 정신적인 불안정을 겪게 되어 자녀 복리에 심각한 폐해를 끼칠 것이라고 하였다. 이들에게 부부동성은 일본의 가족제도의 근간이며 부부별성을 도입하면 가족 간의 유대가 취약해져 가족제도 자체가 해체될 수 있는 위험한 것이었다. 이들은 보수적인 남성 의원들이 지배적인 지방의회를 중심으로 부부별성 반대 성명과 결의를 채택하여 정부에 압력을 가했다.[47] 이 지방의원 조직들은 대부분 자민당의 지지 세력으로 자민당

내의 씨(氏)를 자(子)가 칭하는 씨(氏)로 결정하여야 한다.

국회의원에게 직접적인 영향력을 행사하여 가족법 개정을 저지하려 하였다. 이들은 이후 2000년대 전반에 걸쳐 일본을 휩쓸었던 '젠더 평등에 대한 반발(gender backlash)'의 중심 세력이 되었고, 이후에도 지속적으로 부부별성 입법을 반대하는 지방의 풀뿌리 세력으로 활동하였다.

이에 반해 부부별성을 지지하는 쪽은 정치적인 영향력을 행사할 만한 능력이 없는 자발적인 소모임 정도였다. 지방의원들과 보수적인 여론에 자민당의 보수 의원들이 신중론을 펴며 개정안에 반대하였고, 법무성은 결국 여당인 자민당과의 합의를 끌어내는 데 실패하여 가족법 개정안의 국회 제출을 단념하였다. 가족법 개정안은 이때까지 법무성의 법률안이 입법화에 실패한 유일한 예로 남게 되었다.

2001년에는 다시 한번 부부별성에 대한 관심이 높아졌다. 1999년에 남녀공동참가사회기본법[男女共同参画社会基本法]이 제정되어 일본 사회에서도 국가주도적인 성 주류화(gender mainstreaming)의 움직임이 불자 전통적인 성 역할 분담을 전제로 한 사회 관습이나 제도에 대한 재고가 요구되었다. 2001년에 모리야마 마유미 법무성대신이 부부별성 도입에 의욕을 보이자, 내각부의 남녀공동참가기본문제조사회에서 부부별성을 조사 과제로 지정하고 조사에 착수하였다. 내각부는 여론의 다수가 부부별성을 용인한다는 조사 결과를 발표하였고, 이에 부부별성에 대한 여론의 찬반 논쟁이 재연되었다. 이때의 논의는 자민당 내의 여성 의원들 간의 대립이 주목을 받았다. 부부별성 지지자인 노다 세이코 의원은 자민당 내에서 공개적으로 부부별성 도입을 주장하였다. 그러나 당내의 반대파를 의식하여 전면적인 제도의

---

47 《아사히신문》의 기사 검색에서 확인할 수 있는 지방의회만으로도 이와테 현, 히가시야마 정, 가나자와 시, 도쿠시마 현 의회에서 반대 성명을 낸 것을 알 수 있다.

도입이 아닌 예외적 부부별성 용인 제도(가정재판소의 판결에 의해 예외적으로 부부별성을 인정)를 제안하였다. 반면 같은 당 다카이치 사나에 의원은 보수파의 대표적인 입장을 대변하여 부부별성 도입 불가의 입장을 천명하였고, 민법 개정 없이 호적법만을 개정하여 '통명' 사용을 공식적으로 인정하자는 의견으로 맞섰다.

2000년대 전반기는 일본 정치사회의 보수가 집결하여 각종 이슈를 장악하기 시작하는 시기였는데 젠더 문제에 대한 반격이 그 중심 이슈 중 하나였다. 특히 부부별성은 위안부 문제와 함께 보수에서 극우 세력을 아우르는 주요 쟁점이 되었다. 그리하여 2000년대 내내 자민당 중심의 보수 정권이 이어지면서 2009년 민주당 정권으로 정권 교체가 이루어지기까지 부부별성 입법은 사실상 무산되었다. 이 시기에 민주당을 포함한 야당들은 지속적으로 의원 입법[48]의 형태로 가족법 개정안을 국회에 제출하면서 부부별성을 두고 자민당 대 야당이라는 대립 구조가 형성되었다.

〈그림 2-1〉의 일간지 기사 수의 추이를 보면, 1996년 이후 대부분의 일간지에서 2001년 전후를 제외하고 부부별성에 대한 기사 수가 줄어들고 있는 데 반해, 부부별성에 대한 반대 기사를 게재하는 ≪산케이신문≫만은 1996년보다 2001년에 더 많은 기사를 내보내고 있다. 이 추세는 민주당으로 정권이 교체된 후 다시 한번 가족법 개정이 주목을 끌게 되는 2009년에는 더욱 더 뚜렷하게 나타난다. 이는 일반 여론이 부부별성의 도입에 대해 점차 긍정적으로 변화하고 있음에도, 부부별성 반대 세력이 결집하여 지방의회,

---

48 법무성이 법안 제출을 포기하자 1997년부터 2015년까지 지속적으로 의원 입법이 제출되었다. 민주당도 1998년 창당 이후 의원 입법을 제출해왔다. 그러나 의원 입법안은 국회에서 제대로 논의된 적도 없이 회기가 끝나면 모두 폐안되었다.

자민당의 보수 의원, 일본회의와 같은 보수 유식자 조직을 중심으로 반대 목소리를 결집시켜 온 것을 의미한다.

부부별성에 대한 관심이 다시 한번 고조된 것은 2009년의 정권 교체로 민주당이 집권하게 되면서부터였다. 민주당은 야당 시절에 매년 부부별성 도입을 위한 의원 입법안을 제출해왔기 때문이다. 특히 장기간 이 문제에 천착해온 사민당의 후쿠시마 미즈호 의원과 민주당의 치바 게이코 의원이 각각 남녀공동참가특명 대신과 법무대신으로 입각하면서 부부별성을 입법화하기 위한 절호의 기회가 찾아온 것이다. 치바 법무대신은 곧장 민법 개정안을 정부 법안으로 국회에 제출하기 위한 각의결정(내각의 결정)를 추진했다. 당시 하토야마 총리도 기본적으로 찬성하는 입장이었다.

그러나 연립 정권의 파트너로 입각했던 국민신당의 가메이 시즈카 당수가 이에 반대하고, 또다시 보수 세력이 맹렬한 반대 운동을 전개하자, 결국 내각의 각의결정은 이루어지지 못했고, 곧 이은 하토야마 총리의 실각으로 입법화는 실패하게 된다. 의원 입법안을 제출해온 민주당 내부에서조차 정작 법안 성립이 눈앞에 다가오자 신중론을 펴며 반대 의견을 피력하는 의원들이 적지 않았다. 야당 시절에는 자민당과의 차이를 강조하기 위해 부부별성 지지를 당의 공식 입장으로 채택하였으나 정권 정당이 된 이후에는 당내의 이견이 노출된 것이었다.

이후 민주당은 정책 강령(매니페스토)에서 부부별성 도입에 관한 입장을 삭제하기에 이르렀고, 자민당은 한발 더 나아가 2010년의 참의원 선거의 정책 강령에 "나라의 근간을 지킨다(わが国のかたちを守る)"는 명분으로 부부별성 도입에 반대 입장을 당의 정책으로 공언하기에 이른다. 민주당 정권이 단명하고 2012년 다시 자민당으로 정권 교체가 이루어지면서 부부별성 추진파들은 더 이상 입법부 법 개정을 통한 부부별성의 도입은 가능하지 않다

고 판단하게 되었다. 이들은 마지막 수단이라는 각오로 사법부의 법률 판단에 기대를 걸고 소송으로 운동의 방향을 틀었다.

일본 사회에서 과거 20년간 부부별성은 이름에 대한 개인의 선택 문제가 아니라, 바람직한 가족(또는 그 가족제도 내의 여성의 지위)과 국가의 형태를 논하는 논쟁의 장이 되어 찬성파와 반대파가 극심하게 대립되는 정치 사안이 되었다. 부부별성이 뜨거운 감자가 되어 점차 아무도 건드리고 싶지 않은 문제가 되어버리자, 이렇게 첨예한 대립 구조를 우회하기 위해 부부별성 추진 단체는 2011년 2월 남녀 5명을 원고로 하여 부부동성 조항의 위헌성을 묻기 위한 최초의 국가배상 소송을 제기하였다. 정치적 논리가 아닌 법률과 인권의 문제로 돌파하려는 시도였다.

하지만 사 년간에 걸친 헌법소송도 일본 사법부의 보수성에 부딪혀 결실을 보지 못했다. 2015년 12월 16일 최고재판소의 결론은 과거 20년간의 부부별성 논의를 집약적으로 보여주는 듯하다. 재판관 15명 중에 다섯 명이 소수의견을 내어 부부동성 강제 조항이 위헌이라고 판시한 것이 큰 변화라면 변화이다. 이 중 세 명의 여성 재판관은 모두 위헌판결을 낸 것에 반해, 다수의견의 남성 재판관들은 이름이 강제로 변경되는 개인적 고통과 여성 시민권에 대한 사회정치적 의미를 전혀 이해하지 못하고 있었다. 다수 의견에 의하면 '통칭'이 사회적으로 넓게 인정되고 있으므로 이름 변경으로 인한 고통과 불편은 통칭 사용으로 상당히 완화되었다고 주장하였다. 1947년의 민법 개정 당시부터 1970년대의 법무성, 1990년대의 사법부와 같은 의견을 내세워 21세기에도 부부별성을 인정하지 않은 대법원 판결은 참으로 시간이 멈춰버린 듯한 강건한 가부장제의 힘을 실감하게 하는 것이었다. 죽을 때만큼은 자신의 이름으로 죽고 싶다던 70대의 부부별성 소송의 원고는 결국 평생에 걸친 절실한 소원을 이루지 못하게 될지 모른다.

6. 이름의 정치학

현대사회에서 우리는 이름에 많은 의미를 부여하고 이름 사용에 정서적인 애착을 부여한다. 이름은 다른 사람들이 우리를 부르고 기억하는 매개이며 개인적, 사회적 정체성의 중요한 부분을 형성한다. 우리는 이름을 통해 다른 사람과 관계를 맺고 이름을 통해 이름 소유자의 구체적인 이미지를 떠올리게 된다. 따라서 이름은 단순히 개인적인 것이 아니다. 가족에의 소속은 물론이고 사회적 관계성을 구성하는 기반이 되는 것이다.

근대사회의 남성 시민들에게 이름은 자신의 독립적인 정체성에 대한 표식으로 인식되었다. 시민으로서의 남성들은 이름을 통해 자신과 자신의 가족을 대표한다. 하지만 여성에게 이름은 그와 같은 역할을 하는 것이 아니다. 여성의 이름도 자신이 누구인가를 나타내는 정체성을 형성하지만 여성에게 부여된 이름의 사회적 의미는 남성 가족과의 관계성을 의미한다. 출생을 통해 아버지의 성을 부여받고, 결혼을 통해 남편의 성을 따를 것을 요구받는다. 그리고 이 모든 규칙은 '남성들의 법'에 의해 정당하고 자연스러운 것으로 규정된다. 여성은 공적 영역에 진입하여도 누구의 딸이나 누구의 아내라는 사적인 관계의 틀 속에서 인식되는 것이다.

이것이 일본에서 여성의 성이 왜 그렇게도 극심한 정치적인 논쟁거리가 되었는지를 설명한다. 여성의 정체성이 가족 관계 내에서 규정되어야 한다고 믿는 보수파들은 혼인(가족)과 여성의 성을 분리하려는 부부별성의 도입에 격렬하게 반대하고 부부별성이 가족의 와해를 가져오며 나아가 일본 국가를 근간부터 무너뜨릴 것이라고 주장한다. 이들에게 가족의 단일한 성은 가장의 권위하에 조화롭게 하나가 되어야 하는 '전통적' 가족의 가치를 상징하는 것으로 이것이 부부의 불균등한 관계를 전제로 한다고 해도 (또는 그렇기 때문에) 바람직한 가족의 모습이다.

겉보기에 기혼 여성의 이름 선택과 같은 사적인 문제에 지나지 않는 부부별성은, 과거 20년간 몇 번의 입법 시도와 소송을 거치면서 가족과 국가의 운명이 걸린 정치적인 문제로 결렬한 찬반 논쟁의 주제가 되었다.[49] 한국의 호주제 폐지와 관련한 논쟁, 그리고 서구 기독교 국가의 낙태에 관한 논쟁들과 마찬가지로 여성에게 자신의 정체성을 선택하게 하는 것은 언제나 가부장제 가족과 국가의 주요 관심사이며, 여성에게 그렇게 개인적인 것은 언제나 정치적인 것이 되는 것이다.

---

49 한국의 호주제 폐지에 관한 논쟁에 대해서는, Ki-young Shin, "Politics of the Family Law Reform Movement in Contemporary Korea: A Contentious Space for Gender and the Nation," *Journal of Korean Studies*, Vol. 11, No. 1, pp. 93~125.

참고문헌

Arichi, Masumi. 1999. "Is It Radical? Women's Right to Keep Their Own Surnames After Marriage." *Women's Studies International Forum*, Vol. 22, No. 4.

Hawkesworth, Mary. 2015. "Gender and Democratic Governance: Reprising the Politics of Exclusion." Mino Vianello and Mary Hawkesworth Eds. *Gender and Power: Towards Equality and Democratic Governance*. London: Palgrave MacMillan.

LeBlanc, Robin M. 1999. *Bicycle Citizens: The Political World of the Japanese Housewife*. Berkeley, Calif.: University of California Press.

Pateman, Carole. 1988. *The Sexual Contract*. Stanford: Stanford University Press.

_____. 1989. *The Disorder of Women: Democracy, Feminism and Political Theory*. Stanford: Stanford University Press.

Schneider, Anne L. and Helen M. Ingram. 2005. *Deserving and Entitled: Social Constructions and Public Policy*. NY: Suny Press.

井戸田博史. 1993.『家族の法と歴史―氏・戸籍・祖先祭祀』東京: 世界思想社.

善積京子. 1997.『「近代家族」を超える―非法律婚カップルの声』東京：青木書店.

二宮周平. 1995.「氏名の自己決定権としての通称使用の権利」『立命館法学』.

牟田和恵. 1996.『戦略としての家族：近代日本の国民国家形成と女性』東京：新曜社.

山中永之佑. 1988.『日本近代国家の形成と「家」制度』. 東京: 日本評論社.

和田幹彦. 1997.「戦後占領期の民法・戸籍法改正過程(二)――「家」の廃止を中心として」.≪法学士林≫, 第九五巻第二号.

_____. 1998.「戦後占領期の民法・戸籍法改正過程(三)――「家」の廃止を中心として」.≪法学士林≫, 第九五巻第四号.

3장

근대 일본 여성운동의 조직화와 노선 갈등

≪여성동맹≫을 통해 보는 신부인협회의 역사와 의의

/

이은경

1. 신부인협회, 일본 여성운동의 축소판

근대 일본의 역사에서 다이쇼기(大正期: 1912~1926)는 '다이쇼 데모크라시'로 대표되는 역동적인 변화의 시기이자, 한편으로는 그로 인한 불안과 동요를 동반한 시기였다. 다이쇼기의 이러한 시대적 특징은 '여성(=부인)'[1]에게서도 동일하게 관철된다. 예를 들어 다이쇼기의 시작과 함께 잡지 ≪세이토(青鞜)≫ 동인으로 상징되는 이른바 '신여성'이 등장한 것, 본격적인 정당정치가 시작되고 보통선거 운동이 활발해질 무렵에는 조직을 만들어 여성의 정치 참여를 허락해달라고 요구하기 시작했던 점 등, 다이쇼기는 여성에게

---

1 당시 사료에서는 '부인(婦人)'이 주로 사용되며 종종 '여성'이 혼용되고 있다. 이 글에서는 사료를 직접 인용하는 경우에는 원문 표현을 그대로 사용했고, '부인 참정권'과 같이 역사 용어로 정착된 경우의 '부인'도 그대로 사용했으나, 그 외의 서술 부분에서는 '여성'으로 통일하였다.

'변화'의 시대였음을 보여준다. 반면 이들이 끊임없이 서로 논쟁하면서 결합과 결별을 거듭했던 사실은 당시 일본 여성이 안고 있던 불안과 동요를 방증하는 것이라 할 수 있다. 여성해방을 위해 나섰지만 모두 하나가 될 만큼 서로의 방향이 일치하는지를 확신할 수 없었고, 그렇다고 해서 남성중심 사회에서 여성해방을 주장하는 여성들끼리 분열하는 것이 과연 타당한가에 대해서도 우려가 깊었다.

이와 같은 다이쇼기 여성들의 움직임에 주목할 때 다음과 같은 몇 가지 특징을 확인할 수 있다. 첫째, 이 시기 활동했던 여성운동가들이 사실상 전후 여성계까지 장악할 정도로, 일본 역사상의 걸출한 여성운동가 대부분이 다이쇼기에 집중적으로 등장했다. 둘째, 이들은 당시 융성한 출판계의 발전을 배경으로 잡지 지면을 통해 논쟁을 반복함으로써 이른바 '부인문제'에 세간의 주목을 끄는 데 성공했다. 셋째, 이들은 자신들의 주장을 보다 강력하고 구체적으로 제시하기 위해 끊임없이 조직화를 시도했으나 대부분 몇 년을 넘기지 못하고 단명했다. 넷째, 1910~1920년대를 통해 활발하게 활동했던 여성운동가들은 일본이 본격적인 전시 상황에 돌입하는 1930년대에는 정부 당국에 협력하거나 개인적인 관심사에 몰두하는 경향을 보였다. 여성운동이라는 측면에 한정해서 본다면 '정적' 상태로 돌입했다고 할 수 있으며, 이러한 상황은 1945년 일본의 패전(敗戰) 후 GHQ에 의해 남녀평등이 일방적으로 '주어질' 때까지 지속되었다.

수많은 여성 단체들이 수시로 등장하여 뚜렷한 인상을 남기지 못한 채 명멸하는 가운데, 다이쇼기 여성들의 움직임에 대해 의미 있는 시사를 던져주는 조직으로 신부인협회(新婦人協会, 이하 '협회')가 있다. '협회'는 제1차세계대전 후 결성되어 여성의 입장에서의 사회 개조를 목표로 결성된 시민적 여성운동 단체로, ≪세이토≫의 발행인이자 창간호에 실린 시 「원시, 여성은

태양이었다」로 유명한 일본 여성운동의 상징적 존재 히라쓰카 라이초(平塚 らいてう)가 중심이 되어 조직한 것으로 유명하다. 신부인협회에 관해 비교적 널리 알려진 바를 간단히 소개하자면,[2] 존속 기간은 1919년 말부터 1922년 말까지의 약 3년 남짓으로 ≪여성동맹≫이라는 기관지를 발행했으며, 라이초가 이치카와 후사에(市川房枝)・오쿠 무메오(奥むめお) 등의 협력을 얻어서 발기했고, 중심 강령에는 남녀의 기회균등과 어머니와 아이의 권리 옹호 등이 포함되어 있었다. 규약 중에 여자 교육, 부인 참정권, 여성에 불리한 법제의 개정 및 폐지, 모성보호 등의 요구를 위한 운동 개시, 시민적 여성 단체 및 여성 노동조합 조직화 등의 다양한 사업 구상을 담았다. 그러나 실제로는 '치안경찰법' 제5조의 개정, 화류병 남자 결혼제한법 제정, 중의원의원 선거법 개정(여성의 참정권 요구)을 위한 의회 청원 운동이 활동의 중심이었다. 신부인협회가 적극적으로 노력한 결과, 1922년 '치안경찰법' 제5조 2항을 개정하여 여성이 정담연설회(政談演説会)에 참여할 수 있게 했다는 점에서 근대 일본 여성운동사에서 상당한 의미를 갖는다.

그러나 '협회' 자체는 그 중요성에 비하면 충분히 연구되었다고 말하기 어렵다. 비교적 많이 알려진 내용은 여성들의 정치적 집회 참여의 자유를 획득하기 위해 '치안경찰법' 제5조 개정(이하, '치경법 개정')을 위한 노력을 계속하여 결국 의회에서 개정안을 통과시켰다는 사실이나,[3] 지금의 상식으로는 다소 납득하기 어려운 화류병(花柳病) 남자 결혼제한법 제정(이하, '화류병

---

2 「新婦人協会」, 『女性学事典』(東京: 岩波書店, 2002)의 내용을 참조.

3 운동 초기에는 기존 법률을 '수정'하도록 청원했으나 '치안경찰법' 제5조의 '개정안'을 제출하는 것이 의회 통과와 함께 바로 효력을 얻을 수 있다는 조언에 따라, 제43기 의회부터는 우호적인 의원들을 통해 개정안을 제출하고 이를 통과시키는 것으로 운동의 방향을 변경했다. 이 글에서는 이들 운동을 '치경법 개정'으로 통칭하였다.

제한')을 위한 청원 운동을 했다는 사실 정도다. 그러나 그러한 내용은 당시 여성운동의 실상을 이해하는 데 흥미로운 사례로 여겨질 뿐, 아주 의미 있는 사건으로 다루어졌던 것 같지는 않다.[4] 이 단체를 조직했다가 훗날 일본 여성계를 대표하는 인물이 된 히라쓰카 라이초와 이치카와 후사에에 관한 연구에서 이들의 초기 활동의 일부로서 반드시 신부인협회 시기를 다루고 있기는 하지만, '협회' 자체의 의미에 주목한 것이라 보기는 어렵다.[5]

'협회'에 대한 초기 연구에서는 일본에서의 '부선(부인선거권) 운동'의 원점이라는 측면에서 접근하거나 운동의 경과 및 성과 혹은 일본 여성해방사에서의 의의를 강조하는 데 중점을 두었다.[6] 혹은 '협회' 설립의 중추였던 라이초의 중심 사상이 엘렌 케이(Ellen Key, 1849~1926)로부터 영향 받은 '모성주의'였다는 점에 주목하여, '화류병 제한'과 우생 사상의 관련성 혹은 전시하 '익찬(翼賛, 전쟁협력)' 혐의에 대해 고발하는 경우도 있다.[7]

---

4 최근 신부인협회의 관련 인물에 대한 조사 및 ≪여성동맹≫의 강독을 위한 모임이 조직되어, 그 성과를 묶은 연구서[折井美耶子·女性の歴史研究会編著, 『新婦人協会の人々』(東京: ドメス出版, 2009), 折井美耶子·女性の歴史研究会編著 『新婦人協会の研究』(東京: ドメス出版, 2006)]가 출간되었다. 필자도 인물 관련 정보 등 기본적 사실 정리에 이들 연구의 도움을 받았으나 이 글의 논지 전개에까지 영향을 받은 것은 아니다. 이 글은 '노선의 확립 과정'이라는 독자적인 관점에서 ≪여성동맹≫ 원문을 분석하는 것을 목표로 했다.

5 菅原和子, 『市川房枝と婦人参政権獲得運動—模索と葛藤の政治史』(横浜: 世織書房, 2002)나 進藤久美子 『市川房枝と<大東亜戦争> : フェミニズムは戦争をどう生きたか』(東京: 法政大学出版局, 2015)와 같은 경우가 대표적이다.

6 井手文子, 「日本における婦人参政権運動」, ≪歴史学研究≫ 201(東京: 岩波書店, 1956), 米田佐代子, 「婦人解放史における民主主義の課題—治安警察法修正運動の意義によせて(一)(二)」, ≪人文学報≫ 89·97号(東京: 東京都立大学人文学部, 1972·1974).

7 전자의 예로는 小林美登枝 「解説」, 『平塚らいてう著作集』3(大月書店, 1983), 후자의 예로는 鈴木裕子, 『女性史を拓く 1·2』(東京: 未来社, 1989)를 들 수 있다. 今井小の実『社会福祉思想としての母性保護論争』(東京: ドメス出版, 2005)의 경우에는 '협회'가 라이초의 모성보호 사상을 실천하기 위해 구상된 것이라고 전제하면서도, 이를 '사회복지'라는 차원에서 접근하고 있다. 신부인협회에 관해 국내에 소개된 연구로서는 요네다 사요코·이시자키 쇼코, 「≪청탑≫ 이후의 새로운 여

이러한 연구들은 분명 필요한 것이기는 하지만, '협회'의 목적이 정말 부선 운동을 위한 것이었는지 혹은 '협회'의 주된 창립 이념인 '모성주의'에 익찬의 혐의가 있는지를 밝히는 것이 '협회'의 존재 의의를 충분히 드러내는 것은 아니다. 여성의 참정권 획득을 위한 단체, 혹은 미성숙한 '모성주의' 주장이 군국주의에 이용되었다는 식의 단선적인 이해는 '협회'의 활동이나 지향에 대한 그 이상의 상상을 불가능하게 할 뿐 아니라, '협회'에 관련되어 움직였던 수많은 여성들의 이상이나 그들의 실제 생활에 대한 접근을 차단해 버리기 때문이다. 또한 3년 만에 해산에 이른 경위에 대해 협회 중심인물 간의 사적인 갈등에 주목하여 설명하려는 경향도, '협회'가 갖는 역사적 가치를 소홀하게 하는 하나의 원인으로 작용하는 것으로 보인다.

'협회' 기관지 ≪여성동맹≫의 페이지를 넘기노라면, '협회' 설립과 활동에는 이상과 같은 몇 가지 청원 운동이나 라이초 개인의 사상과의 관련성만으로는 설명하기 어려운 복잡한 사연이 담겨 있음을 깨닫게 된다. 첫째, '협회'가 근대 일본 여성사의 흐름을 만들었던 대표적 인물들이 본격적으로 여성운동에 참여하는 시발점이 되었고, 둘째, 서로 다른 성향과 아직 확립되지 않은 막연한 지향을 가지고 만났던 이들이, '협회' 활동을 통해 노선을 찾아 각자의 길을 명확히 하게 되었다는 것이다. 앞서 언급한 청원 운동이나 '협회' 운영을 둘러싸고 벌어지는 갈등은 바로 근대 일본에서 여성운동의 주된 흐름이 만들어지는 시발점이자 그 축소판이기도 했다. 셋째, ≪여성동맹≫에 게재된 그러나 구체적으로는 신원을 알 수 없는 남녀 필자들의 문장은, 이

자들—히라쓰카 라이초와 '신부인협회'의 운동을 중심으로」, 『신여성』(청년사, 2003)를 들 수 있으나, 이 역시 '협회'의 운동을 주로 라이초의 '모성'과 관련시켜 이해한다는 점에서 이 글과 입장이 다르다.

들 청원 운동에 이르게 된 배경 혹은 '협회' 관련자들이 가지고는 있었으나 그동안 주목받지 못했던 다양한 의견과 욕망을 드러내고 있다는 점이다.

이상과 같은 이유로부터 이 글은 '협회'에 대해 다음과 같이 새로운 접근을 시도한다. 첫째, 단순한 '협회' 활동의 내용이나 결과보다는, 근대 일본 여성운동의 여러 성격이 교차하면서 노선을 명확히 해가는 과정으로서의 양상에 주목할 것이다. 둘째, '협회'를 마치 히라쓰카 라이초의 전유물인 것처럼 간주하는 기존의 인식에서 벗어나, '협회'의 노선이 라이초가 가졌던 최초의 구상을 어떤 식으로 구현하고 또 이와 충돌했는지 그리고 궁극적으로는 어떻게 서로 멀어져갔는지, 그러한 양상에 초점을 맞추고자 한다. 셋째, 이를 위해 '협회' 내 핵심 인물의 회고담이나 그들이 기관지 ≪여성동맹≫에 게재했던 문장에 치우쳤던 기존 연구에서 한 걸음 더 나아가, '협회'에 대한 다양한 기대와 제언을 아끼지 않았던 무명에 가까운 남녀 필자의 기사에 관심을 기울일 것이다.

2. 신부인협회의 설립과 지향

1) 설립의 배경

라이초가 스웨덴의 평론가 엘렌 케이의 '모성보호' 사상을 적극 수용했던 사실은 널리 알려진 바와 같다. 그는 자신이 창간한 잡지 ≪세이토≫에 엘렌 케이의 저작을 번역·게재했고, 사실혼 관계에 있던 남편 오쿠무라 히로시(奥村博)의 사이에서 1915년과 1917년 두 번의 출산이라는 '모성'을 직접 경험했다. 공교롭게도 각각의 출산을 전후해서는 저명한 여성 문학가인 요

사노 아키코(与謝野晶子)와 두 번에 걸쳐 '모성'에 관한 논쟁을 벌이기도 했다.[8] 1918~1919년에 걸쳐 주로 ≪부인공론(婦人公論)≫ 지면에서 야마카와 기쿠에(山川菊栄) 및 야마다 와카(山田わか)와 같은 당대의 걸출한 여성운동가뿐 아니라 남성 지식인까지 참전하는 양상으로 논전이 확산되어 당대 지식인 사회에서 상당한 반향을 일으켰던 이 사건은, 이른바 '모성보호 논쟁'(이하 '논쟁')이라는 이름으로 알려져 있다.[9] '논쟁'은 당시 일본에서 이른바 '모성'이 강조되던 풍조에 대해 아키코가 이의를 제기하면서 남녀평등에 입각한 개개인의 행복 추구를 주장하자, 라이초가 이에 반박하는 양상으로 진행되었다. 반복되는 논전을 통해 아키코는 여성의 경제적 독립을, 라이초는 국가에 의한 모성의 보호를 주장하면서 양자의 의견은 평행선을 달렸다.

이 글에서 간략하게나마 굳이 '논쟁'의 내용을 언급한 것은, '논쟁'에서 쟁점이 되었던 '모성'과 '국가'가 '논쟁' 종결 직후 라이초가 주동하여 설립한 '협회'의 사상과 긴밀한 관계에 있다고 생각되기 때문이다.

사실상 '논쟁'의 승자는 두 선배의 논쟁을 '여권주의'와 '모권주의'의 대결로 규정하고 이에 명쾌한 비평을 가하며 등장했던 기쿠에라고 할 정도로, 두 사람의 논쟁은 승패를 가리기 어려웠고 서로의 견해차를 좁히지 못한 채 끝났다. 그렇지만 이들의 의견이 마냥 평행선을 달렸다고 말할 수 없는 것은, 이후 라이초의 행적에서 '논쟁'의 영향이 엿보이기 때문이다.

당시 아키코는, 라이초가 '다대한 기대'를 걸고 있는 '국가'는 이상적으로 개조된 국가이겠지만, 그러한 국가 개조를 실현하기 위해 전제가 되어야 할

---

8 '모성보호 논쟁'은 1918~1919년에 이뤄진 일련의 논쟁을 지칭하지만, 1916년에도 라이초와 아키코 사이에서 모성보호 논쟁의 전초전에 해당하는 논쟁이 이뤄진 바 있다.

9 이은경, 「다이쇼기 여성해방의 사상과 논쟁 : '모성보호 논쟁'(1918~1919)을 다시 읽다」, 김용덕 엮음, 『일본사의 변혁기를 본다』 (지식산업사, 2011).

개인의 개조에 대해서는 라이초의 인식이 부족하다는 점을 지적했었다. 그런데 라이초는 그에 대해 즉각적인 답을 내놓지 않은 채, '논쟁'이 끝난 직후인 1919년 중반부터 '협회' 창설을 목표로 움직이기 시작했다. 라이초가 한편으로는 '협회'를 통해서 여성 개인의 개조와 이를 통한 사회의 개조를 추구하고, 다른 한편으로는 '치경법 개정'이라는 의회 운동을 통해 이른바 '다대한 기대'의 대상인 국가를 향해 여성으로서의 요구 사항을 제출하기 시작했다는 것은 흥미로운 사실이다. 이러한 변화는 '논쟁'에서 아키코로부터 받았던 비판을 수용한 것이라고 볼 수 있기 때문이다. 또한 주로 ≪세이토≫나 '논쟁'과 같은 언설 위주의 활동에서 벗어나, 여성들의 조직화를 통해 사회 개혁을 하려는 '실제 운동'에 나섰다는 점에서도 주목할 만하다. 이러한 변화가 응집된 '협회'는, 사실상 라이초의 사상과 활동이 '논쟁' 이후 진일보했음을 입증하는 증거라 할 수 있다.

한편으로 '협회'는 '논쟁'을 통해 라이초가 줄곧 제창했던 '모성보호'의 정신을 계승한 것이기도 했다. 라이초 스스로도 인정하고 있던 것처럼, 사회 개조의 기치를 내건 '협회' 시대의 라이초는, '부인도 또한 인간이다'라는 이념하에 오로지 내적 자아의 해방이나 정신의 자유 독립을 부르짖는 데 그쳤던 ≪세이토≫ 시대의 모습과는 확연한 차이를 보였다. 엘렌 케이의 사상 수용과 '논쟁'을 거치면서 '여성으로서의 자각'이 더욱 뚜렷해졌고, 이것이 바로 '협회' 설립의 사명으로 이어졌던 것이다.

부인의 천직은 역시 어머니입니다. 하지만 새로운 어머니의 일은 단지 아이를 낳아서 기르는 것만이 아니라 좋은 아이를 낳고, 잘 키우는 것이지 않으면 안 됩니다. 즉 종족의 보존 이상으로 종족의 진화 향상을 도모하는 것이, 생명이라는 가장 신성한 화염(火焰)을 무시(無始)로부터 무종(無終)으로 인도

하는 부인의 인류에 대한 위대한 사명이지 않으면 안 됩니다. 여기에 부인의, 어머니의 존엄한 사회적 의의가 있다고 느끼게 되어 연애, 결혼, 생식, 육아, 교육을 통한 인류의 개조(사회의 근본적 개조)를 최후 목표로 하는 여성으로서의 사랑의 해방, 어머니로서 권리 요구야말로 가장 진보한 부인운동의 목적이라는 점에 도달한 것입니다.[10]

라이초는 이상과 같이 모성보호의 중요성을 강조하면서, 이것이야말로 여성으로서 본능의 만족과 인류의 요구가 일치하는 것, 개인의 행복과 사회적 이익이 일치하는 것이라고 주장했다. 그러나 다음 발언은 '협회' 설립에 즈음한 라이초의 태도가 단순히 '모성보호'만을 주장하던 때와는 달라졌음을 보여준다. 먼저 그는 자신들을 향해 "부인은 가정을 통해서 사회를 개조해야 한다, 우량한 인간을 창조하고, 인간의 본질을 (생리적 및 심리적으로) 개조함으로써 사회를 개조해야 한다, 사회의 근본적 개조는 이외에 달리 있을 수 없는 것이다, 그런데 무엇이 좋아서 남자가 하는 것과 같은 목전의 사회의 피상적 개조에 매달리는가"라는 식의 비판이 있다는 사실을 소개했다. 그리고서는 그에 대해 "가정을 통해 사회를 개조하기 위해서, 우량한 인간을 창조하고 인간의 본질을 개조함으로써 사회를 근본적으로 개조하기 위해서, 그 필요조건으로서 우리는 논자가 말하는 이른바 목전 사회의 피상적 개조를 요구한다"라고 대답했던 것이다.[11]

그의 대답에서 확인되는 변화의 양상은 다음과 같은 두 가지로 정리할 수

10 らいてう, 「社会改造に対する婦人の使命 ―『女性同盟』創刊の辞に代えて」(1920.10), 『平塚らいてう評論集』(東京: 岩波書店, 1987), p. 157. 괄호 안은 원문에 따름.
11 같은 글, p. 161.

있다. 하나는 모성보호의 주장이 자칫 여성의 가정 내 역할만을 강조하는 '양처현모(良妻賢母)' 주의를 옹호하는 어용 사상으로 오해·이용되는 것에 대해 명확히 선을 그은 것이며, 다른 하나는 '사회 개조'를 주장함으로써 앞서 아키코 등이 주장했던 이른바 '여권주의' 사상까지를 포용하여 '협회'의 활동에 조화시키고자 했다는 점이다.

2) 설립과 그 목적

약 3년 정도에 불과한 짧은 역사이지만, 여기서는 '협회' 활동 기간을 '준비기'(1919년 여름~1919년 12월), '제1기'(1920년 1월~1921년 6월), '제2기'(1921년 7월~1922년 3월), '제3기'(1922년 3월~1922년 12월)로 나누어 살피고자 한다. '준비기'는 라이초가 여성 단체 조직의 뜻을 품고 이치카와 후사에 등의 협력자를 모아 운동의 방향을 구체화해나갔던 기간이다. '제1기'는 라이초와 후사에를 중심으로 협회가 의회 청원 운동에 열중했으나 제43·44기 의회에서 연거푸 실패, 1921년 6월 총회를 계기로 두 사람이 거의 동시에 '협회'에서 이탈하기까지의 기간이다. '제2기'는 새로운 임원을 중심으로 제45기 의회 청원에 전력하여 마침내 '치경법 개정'을 성공시키기까지의 기간이고, '제3기'는 '치경법 개정' 성공 이후 '협회' 내외의 갈등이 증폭되어 결국은 해산에 이르기까지의 기간이다.

1919년 여름은 세계대전의 종결과 함께 새로운 사상이 전 세계를 휩쓸며 사회 전체적으로 급격한 변화가 이뤄지던 시기, 특히 서양 각국에서 종전 후 여성 참정권이 점차적으로 인정되어가던 시기였다. 라이초는, 우애회(友愛會)에서 막 탈퇴하여 새로운 직업을 찾고 있던 20대 중반의 교사 출신 후사에를 '협회' 설립의 동반자로 택했다. 우애회 활동이 말해주듯, 후사에는 노동 여성의 문제에 관심이 많았던 반면 이성이나 육아에는 관심이 적은 미혼의 청년이었다. 경제 · 교육 · 지식의 수준에서 중류 이상에 속하는 이른바 '신여성'의 대표적 존재이자, 모성보호를 중심 사상으로 내세우는 라이초와는 그다지 공통점이 많지 않았다. 그럼에도 불구하고 그를 동반자로 택했던 것에는 라이초가 생각하던 '협회'의 지향과 관련하여 주요한 의미가 담겨 있었다.

사실 '협회' 설립에 즈음하여 라이초에게는 또 하나 커다란 인식의 변화가 생겼다. 1919년 봄까지 이어진 '논쟁'을 마친 직후의 여름, 한 신문사(国民新聞社)의 의뢰를 받아 빈민 대상 사회사업을 전개하던 목사 가가와 도요히코(賀川豊彦) 등과 아이치(愛知) 현 공장 시찰에 나섰던 것을 계기로, 라이초는 이른바 '노동 부인'의 문제에 눈뜨게 되었던 것이다.[12] 후사에와의 관계가 급속히 진전된 것도 바로 이때의 일이었다. 이들과의 만남은 라이초가 처음으로 노동문제에 관심을 갖는 계기가 되었고, 여공들의 비참한 생활을 직접 목격했을 때의 충격은 그에게 이들의 권익을 위한 대변자가 되어야겠다는 의욕을 고취시켰다. 관료였던 아버지를 둔 중류 가정에서 자라 일본여자대학에서 고등교육을 받았고, 모성보호를 중심으로 한 여성운동과 집필 활동을 업으로 삼고 있던 라이초로서는 일종의 월경(越境)을 한 셈이었다. 후사에와의 만남은 바로 그러한 월경의 결과임과 동시에, 여성 노동자의 문제까지 끌어안겠다는 굳은 결심을 드러내는 것이기도 했다. 전형적 부르주아 여성운동을 하던 라이초와, 상당한 교육을 받기는 했으나 투박한 시골 출신으로 노동문제에 경도되어 있던 후사에가 만나, 이들이 중심이 되어 '협회'의 '강령'과 '선언'을 기초하고 앞서 언급했던 '치경법 개정'과 '화류병 제

---

12 今井小の実, 「平塚らいてうの「新婦人協会」とセツルメント事業」, ≪キリスト教社会問題研究≫ 48(京都: 同志社大学キリスト教社会問題研究会, 1999), pp. 157~158.

한'을 '협회'의 최우선 사업으로 확정하였다.

선언

부인도 또한 부인 전체의 이익을 위해, 정당한 의무와 권리의 수행을 위해 단결해야 할 때가 왔다. 지금이야말로 부인은 부인 자신의 교양, 자아의 충실을 기할 뿐만 아니라 상호의 견고한 단결력에 의해 사회적 지위의 향상·개선을 도모하고, 부인으로서의 권리 획득을 위해 남자와 협력해서 전후 사회 개조의 실제 운동에 참가해야 할 때다……[빼어난 역량을 지닌 부인들이 존재함에도 불구하고] 부인의 힘이 하나로서 사회적으로 혹은 사회적 세력이 되어 활동하지 않는 것은 왜인가. 부인 상호 간의 어떤 연락도 없고 각자 고립 상태가 되어서 조금이라도 그 힘을 부인 공동의 목적을 위해서 하나로 하려는 노력도 없고, 또 그를 위한 기관도 없기 때문이 아니겠는가. 우리는 그렇게 믿고 있다. 이에 우리가 미력을 돌아보지 않고, 동지를 규합하여 여기 부인의 단체 활동을 위한 한 기관으로서 '신부인협회'를 조직하여, 부인 상호의 단결을 도모하고 견인지구(堅引持久)의 정신을 가지고 부인 옹호를 위해, 그 진보 향상을 위해, 혹은 이익의 증진과 권리 획득을 위해 노력하고, 그 목적을 달성할 것을 기약하는 바이다.[13]

강령

1) 부인의 능력을 자유로이 발달시키기 위해 남녀의 기회균등을 주장할 것,

2) 남녀 가치동등관 위에 서서 그 차별을 인정하고 협력을 주장할 것,

---

13 「新婦人協会の宣言·綱領·規約」, 『婦人問題資料集成』 第二卷(東京: ドメス出版, 1977), pp. 160~162. 강조, 줄임, 괄호 안은 모두 인용자.

3) 가정의 사회적 의의를 천명할 것,

4) 부인, 어머니, 아이의 권리를 옹호하고, 그들의 이익 증진을 도모함과 동시에 이에 반하는 일체를 배제할 것.[14]

이상의 '선언'과 '강령'에서 확인되는 것처럼, 주로 '인간으로서'의 여성의 자각을 주장하던 《세이토》 시대와 달리, 그리고 '여성으로서'의 해방을 주장하던 '논쟁'의 시대로부터도 일보 전진하여, 이러한 욕구를 조화시키면서 여성의 조직화를 통해 사회적으로 실현하는 것이 바로 '협회' 설립의 목적이었다. 즉 '여권주의'와 '모권주의'의 동반 실현을 추구하며, 이를 위해 '남성'과 협력하겠다고 천명한 것이 '협회'의 특징이었다. 이는 바로 '협회' 설립과 동시에 당장의 과제로 제시한 '치경법 개정'과 '화류병 제한'의 의회 동반 청원이라는 형태로 나타났다. 각각의 청원이 곧 여권과 모권을 의미하는 것이라면, '의회 청원'이라는 운동 형태는 '남성'과의 협력을 의미했다. 당시 의회가 오로지 남성들만의 전유물이었기에, 의회에서 청원을 통과시키려면 일단은 그들로부터의 협조가 필수적이었기 때문이다.

그런데 여기서 한 가지 기억해둘 필요가 있는 것은, 이러한 '협회' 설립 과정이 본래 라이초의 구상과는 매우 달랐다는 사실이다. 본래 그의 계획은 1920년 1월부터 기관지를 간행하고, 이를 보고 모여든 동조자들을 규합하여 조직화로 나아가는 것이었다. 이를 위해 모성주의에 대해 라이초와 견해를 같이하던 야마다 와카를 편집인으로 후사에를 실무자로 영입하여 창간을 서둘렀다. 그러나 제1차세계대전 후의 불황이 발목을 잡았다. 후원을 약

---

14 같은 글, pp. 160~162. 당시 문헌에서 '차별(差別)'이라는 용어는 지금의 '차별(discrimination)'보다는 '차이(difference)'로 이해하는 것이 문맥상 자연스럽다.

속했던 이에게 재정적 문제가 발생하여 '협회'의 자금 조달에도 차질이 생겼고, 어쩔 수 없이 전체적인 사업 목표를 먼저 간명하게 공표하여 협력자를 모은 후 조직화하는 것으로 순서를 바꾸어야 했다.

1919년 11월 오사카(大阪)에서 열리는 간사이(関西)부인대회에서 라이초가 운동의 구상을 발표하기로 결정한 후에는, 신부인협회라는 단체명과 기관지의 이름, 창립 취지 등을 인쇄 직전에야 결정하는 등의 소동도 겪어야 했다. 그러한 와중에 야마다 와카는 자신의 일을 찾아 '협회'에서 멀어져 갔고, 라이초와 같은 일본여자대학 출신으로 노동문제에 관심을 가진 오쿠 무메오와 실제 여공이자 후사에와 함께 우애회 간부를 역임하기도 했던 야마우치 미나(山内みな)가 새로이 합류했다.

잡지를 통해 자신의 이상을 구체적으로 널리 알림으로써 지향을 같이하는 동지를 규합하겠다는 본래의 구상 대신, 단기간에 짧은 문장의 취지를 발표하고 이를 보고 모여든 사람들을 조직해서 운동을 시작한다는 것은 매우 다른 결과를 낳을 수 있었다. 짧은 내용만을 공유했던 만큼 구체적인 운동의 방식에서는 차이를 노정할 가능성이 컸고, '협회'의 '얼굴'이었던 라이초 개인의 인기와 능력에 좌우되기 쉬운 약점도 배태하고 있었기 때문이다. 처음부터 '협회'는 그러한 불안 요소를 안고 출발했으며, 이것이 바로 '준비기'의 특징이라 할 수 있다.

3) 의회 청원 운동의 선택과 그 의의

근대 일본에서 여성이 처음 공식적으로 정치로부터 배제된 것은 1890년 '집회 및 정사법(集会及政社法)'이 시행되면서부터였다. 이전부터 관례적으로 여성의 정당 가입과 같은 정치 활동은 부정되는 형편이었지만, 이 법에 의해 이전부터 정치 참여가 금지되어 있던 군인·경찰·교원·학생에 더하여 미성년자와 여자의 정담(政談) 집회 회동이 추가로 금지되었던 것이다.[15] 1900년 제정된 '치안경찰법'에서도 정치에서 여성을 배제한다는 원칙은 계승되었다. '협회'가 개정을 목표로 한 것은 바로 다음과 같은 내용의 치안경찰법 제5조였다.

> 제5조, 이하에 열거하는 자는 정사상의 결사에 가입할 수 없다.
> 일. 현역 및 소집 중의 예비·후비의 육해군 군인
> 이. 경찰관
> 삼. 신관·신직·승려 기타 제종교사
> 사. 관립·공립·사립학교 교원·학생·생도
> 오. 여자(五. 女子)
> 육. 미성년자
> 칠. 공권 박탈 및 정지 중인 자
> 여자 및(女子及) 미성년자는 사람을 모으는 정담집회의 회동 혹은 발기인이 되는 것을 금함[16]

결사 가입과 관련한 '오. 여자(五. 女子)'라는 세 글자, 그리고 정담집회 참여와 관련된 '여자 및(女子及)'이라는 세 글자, 이렇게 총 '여섯 글자'를 지우는 것이 '치경법 개정'의 구체적인 목적이었다. 이러한 주장은 이전에도 제기된 적이 있기는 했다. 하지만 이를 의회로 가져가 공론화한 것, 즉 의회에

---

15 「集会及政社法」, 『婦人問題資料集成』 第二卷, p. 132.
16 「治安警察法＜抜粋＞」, 『婦人問題資料集成』 第二卷, p. 139.

서 '부인 문제'가 논의된 것은 사실상 '협회'의 청원이 처음이었다. '협회'가 제기한 청원의 여덟 가지 이유 중에는, 법안은 과거에 만들어진 시대착오적인 것으로 지금의 여성이 양처현모가 되기 위해서, 혹은 가정생활뿐 아니라 사회 · 직업 생활을 병행하기 위해서 정사(政事)적 지식은 반드시 필요하다는 것, 남녀 보통선거는 세계적 추세라는 것, 국제회의 참가나 귀족원 방청과 같은 사실상의 여성의 정치적 활동이 실제적으로 용인되고 있는 현실과 모순된다는 것 등이 포함되었다.[17]

여성 참정권 획득 과정에서 보편적으로 등장하기에 비교적 이해하기 쉬운 '치경법 개정'에 비하면, '화류병 남자 결혼 제한에 관한 청원서'는 여러 의미에서 특이하여 관심을 끈다. 첫째, 다른 여성운동에서 보기 힘든 '협회'(혹은 라이초)만의 고유한 주장이라는 점, 둘째, 청원 당시에도 '치경법 개정'과 달리 상당한 비판을 받았으며, 전시하의 우생학 등을 연상시키기 때문인지 후대인에게도 여전히 부정적으로 인식되고 있다는 점, 셋째, 그럼에도 불구하고 당시 '화류병 제한'을 위한 청원의 서명자 수는 '치경법 개정' 서명자와 큰 차이가 없거나 심지어 능가할 정도로 상당한 지지를 받았다는 점 등이다.[18]

'협회'는 민법의 혼인 관련 규정 어딘가에 다음과 같은 조항을 추가해주도록 요청했다.

일. 현재 화류병을 앓고 있는 남자는 결혼할 수 없다.

일. 결혼하려는 남자는 먼저 상대 여자에게 의사의 건강진단서를 제시해

---

17 「治安警察法第五条修正の請願書」,『婦人問題資料集成』第二卷, p. 154.
18 최초 청원서 제출(제43기 의회)의 경우, '치경법 개정'은 2057인, '화류병 제한'은 2148인이 각기 서명했다[市川房枝,『市川房枝自伝 戦前編』(東京: 新宿書房, 1974), p. 57].

서 화류병 환자가 아님을 증명해야 한다.

일. 이 증명서는 혼인신고서에 첨부해서 호적계에 제출해야 한다.

일. 결혼 후 남편이 화류병을 은폐한 사실을 발견했을 경우, 혼인을 취소할 수 있다.

일. 결혼 후 남편이 화류병을 앓는 경우 또는 남편으로부터 병독(病毒)이 감염된 경우 아내는 이혼을 청구할 수 있다.

일. 남편으로부터 병독이 감염된 경우 아내는 이혼 후에도 남자에게 완치될 때까지 생활비와 치료비와 상당한 위자료를 청구할 수 있다.[19]

'화류병자'가 아니라 '화류병 남자'의 결혼을 제한하는 것이 남성에 대한 역차별이라고 비판하거나, 이 청원이 라이초가 과도하게 '모성'에 집착한 결과라고 혹은 우생학과의 관련성이 있을 것이라고 의심하는 것도 무리는 아니다. 하지만 청원의 이유와 그 근거가 담긴 청원서의 내용을 꼼꼼히 읽어 본다면, 이 청원이 반드시 우생학적인 이유나 혹은 남성과 대립각을 세우기 위한 것은 아님을 알게 될 것이다. 그리고 라이초가 그토록 '화류병 남자'라는 표현에 집착했던 의도도, 그에 동의하는지와는 별개로 결코 이해하기 어렵지 않을 것이다.

라이초에 따르면, 당시 '화류병 제한'에 대한 비난의 내용은 첫째, 결혼 금지 사유를 화류병에만 한정한 것, 둘째, 해당자를 남자로 한정한 것, 셋째, 평소 라이초의 지론인 연애결혼 주장과 모순적이라는 것 등 세 가지로 요약된다.[20]

---

19 「花柳病男子の結婚制限に関する請願書」, 『婦人問題資料集成』 第二卷, p. 155. 강조는 인용자.

20 '화류병 제한'을 반대한 대표적 논객은 앞서 라이초와 모성보호 논쟁을 벌였던 문학가이자 평론가

이에 대해 라이초는 '화류병 제한' 청원의 동기는 주로 현실적 상황에 근거하고 있으며, 무엇보다 사회의 경각심을 불러일으키겠다는 매우 실용적인 목적을 갖고 있다는 점을 강조하며 다음과 같이 답변했다. 첫째, 다른 심각한 병들은 이미 격리 상태이거나 사회적으로 그 심각성에 대한 인식이 공유되고 있음에도 불구하고, 심각한 폐해를 초래하는 화류병에 대해서는 무자각 상태인 현실에 경종을 울리기 위한 것이다. 특히 화류병(성병)이라는 특성상 부부 생활의 근저를 위협한다는 점에서 결혼 제한이라는 방식의 제재를 택할 수밖에 없다. 둘째, 화류병 '남자'를 대상으로 한정한 것은 실제 미혼 남자 중에 화류병자가 압도적으로 많다는 현실에서 비롯된 당연한 결정으로, 여자의 경우는 그 수가 상대적으로 매우 적거나 특수한 상황에 한정(매춘부, 남편에게 옮은 부인, 가족에게 옮은 미성년자)되어 굳이 별도로 제재할 필요가 없으며, 나아가 미혼의 여성에게 감염 여부를 조사하는 것은 사회통념상 현실적으로 불가능하다. 셋째, 라이초 자신은 여전히 연애결혼을 지지하며 이것이 실현될 경우 '화류병 제한'과 같은 것도 필요하지 않다고 생각한다. 그러나 지금과 같이 법률에 의거하려는 것은, 결혼 제도가 당장 사라질 것을 기대할 수 없기에 임시적인 방편으로 택한 것에 불과하다.[21]

주위의 우려와 비판에도 불구하고, 여권운동을 상징하는 참정권 운동의

인 요사노 아키코였으며, 화류병 관련 청원에 관한 라이초의 해명은 사실상 아키코의 의문에 대답하는 것이었다[与謝野晶子, 「新婦人協会の請願運動」(1920. 2), 与謝野晶子, 『与謝野晶子評論集』(東京: 岩波文庫 38-2, 1985), pp. 313~322].

21 らいてう, 「花柳病と善種学的結婚制限法」, ≪女性同盟≫ 2(1920.11), pp. 38~40. 라이초의 '연애결혼'이란, 통상의 연애를 통한 결혼을 의미한다기보다는 국가의 법률에 의해 구속받는 일반적인 결혼 형식에서 벗어나 남녀 서로의 애정에 기반을 두고 실제 결혼의 상태를 유지하는 것을 의미하는 것으로 보인다. 그 역시 수십 년 동안 남편(奧村博)과 혼인신고 없이 실제적인 결혼 생활을 유지하였으나, 전시하 장남이 교장이 될 때 모친의 호적이 문제가 되자 정식으로 오쿠무라가에 입적하여 오쿠무라 하루(奧村明)가 되었다.

일환인 '치경법 개정'과 모권·여성주의 입장에서 제기된 '화류병 제한'을 양대 사업으로 천명한 것은 '협회' 설립의 취지를 의도적으로 반영한 것이었다.[22] 또한 비록 '선언', '강령' 및 두 개의 청원 내용에는 반영되지 않았으나, '협회' 설립에 즈음하여 라이초가 여성 노동자 문제를 포용하려 했음은 앞서 언급했던 바와 같다.[23] 즉 부르주아 계급으로 분류되는 이른바 '신여성'들의 범주를 넘어 하층 여성 노동자들까지 함께 규합하고자 했던 라이초가, 노동 문제에 관심이 있던 후사에·무메오·미나 등을 끌어들였던 것이며, 이상과 같은 과정을 통해 '협회'라는 하나의 지붕 아래 다양한 목적과 지향을 가진 서로 다른 세력이 공존하게 되었던 것이다. 관건은 어떻게 이들의 협력과 균형을 유지하는가였다.

라이초는 '화류병 제한'에, 후사에는 '치경법 개정'에 더 많은 힘을 기울이는 방식으로 역할을 분담하고, 양자가 함께 여성 노동자 문제를 포섭한다면 '협회' 활동의 균형이 유지될 수 있었을 것이다. 여성의 '지위 향상'이라는 공동의 목표를 위해서 다양한 세력을 규합하고 조직화하려 했던 '협회'의 존립은, 바로 이러한 여러 목표와 세력이 강력한 리더십 아래에서 제대로 균형을 유지하는가에 달려 있었던 셈이다. 그리고 라이초와 후사에가 함께 청원 운동을 이끌었던 '제1기'의 전반기까지는, 다소의 긴장감은 있었을지라도 이러한 균형이 비교적 잘 유지된 시기였다고 생각된다.

---

22 市川房枝, 「婦人の社会運動」(1920.1), 市川房枝, 『市川房枝集』 1(東京: 日本図書センター, 1994), p. 149.

23 '협회' 초기, 라이초 등은 야마우치 미나 등 파업 여공들의 요청을 받아 지원 활동에 나서기도 했고, 기관지 ≪여성동맹≫에 여공 생활에 관한 기사를 싣기도 했다. '협회'의 '규약' 중에도 "노동자를 위한 학교·신문·조합 설치" 등의 내용이 포함되어 있다(「新婦人協会の宣言·綱領·規約」을 참조).

3. 신부인협회의 활동과 성과

1) 의회 청원 운동과 히로시마 여교원 압박 사건

공식적인 '협회' 발회식도 치르지 않았던 1920년 1월, 라이초·후사에 등은 다양한 경로를 통해 두 종류의 청원서에 수천 명의 서명을 받아 중의원과 귀족원 양원(兩院)에 제출했다. 2월에는 지지 여론을 형성하기 위해 5백여 명의 청중이 참석한 가운데 신부인협회 제1회 연설회를 개최하기도 했다. 그러나 정우회 총재 출신 수상 하라 다카시(原敬)는 당시 열기가 고조되고 있던 보선(보통선거) 운동을 '위험 사상'이라 간주하며 제42기 의회를 해산시켜 버렸고, 덕택에 '협회' 최초의 청원도 무용지물이 되었다. 3월 4일에는 '사상가의 시국관'이라는 정담연설회에, 여성의 정담연설 참여 금지에 대한 항의를 표현하고자 참석했던 라이초와 후사에가 불법으로 적발되어 경찰에 소환되는 소동이 있었다.

3월 28일에는 약 70여 명이 참석한 가운데 신부인협회 발회식이 열려[24] 라이초·후사에·무메오 3인이 이사로 그 외에 10인이 평의원으로 선출되었다. 4월 10일에는 모금을 위한 음악회가 열리고 28일에는 제1회 평의회가 개최되는 등 분주한 상황이 계속되었다. 5월 10일 총선에서는 엽서 발송 및 광고 게재 등의 지원 활동을 통해 '협회'의 취지에 우호적인 16명을 당선시키는 성과를 올렸고, 7월 10일에는 그들의 협력을 얻어 제43기 의회에 '치경법 제5조 개정 법률안'을 제출할 수 있었다. 7월 25일부터 1주일 동안은 연

---

24 참석자 가운데는 사카이 도시히코(堺利彦), 시마나카 유사쿠(島中雄作) 등 상당수 남성 협력자가 포함되었다.

인원 수백 명 이상이 참여한 정치법률하기강습회를 개최하였다. 그리고 10월부터는 그동안 보류되어 있었던 기관지 ≪여성동맹≫의 발행에도 착수했다.[25]

이처럼 '협회' 발족과 동시에 분주한 시간이 한동안 이어졌다. 다양한 행사 준비뿐 아니라, 우편을 통해 전국에 흩어져 있는 수천여 명으로부터 '치경법 개정'과 '화류병 제한'에 대한 서명을 받고, 이를 의회에 제출한 후에는 직접 의원들을 방문해서 지지를 호소해야 했다. 거기에 정치법률부·사회부·교육부라는 연구부를 만들어 월 2~4회의 모임을 갖는다거나, 60여 페이지에 달하는 월간지를 발행하는 일도 더해졌다. 의회 청원뿐 아니라 각여성 단체들을 규합하여 전국 조직을 만드는 것이 궁극적인 목표였던 만큼, 교류의 범위를 확대하기 위해 더욱 분주하게 움직여야 했다.

대부분의 일을 라이초·후사에·무메오 세 명의 상근 이사가 담당해야 하는 열악한 환경에서, '협회' 설립 준비로 분주하던 1월에는 라이초 가족 4명이 당시 크게 유행하던 스페인 감기로 쓰러졌고, 무메오마저도 출산이 겹쳐 일손 부족이 심화되었다. 업무를 떠맡은 후사에에게 생활이 안정될 만큼 충분한 급료가 지급되는 것도 아니었다. 게다가 의회 청원을 우선적인 활동으로 설정하고부터는 '협회' 일정이 의회의 회기 진행에 좌우되기 십상이었다. 제1차세계대전 종전 이후 시작된 불황 속에 재정 기반을 제대로 확립하지 못한 채 '협회'를 발족시킨 것이 두고두고 발목을 잡는 태생적 약점이 되었던 셈이다.[26]

25 市川房枝, 「創立より『女性同盟』発刊まで(上)·(下)」(1920.10.11), 市川房枝, 『市川房枝集』1.

26 회원을 통한 매달의 정기적인 수입은 상근 이사 세 명을 위해 책정된 월급조차도 감당할 수 없는 액수였기에, ≪여성동맹≫ 발행과 그 외의 행사를 위해서는 라이초가 후원자를 찾거나 빌리는 수밖에 없었다. 특히 후사에가 ≪여성동맹≫의 편집을 담당하던 시기에는, 후반의 소식란에 재정

'협회'의 가장 기본적인 활동만으로도 운영이 쉽지 않은 상황에서, 예상치 못한 또 다른 사건이 발생했다. 이른바 '히로시마 여교원 압박 사건'이라고 불리는 이 사건은 업무 부담의 급격한 증가를 초래했을 뿐 아니라 '협회'의 근간을 흔들 정도의 영향력을 가진 것이었다.

≪여성동맹≫ 창간호에 이미 여교원에 관한 글(「全国女教員会の組織に就いて」)을 게재했던 것에서 보이듯, '협회'는 일찍부터 여교원을 주요한 협력 대상으로 상정하고 있었다. 1920년 10월 22일에는 라이초·후사에 등이 도쿄에서 열린 전국여교원대회 참석자 260여 명과 간담회를 갖고 '협회'와의 협력에 관해 논의했다. '협회'가 지향하는 사회 개조를 위해서는 차세대의 창조자인 어머니와 소학교원의 책임이 중하다고 여겼기 때문에, 이들과의 협력을 통한 지부 설립 가능성 등을 타진했다.[27] 그리고 이에 적극적으로 반응한 사카구치 미쓰(阪口みつ)·시노키 노부(篠木ノブ) 등의 출신지인 히로시마(広島) 현을 라이초가 방문하여, 히로시마·후쿠야마(福山)·미하라(三原) 세 곳에 '협회' 지부를 설립하게 되었다.

그런데 라이초 방문 당시 모임을 가졌던 학교 교장이 현청에 소환되어 심문을 받는 일이 발생했다. 그뿐만 아니라 '협회'가 정치적 색채를 띠고 있기 때문에 여교원의 '협회' 가입이 정치 참여를 금지한 현행법에 저촉된다는 이유로 여교원들에게 이를 탈퇴하라는 경찰의 압력이 가해졌다. '협회'와의 만남을 '광명'으로 생각하여 '협회'를 위해 '죽지 않을 만큼' 일하고 싶다던 이들은, 당장 이 사실을 '협회' 본부에 알리고 지원을 요청했다.

편지로 히로시마의 상황을 보고받은 '협회'는 전국적 지명도가 있는 라이

궁핍과 일손 부족을 호소하는 글이 빠지지 않았다.

27 「全国女教員懇談会」, ≪女性同盟≫ 2(1920.11), pp. 50~51.

초를 당장 히로시마에 파견할 계획을 세우고, 한편으로는 정우회(政友会) 본부를 방문하여 공식 입장을 요구했다. 그 결과 경보(警保)국장으로부터 히로시마의 사태는 중앙정부의 공식입장이 아니며 "협회는 부인참정권 요구와 같은 것도 설령 그 자체가 협회의 목적이 아니라고 해도 하나의 수단으로 삼고 있기 때문에" 현 당국이 오해했으리라는 견해를 얻어냈다. 문부성(文部省) 관료에게는 교원의 복무규정에 의회 청원 금지는 없다는 사실도 확인 받았다. 그럼에도 결국 그와 관련된 결정은 현지사(県知事)의 권한에 속하기에, 중앙으로부터의 명확한 지시에 의한 해결을 기대하는 대신 교원 가입에 전혀 문제가 없다는 여론을 조성하는 것이 중요한 과제가 되었다. 이를 위해서는 현 당국의 진의를 파악하고 '협회' 입장을 명확히 할 필요가 있었다. 또한 당사자인 노부·미쓰 등이 교원 사직원 제출, '협회' 지부의 해산, 현 당국에 대한 저항을 결의하자 '협회'는 이를 만류하느라 더 바빠질 수밖에 없었다. 게다가 가입 여교원에 대한 소환·조사·경고는 히로시마 현에서만의 현상이 아니었으며, 특히 ≪여성동맹≫ 구독을 둘러싼 갈등은 전국적으로 다수 보고되었다.

'협회'는 히로시마 현 당국에 진의를 묻는 편지를 보내고, 관련 학교장이나 관료[視学官] 등에게도 질의서를 보냈다. ≪아사히신문(朝日新聞)≫, ≪고쿠민신문(国民新聞)≫, ≪히로시마신문(広島新聞)≫ 등의 호의적인 보도로 여론은 여교원 측에 유리해졌고, 현 당국도 탈퇴나 지부 해산을 강제한 적은 없다고 한 걸음 물러섰지만 여전히 쟁점은 남아 있었다. 문제는 첫째, '협회'는 정치적 단체인가, 둘째, 청원은 정치 운동인가, 즉 교원의 서명이 가능한가라는 점이었다. 사실 '협회' 설립 목적 자체가 '정치'는 아니었기에 첫 번째 문제는 비교적 쉽게 해소되나, 청원 조인은 논란의 쟁점이 되었다. 특히 이 문제가 불거진 1920년 11월은, 다가올 제44기 의회를 겨냥하여 '협회'가 치경법과 화류병 관련 청원 외에 여성의 선거권 획득을 위한 '중의원의원 선거법 개정에 관한 청원'(이하, '선거법 개정')에 대한 서명을 받고 있던 중이기도 했다.[28]

그런데 여성의 정치 참여가 금지된 중에도 최소한의 권리로서 인정되고 있던 것이 바로 의회 청원과 귀족원 방청이었다. 설령 청원의 내용이 아무리 '정치적'인 참정권에 관한 것이라고 할지라도, 이에 관한 의회 청원조차 금지하는 것은 그에 대한 재고 및 논의 자체를 봉쇄한다는 점에서 충분히 문제가 있었다. 더구나 남성 교원에 대해서는 그들이 같은 '교원'임에도 불구하고 정치적 성향이 짙은 모임도 묵인되고 있었다. 결국 사건 당사자인 '협회' · 여교원 측과 히로시마 당국과 사이의 문답, 중앙 관료들의 견해, 미디어를 통한 기사와 지식인들의 의견 제기 등이 거듭된 결과, 최종적으로는 '협회' 입회 및 '화류병 제한' 청원을 위한 조인은 무방하나 '치경법 개정'과 '선거법 개정' 청원을 위한 조인은 불가하다는 쪽으로 결론지어졌다.[29]

히로시마 사건은 단순히 여교원과 '협회'의 관계 설정에 그치지 않고 이후 '협회'의 활동 방향에 커다란 이정표가 되었다. 난처한 상황에 처한 여교원들을 위해 '협회'가 정치적 성격을 가진 단체가 아니라고, 혹은 여교원의 '협회' 가입은 불법이 아니라고 변호하던 소극적 자세는, 시간이 흐르면서 도대체 왜 여교원은 정치 참여가 금지되는가, 오히려 여성의 참정권이 전면적으로 인정되어야 한다는 적극적인 공세로 바뀌어 갔다. 상대적으로 무관

---

28 2355명의 서명을 받아 1921년 1월 29일 중의원과 귀족원에 동시 발송했으나 시기상조라는 이유로 간단히 '불채택' 처리되었다(市川房枝, 『市川房枝自伝 戦前編』, p. 88).

29 히로시마의 여교원 압박과 관련된 사실은 특별한 주를 달지 않는 한, 市川房枝, 「広島県当局の女教員圧迫事件顚末」, ≪女性同盟≫ 4(1921.1), 「広島県当局の女教員圧迫事件の其の後」, ≪女性同盟≫ 5(1921.2)의 내용에 근거하였다.

심했던 여성의 참정권이 현안으로 떠오르면서, '선거법 개정'을 둘러싼 여성의 정치 참여의 필요성을 강조하고 나아가 여교원의 정사(政事) 참여 금지를 당연시하는 현실에 대한 문제제기로 이어졌던 것이다.

'협회'는 청원 운동이 정치 운동이라는 해석은 매우 편협한 것이며, 설령 정치적인 행위로 해석된다고 하더라도 교육자의 정치 참여는 거스를 수 없는 대세라고 주장했다. 서구에서는 교원의 정치 참여가 인정되고 있을 뿐 아니라, 일본 국내에서도 대학 교원 및 남자 교원에게는 금지 조항이 적용되지 않거나 혹은 매우 느슨하게 적용되고 있다는 것이다. '협회'는 이번 사건을 계기로 여교원이 각성하기 시작했으며, 이에 대한 비난과 박해가 있는 것 자체가 오히려 자신들의 활동이 현실을 극복하고 이상을 향하고 있음을 증명하는 것이라 평가했다. 나아가 앞으로 여교원 조합을 만드는 것만이 정답일 것이라 조언하면서 일본 여성 전체가 여성총동맹을 조직하여 함께 대응해야 한다고 주장했다.[30]

히로시마 사건과 제44기 의회 청원이 겹친 1920년 겨울, '협회'의 역량은 이들 정치적 성격이 짙은 두 사안에 집중됐다. ≪여성동맹≫ 1921년 신년호는 히로시마 사건 특집으로 꾸며졌고, 사건이 일단락된 후에도 제44기 의회에서 청원이 기각되는 3월 말까지는 여성 혹은 여교원의 정치 참여에 대한 언설이 집중적으로 게재되었다. 설립 후 약 1년 동안 유지되던 여권운동과 여성·모권의 균형이 히로시마 사건을 계기로 급속히 무너지면서 여권운동으로 쏠리게 되었던 셈이다. 이러한 경향은 주로 ≪여성동맹≫에 실리는 기사를 통해서 확인되는 바이지만, 이후의 전개 상황을 보면 실제 구성원들 사이에서도 비슷한 움직임이 있었음을 알 수 있다. '협회'가 정치적 단체가 아

---

30 市川房枝, 「広島事件について関係者各位に寄す」(1921.1), 市川房枝, 『市川房枝集』1.

나라는 점을 강변하는 것은 역설적으로 내부적으로는 '협회' 구성원 스스로 정치에 대해 더 많이 고민하게 만들었고, 외부적으로는 그들의 성향을 더욱 정치적인 것으로 보이게 했다. 그와 동시에 라이초가 '협회' 설립 이전부터 집착했던 여성으로서 혹은 어머니로서의 권리 획득과 지위 향상이라는 또 하나의 목표는 점차 희미해져갔다. 이상과 같은 흐름이야말로 바로 〈제1기〉 후반의 특징이라 할 수 있을 것이다.

2) 제44기 의회 청원 실패와 그 의미

1918년의 '논쟁'에서 주로 '모성보호'를 주장했던 라이초가 '협회'를 조직하면서 여성 노동자의 문제에 관심을 갖거나 여성 참정권 관련 청원에 나섰던 것이, 평소의 모성주의 신념을 포기했던 때문이 아니었음은 앞서 거듭 지적했던 바와 같다. 본래 '협회' 설립의 정신, 특히 부인 참정권 획득과 관련된 주장은 라이초에게 운동의 목적이 아닌 수단에 가까웠다. 그가 주장하는 연애 존중, 모성 존중을 위해서는 '사회' 자체를 바꿔야 한다는, 그리고 사회를 바꾸기 위해서는 여성이 정치계에 자신의 목소리를 낼 수 있어야 한다는 전략적 사고가 작용했던 것이다.

'논쟁' 당시 국가에 의한 모성보호를 주장했던 라이초는, 아키코 등으로부터 국가에 대한 그의 기대가 과도하게 긍정적이며 근거가 충분하지 않다는 식의 비판을 받았었다.[31] 하지만 여성 스스로의 경제적 독립을 추구하는 대신 국가에게 여성과 아이의 보호를 의뢰해도 좋을 만큼 국가가 신뢰성 있

---

31 与謝野晶子,「平塚さんと私の論争」(1918.6), 香内信子,『資料 母性保護論争』(東京: ドメス出版, 1984), p. 102.

는 존재인지는 아직 입증된 적이 없었다. '협회'의 의회 청원 활동은 라이초가 처음으로 '국가'를 대면하는 기회였던 셈이다. 특히 '화류병 제한'은 그가 '여성으로서' 국가를 향해 무엇인가를 요청한다는 상징적 의미가 있는 행위였고, 그에 대해 성의 있는 '국가'의 모습을 확인하는 것은 라이초가 자신의 사상과 실천의 방향을 설정하는 데 중요한 의의가 있었다. 의회가 '화류병 제한'조차 수용해줄 수 없다면, 라이초가 그러한 국가를 믿고 '모성보호'를 주장하는 것은 설득력을 얻기 힘들기 때문이다.

더구나 앞서 설명했던 것처럼 '화류병 제한' 청원의 서명자 수가 '치경법 개정'과 비교해서 비슷하거나 이를 상회할 정도로 지지를 받았던 것을 보면, 냉소적인 언론의 반응과는 달리 '화류병 제한' 주장도 여성 당사자들로부터는 상당한 공감과 지지를 얻고 있었던 것으로 보인다. '협회'가 이 문제에 주목한 것도 이념적이라기보다는 성병으로 인해 고통받는 여성의 실상을 고발하는 의사의 의견을 반영한 것이었다. '협회' 움직임과는 별도로, 성병으로 인한 문제가 더 이상 방치할 수 없는 수준에 이르렀다고 판단한 정부도 이에 대한 대책을 강구하기 시작한 상태였고,[32] 실제 해외에서도 이에 대한 제재 법률이 실제 마련되는 추세였다.[33] '협회'가 '화류병 제한'을 주된 사업으로 선정한 것 자체가 납득하지 못할 정도로 엉뚱하거나 도발적인 행위가 아니었다는 뜻이다.

그럼에도 불구하고 '화류병 제한'이 미디어로부터 집중적인 비판의 대상이 되고 '치경법 개정'과 달리 의회에서도 냉소의 대상이 되었던 것에는, 제

---

32 らいてう, 「花柳病と善種学的結婚制限法」, ≪女性同盟≫ 2(1920.11), p.37. 청원 당시에 이미 내무성 위생국 보건조사회에서 화류병 예방 법안 기초에 착수한 상태였고, 실제 1927년에는 '화류병방지법'이 제정된다.

33 「花柳病者結婚制度に関する欧米諸国の現行法令」, ≪女性同盟≫ 3(1920.12).

재 대상을 '화류병자'가 아니라 '화류병 남자'에 한정한 것이 큰 이유가 되었다. 라이초 역시 이러한 상황을 모르는 바가 아니었다. 그럼에도 남성에 대한 역차별이라는 비난을 무릅쓰면서까지 의도적으로 대상을 '남자'로 한정한 것은, 당시 남성의 방종한 성생활로 인해 일방적으로 피해를 입고 있는 여성의 입장에서 '도덕적 혹은 교육적' 효과를 노렸던 때문이었다. 그러나 야심차게 청원을 준비했던 제42기 의회가 돌연 해산하고 제43기 의회에서 여성들의 이러한 청원이 변변한 논의조차 없이 기각되면서, '협회'는 남성만으로 이루어진 의회 혹은 정부의 여성에 대한 몰이해의 정도를 실감하게 되었다. 그러한 결과, 제44기 의회 청원을 준비할 때에는 '협회' 정체성을 걸고 집착했던 '화류병 남자'라는 표현에 수정을 가할 수밖에 없었다.

먼저 '화류병 남자 결혼 제한에 관한 청원서'라는 제목은 '화류병자에 대한 결혼 제한 및 이혼 청구에 관한 청원서'로 수정되었다. '남자'라는 표현의 삭제는, 그동안 '협회'가 추구하던 노선으로부터 일보 후퇴함을 의미했다. 아울러 건강진단서를 결혼 상대가 아닌 시정촌장(市町村長)에게 제출하는 간접 방식으로 변경하고, 남성도 여자에게 진단서를 요구할 수 있게 했다. 결혼 후 감염 등에 관한 규정에서는 '결혼 후 남편이'라는 표현을 '결혼 후 당사자 한쪽이'로 수정하여 남녀의 차이를 최소화했다.[34] 이 모든 것이 남자

---

34 주요 부분만을 소개하자면, "제1조, 혼인을 하려는 남자는 혼인허가증의 교부를 주소지 시정촌장에게 신청해야 한다. 사실상의 부부 관계를 맺으려는 경우 역시 마찬가지다 …… 제9조, 혼인을 하려는 여자는 그 상대인 남자로부터 전염성 화류병이 아니라는 내용이 담긴, 자격을 가진 의사의 진단서 제시를 청구받은 경우 이를 거절할 수 없다. …… 제11조, 결혼 후 당사자 일방이 화류병을 앓는 경우 다른 일방은 완치될 때까지 별거 또는 이혼을 청구할 수 있다" 등이다(「花柳病者に対する結婚制度並に離婚請求に関する請求書」(折井美耶子·女性の歴史研究会編著, 『新婦人協会の研究』所収). 이전의 청원에서는 오로지 법률혼의 경우만을 상정했으나, 수정안에서는 사실혼까지도 단속 대상이 되도록 요구한 점도 또 하나의 커다란 변화였다.

측의 반감을 완화시키기 위한 것임은 말할 것도 없다.

하지만 이것은 법률에 의존하기 보다는 '도덕적 혹은 교육적' 효과를 노림과 동시에 남성들에 대해 경종을 울리고자 했던 청원 본래의 취지, 더 나아가 '협회' 활동이 청원·입법 운동과 같은 여성의 정치 참여 자체만을 목적으로 하는 것이 아니라는 발족 당시의 취지가 훼손되기 시작했음을 보여준다. 즉 제43기 의회 청원 운동 과정 속에서, 이것이 결코 여성의 선언과 주장에 대한 논리와 이성의 싸움이 아니라 정파(政派)와 인맥, 기세를 겨루는 복마전임을 실감한 후의 타협이었던 것이다. 진통 끝에 제출한 청원은 중의원의 위원회 토론에 붙여졌으나 반감을 완화해보려는 '협회'의 노력은 이번에도 보답 받지 못했다. 본회의 회부에 앞서 심의를 맡은 위원들은 수정의 의미를 제대로 이해하지 못했다. 그들은 여전히 남녀가 대등하지 않다, 역시 남자에게만 제한을 두려는 것이다, 남존여비가 일본의 국정(国情)이기에 남자의 체면을 손상시키는 것은 옳지 않다는 등의 구실을 붙여 반대했고, 최종적으로 '화류병 제한'은 찬성 3표 반대 4표로 부결되었다. 귀족원은커녕 중의원 본회의에도 상정되지 못한 채 종결된 것이다.[35]

'치경법 개정'의 경우는 좀 더 복잡했다. 공감대가 부족해서 의회에서 논의할 기회도 적었고 채택 가능성도 높아 보이지 않았던 '화류병 제한'에 비해, 여성의 참정권 보장은 다이쇼 데모크라시라는 시대 조류와 맞물려 여론뿐 아니라 정부와 의회 내에서도 상당한 지지를 받고 있었다. 의회에서의 채택 가능성이 높은 안건이었던 만큼, 이를 둘러싼 각 정파의 신경전도 치열했다. '협회'는 청원과 별도로 통과 즉시 법적 효력이 발생하는 개정 법률안

---

35 「議員の花柳病者結婚制限に就いての討論」, ≪女性同盟≫ 6(1921.3). 본 기사는 1921년 2월 7일 자 제44기 중의원 「請願委員第二分科会議録」 가운데 본 청원 관련 부분만을 발췌한 것이다.

통과를 목표로 삼았기 때문에, 다수당인 정우회를 비롯한 정당 정치인들에게 의존해야 했고 그들의 요구를 무시할 수도 없었다. 제43기 의회 당시 여당인 정우회가 시간이 충분하지 않다는 이유로 수정안 제출에 비협조적이었고, 이로 인해 개정에 실패했던 '협회'는 제44기 의회에서 같은 실패를 반복하지 않기 위해 창구를 복수화했다. 막상 제44기 의회(1921.2)가 시작되고 보니 정우회와 무소속, 헌정회 이렇게 세 곳으로부터 개정안이 상정되어 있을 정도로, '치경법 개정'은 정계와 여론의 상당한 지지를 받고 있었으며 따라서 의회 통과는 당연시되는 분위기였다.

여성에게 결사의 자유는 시기상조라고 해도 정담연설 방청 금지는 해금하는 편이 타당하다는 입장은, 이전부터 내무성을 비롯한 정부 측에서도 공공연하게 표명해온 것이었다. 언제든지 의회 결의만 있다면 여성의 정담연설의 방청을 허용하겠다는 것이었다. '협회'는 한 걸음 더 나아가 결사의 자유까지 확보하고자 했지만, 결국 세 가지 개정안 가운데 가장 보수적인 안이 채택되었다. 즉 결사 가입 금지 규정은 유지한 채, "여자 및 미성년자는 사람을 모으는 정담집회에 회동 혹은 발기인이 되는 것을 금함"이라는 규정 가운데 "여자 및(女子及)"이라는 세 글자만을 삭제한 정우회 개정안이 중의원 위원회를 거쳐 중의원 본회의에 상정, 만장일치로 통과되었던 것이다.[36]

정부도 이미 수긍하는 분위기였고 내용적으로도 가장 보수적인 여당의 안(案)이었던 만큼, 한 번 고배를 마셨던 중의원 본회의에서도 수월하게 통과되었다. 하지만 보수적인 귀족원은 여전히 쉬운 상대가 아니었다. 후사에가 적극적으로 위원장과 위원들을 방문하여 협력을 요청한 끝에 귀족원의 위원회에서는 가결되었지만, 결국 회기 최종일인 3월 26일 귀족원 본회의

---

36 「治警第五条第二項改正案衆議院通過」(1921.3), 市川房枝, 『市川房枝集』 1, pp. 170~176.

심의를 통과하지는 못했다. 시일이 촉박하여 각 정파 간부들의 사전 동의를 충분히 얻지 못했기 때문이다.

본회의에서의 부정적인 분위기를 주도한 것은 후지무라(藤村善朗) 남작의 발언이었다. 본 청원이 심의에서 가결된 이유에 대한 위원장의 간단한 설명과 찬반을 대표하는 각 의원의 발언, 정부 측의 허용 의사 표명이 있은 후 등장한 그는, 여성 스스로가 참여하는 정치 운동이 바람직하지 않다는 이유를 다음과 같이 표명했다.

> 첫째, 그것은 생리적으로 말해도 심리적으로 말해도 자연의 이법에 반합니다. 다음으로 …… 정치상의 운동을 남자와 함께 이것저것 활동한다는 것은 여자의 본분이 아닙니다. 여자의 본분은 가정에 있으며 교육 내지 사회적 사업에 있다고 생각합니다. 그뿐만 아니라 여자가 사회 표면에 나서 정치 운동을 한다는 것은 매우 좋지 않은 결과를 초래하는데, 그것은 고래로부터 역사에서 그 실례가 적지 않습니다. …… 근래 신여성인지 무엇인지 하는 묘한 여성 단체가 여러 가지 정치적 활약을 시도하려 하는 것을 저는 매우 불쾌하게 생각합니다. 이러할 때에 귀족원이 이를 허락한다는 것은 우리 국체(国体)에 관련된다고 생각하기에 저는 단연코 이를 반대합니다.[37]

허무하게도 토론은 이것으로 간단히 종결되었고, 바로 이어서 기립에 의한 투표가 이뤄진 결과 '치경법 개정'은 불채택이 선언되고 말았다.[38] 분위기에 압도된 탓인지, 당연히 지지해줄 것이라 기대했던 의원 중 소수밖에 기

---

37 「貴族院議事録記録第二十六号 大正十年三月二十六日」, pp. 904~905. 생략은 인용자.
38 「治警五条第二項改正案貴族院否決」(1921.4), 市川房枝, 『市川房枝集』 1, pp. 177~180.

립하지 않았던 것이다.

　귀족원에서의 부결로 인한 '협회'의 충격과 좌절은 컸다. 남자 보통선거에 대한 열기가 높아지는 가운데 대중의 여론은 물론 정당과 정부의 지지를 얻었음에도 불구하고, 의회가 전혀 다른 결정을 내렸기 때문이었다. '협회' 설립 이전부터 1년여 동안 총 3회의 의회 운동에 총력을 기울였음에도 불구하고 성과 없이 끝난 것에 대한 허탈함도 한 이유가 되었을 것이다. 비난의 눈총은 의회로 모아졌고 여성 운동과 의회와의 관계에 대한 회의가 깊어졌다. 이후 의회 중심 운동을 계속할 것인가에 대한 의견도 엇갈렸다.

　작전의 실패와 운동 부족, 좋은 일꾼이 부족했기 때문이라는 자성도 없지 않았으나, 여성들에게 이토록 중요한 문제가 회기 마지막 날 제대로 된 논의조차 없이 부결되고 마는 현실, 여성 문제에 대해 전혀 이해가 없는 의회의 실체를 '제대로' 목격한 충격으로 말미암은 동요가 컸다.[39] 야마다 와카는 만일 처음부터 부결시킬 생각이었다면 굳이 자신들의 완고함을 만천하에 드러내는 토론을 전개할 필요가 없었으며, 만일 반대 의견을 듣고 현장에서 설득된 것이라면 일본 귀족원의 수준이 어느 정도인지를 드러내는 것이라고 비난했다.[40] 다나카 다카코(田中孝子)는 귀족원 의장이 문제의 중요성이나 의의를 제대로 이해하지 못했음을 지적하면서, 사회의식이 자연스레 요구한 개정안을 이처럼 경솔하고 둔감하게 취급한 귀족원의 존재 가치에 의구심을 표명했다.[41]

---

39 市川房枝, 「藤村男爵は本気ではあるまい」(1921.5), 市川房枝, 『市川房枝集』 1, p. 186.

40 山田わか, 「貴族院の態度を惜しむ」, ≪女性同盟≫ 8(1921.5), p. 9.

41 田中孝子, 「藤村男爵の蒙を啓く」, ≪女性同盟≫ 8(1921.5), pp. 11~13. 다카코는 반대 연설이 너무 바보스러워서 반박의 필요를 넘어서는 것이라고 전제한 후, 특히 여성의 정치 참여가 '자연의 이치에 반하는 것'이라는 주장에 대해 여성의 정치 참여가 비교적 최근의 일로 그 결과를 증명할

훗날 확인된 바에 따르면, 귀족원에서의 부결은 사실상 정파적인 관계 때문에 발생한 것이었다. 즉 여성 문제에 대한 견해의 차이 또는 여성의 정치 집회 방청에 대한 심각한 고려 때문이 아니었던 것이다. 라이초가 자신의 신념을 실현하기 위해 조직을 결성하고 그 조직 차원에서 1년 이상 전력투구해왔던 문제들은, 남성만이 존재하는 의회에서 전혀 그 가치를 인정받지 못했다. 이제 라이초와 '협회'가 선택했던 운동의 방식을 재고해야 할 상황이었다. '여성으로서'의 목소리를 내기 위해 시작한 운동이 라이초가 그토록 기대했던 '국가'의 실체와 마주치는 순간 '남성'들의 목소리로 변질되었고, 거듭되는 좌절 속에서 '협회'의 의회 운동에 대해 회의적인 목소리가 분출되는 것은 자연스러운 수순이었다.

사실 제44기 의회는, 라이초와 후사에가 줄기차게 주장해온 두 가지 문제를 중심으로 이들에게 의탁한 여성들의 다양한 기대와 욕망이 하나의 절정을 이룬 시기였다고 할 수 있다. 본래 서로 다른 욕구를 가진 이들이, 라이초라는 전국적 명성을 가진 인물, 여권주의와 여성·모성주의를 아우르는 그의 사상, 더 나아가 여성 노동자까지도 포용하려는 활동 방식에 매료되어 '협회'에 집결, 오로지 '치경법 개정'과 '화류병 제한'(도중에 '선거법 개정'이 추가)이라는 눈에 보이는 확실한 목표를 향해 돌진했던 것이다. 그러나 그 모든 것이 수포로 돌아갔음을 확인한 1921년 3월 말을 기점으로, '협회'에 내재된 문제는 폭발하고 그를 둘러싼 형세는 격변하기 시작했다. '치경법 개정' 실패는 바로 '제1기'의 종말과 '제2기'의 시작으로 가는 기폭제가 되었다.

재료가 현재는 존재하지 않는다는 점을 지적하면서, 인간의 이상이 변하고 사회조직도 변하며 자연의 이법이라는 것도 시대의 요구에 따라 변하는 등 모든 것이 '발전적'임에도 불구하고, 귀족원 의원들은 여전히 '고정적'이라고 꼬집었다.

3) 세대 교체와 의회 운동의 제한적 성과

제44기 의회에서 실패하고 약 한 달이 지난 후, 후사에는 돌연 그동안 거의 전담하다시피 해온 ≪여성동맹≫ 편집 업무에서 사퇴할 것이라고 선언했다.[42] '협회'의 세 상근 이사 중 무메오는 출산과 그 외의 사적인 일들로 인해 '협회'에 전념하지 못했고, 라이초는 안정된 직업이 없는 남편을 대신해 집필로 생계를 책임져야 하는 입장이어서 '협회'의 활동에 집중하기가 쉽지 않았다. 때문에 미혼에 다른 직업이 없는 후사에가 ≪여성동맹≫ 편집을 비롯한 상시적인 행정 실무를 사실상 전담해온 형편이었다. 후사에의 퇴진은 단순한 한 개인의 신상의 변화에 그치지 않는, '협회'의 운명과 직결되는 문제였다. 그럼에도 불구하고 그의 퇴진에 대해 적극적인 만류는 없었던 듯하다. 그는 1921년 4월 말 ≪여성동맹≫ 업무에서 물러났고, 6월에 열린 제1회 총회에서는 이사직도 사임했다. '협회' 업무가 전업이었음에도 불구하고 독립적인 생계를 유지할 수 있을 정도의 급료를 받지 못하여 가족의 원조에 기대야 했던 상황, 그리고 라이초와의 관계나 '협회' 활동에서도 만족을 찾지 못하던 상황에서 이루어진 선택이었다. 미국에 건너가 기분 전환을 하면서 현지의 여성운동 및 노동운동을 시찰하고 싶다는 동기도 크게 작용했다.[43]

후사에의 이탈 직후에는 라이초 역시 요양을 이유로 도쿄를 떠나 한적한

---

42 「編集室より」(1921.5), 市川房枝, 『市川房枝集』 1. 직전까지도 편집부 일손 부족을 호소하고, 4월 초까지도 다른 여성 단체를 방문하여 '협회'에 운영에 도움이 될 만한 내용들을 챙겼던 그였지만 「矯風会大会を観る」, ≪女性同盟≫ 8, (1921.5)], 약 열흘 동안의 귀향 이후 퇴사와 도미를 결정했다. 이후 엄격한 미국 이민법하에서 ≪요미우리신문≫ 특파원 자격으로 도미할 수 있었던 것도, 같은 신문사에 근무하던 오빠의 도움이 있었기 때문이었다(市川房枝, 『市川房枝自伝 戦前編』, p. 96).

43 市川房枝, 『市川房枝自伝 戦前編』, pp. 95~96.

해안으로 거처를 옮겼다. 심지어 이사회에 '협회'의 해산을 요청할 정도로, 이 시점에 이미 그는 '협회' 활동의 의욕을 상실한 상태였다. 그러나 해산은 물론이고 그의 이사직 사퇴 의사도 받아들여지지 않았다. 라이초는 여전히 이사로 남기는 했으나, 이후로는 거의 '협회' 활동에 참여하지 않은 채 자연에 파묻혀 요양과 양육 · 집필 활동에 전념했다.

'협회'는 설립을 계획하고 실행했던 라이초와 후사에 등으로부터, 이제는 그들의 외침에 공명하여 '협회'에 모여든 이들, 즉 고다마 신코(児玉真子), 사카모토 마코토(坂本真琴), 모로키 야스코(衆樹安子), 쓰카모토 나카코(塚本なか子), 그리고 후사에의 뒤를 이어 ≪여성동맹≫ 편집을 담당할 야베 하쓰코(矢部初子) 등으로 세대교체가 이루어지게 되었다. 그리고 이들의 지향하는 바가 ≪여성동맹≫의 지면을 통해 공개되면서 ≪여성동맹≫은 이전과 다른 잡지로 탈바꿈하게 되고 그와 더불어 '협회'의 성격도 변화하기 시작했다. 이 시기가 바로 협회의 '제2기'에 해당한다.

새로이 '협회'를 계승한 이들이 집중한 것은 아마도 본래 그들이 집결하는 계기가 되었을 의회 청원 운동이었다. 제45기 의회가 시작되자 1922년 1월 '선거법 개정' 제출에 이어 복수의 '치안경찰법' 개정안이 중의원에 다시 상정되었다. 성공 가능성을 최대화하기 위해 이번에도 '여자 및'이라는 세 자만을 지우는 데 전력을 다하기로 결정했으며, 이러한 내용을 담은 정우회 안은 이미 중의원을 통과한 전력이 있기에, 45기 의회에서는 고배를 마셨던 귀족원을 상대로 한 운동에 집중하기로 했다.[44] 중의원 위원회를 만장일치

44 坂本真琴, 「治警第五条集成運動の概略」, ≪女性同盟≫ 14(1922.6), p. 6. '협회' 간부들은 제45기 귀족원 본회의를 앞두고 귀족원 부결 당시 결정적인 반대 발언을 했던 후지무라 의원의 자택을 방문하여 협력을 요청했다. 예상 외로 그는 순순히 협력을 약속했을 뿐 아니라 이전의 반대도 본심이 아니라 정파 간 갈등의 결과였음을 시사했다. 심지어 당일 갓난아기를 업고 찾아온 '협회' 간

로 통과한 개정안이 무사히 중의원 본회의를 통과, 다시 귀족원의 위원회까지 통과한 것은 회기 만료를 사흘 앞둔 1922년 3월 22일의 일이었다. 3월 24일에는 귀족원 본회의에 상정되었으나 다른 안건에 밀려 최종일인 25일까지도 심의 자체가 불투명한 상태였다. 줄곧 방청객으로 참여하던 '협회'의 회원들이 '치경법 개정'을 요청하는 내용을 적은 명함을 의원 개개인에게 전달하는 등의 필사적인 노력을 펼친 끝에야, 최종일 밤 11시를 넘어 간신히 개정안이 상정되었다. 그리고 간략한 찬성 연설 후의 기립에 의해 가결이 선언된 것은 회기 종료를 10여 분 남긴 밤 11시 40분경의 일이었다.[45]

장황하게 '치경법 개정'이 의회에서 통과되는 과정을 서술한 것은, 이 성과가 얼마나 대단한지를 드러내기 위한 것이라기보다 '협회'의 노력에 비해 이 안건이 의회에서 얼마나 '중요하지 않게' 다뤄졌는지를 증명하기 위해서다. 즉 수천 명을 넘는 회원들의 염원을 담아 3년 가까이 '협회'가 매달려온 '치경법 개정'은 양보에 양보를 거듭한 끝에 정우회의 제안대로 '여자 및'이라는 단 세 자를 지우는 것에 그쳤고, 여론의 지지는 물론 정부의 수긍이 있은 후에도 정파적 계산에 밀려 빈번히 기각되는 과정을 거쳐야 했다. '협회' 회원들이 각 단계마다 의회나 위원회의 관계자를 개별적으로 면담하고 협력을 요청하지 않는 한, '치경법 개정'은 단 한걸음도 나아가지 못했다. 더욱 허무하게 다가온 것은 회기 마지막 날까지도 심의에 오르지 못하다가, 이를 안타깝게 여긴 한두 의원의 도움으로 막상 심의에 오르자 변변한 논의도 없이 이삼십 분 만에 간단히 통과되어버린 사실이다. 그나마 이것이 '협회'가 준비했던 세 청원 중 유일하게 성과를 거둔 사례였다.

부를 보고 여성운동을 하는 이들에 대한 선입견에서 벗어났다고 고백하기까지 했다.
45 같은 글, pp. 9~12.

‘치경법 개정’으로 여성들의 정치 행사 참여가 허용됨으로써 앞으로는 선거 후보자 부인과 딸 등이 적극 지원 활동에 나설 수 있게 되었다거나, 연설회 등에서 여성 참석자가 회장의 분위기를 부드럽게 할 것이라는 등의 긍정적인 기대에도 불구하고,[46] 그 기쁨이 그다지 크거나 오래 갔던 것 같지는 않다. 축하를 겸한 정담연설회 행사는 ‘협회’ 창립 주역들이 부재한 어수선한 분위기 속에 끝났고,[47] 심지어 ‘협회’의 재정 악화로 ≪여성동맹≫이 한동안 발행되지 못했기 때문에 ‘치경법 개정’ 통과 기사도 두 달여가 지난 후에야 게재될 수 있었다.

　그보다 더 불길한 것은 ‘협회’의 분열이었다. 오사카 지부가 독립해서 독자적인 ‘오사카 신부인회협회’로서 활동하겠다고 선언한 것은 1922년 2월이었으나 ‘협회’ 본부는 즉각 손을 쓰지 못했다. 독립 이유로 라이초의 은퇴와 본부의 의사소통 결여를 내세운 것, 그에 대해 본부는 ‘치경법 개정’을 위한 의회 로비에 한창 정신을 빼앗겨 제대로 대응하지 못한 것을 보면,[48] 분열의 원인이 의회 운동 집중과 그에 따른 라이초의 이탈 즈음부터 내재되어 있었으리라 짐작할 수 있다. ‘치경법 개정’ 성공과 거의 동시에 일어난 오사카 지부 독립 선언은 ‘협회’가 안고 있던 갈등과 분열의 상

---

46 「治安修正の喜こび」, ≪女性同盟≫, 14(1922.6), p. 20.

47 3월 30일 밤 축하회가 열렸으나 참가자는 겨우 십여 명, 의원은 겨우 2인에 불과하여 아쉬움 많은 행사로 끝났다. 4월부터는 ‘협회’의 고베, 나고야, 요코하마, 오사카 등 지부에서 정담연설회를 개최했고, 도쿄에서는 1922년 5월 15일, 중앙불교회관에서 기념연설회가 열렸다. 개회사는 무메오가 담당했고, 라이초의 축사(「治警五条修正案通過祝賀演説会に寄せて」)와 야마카와 기쿠에의 연설문(「無産婦人の政治的自覚」)이 각각 대독(代讀)되었다[児玉勝子, 『婦人参政権運動小史』(東京: ドメス出版, 1981), pp. 77~78].

48 本部, 「大阪支部の独立宣言に対して送る公開状」, ≪女性同盟≫ 14(1922.6). 오사카 지부는 이전에 제45기 의회 청원을 쉬는 대신 재정 기반을 확립하자는 취지의 의견을 냈으나 받아들여지지 않았다.

징이자 이후의 전개 방향을 시사하는 것이었다. 이렇게 '제2기'가 끝나고 좀 더 노동자 친화적인 목소리가 높아지는 '제3기'로 돌입하게 된다.

4. 신부인협회의 갈등과 분열

1) 노선 갈등

(1) 의회 청원을 둘러싼 갈등

'치경법 개정'의 성공 축하를 겸하여 1922년 5월 15일 도쿄 간다(神田) 중앙불교회관에서 열린 정담연설회에서 '협회'의 미래를 짐작하게 하는 작은 소동이 있었다. 이른바 '야마우치 미나 강단(降壇)사건'으로, 무메오의 의뢰를 받고 연사로 등단하려는 미나에게 다른 간부들이 '입장이 달라서 곤란하다'며 극력 반대했던 사건이다. 미나는 "당신들은 노동 부인에 대해 일종의 벽을 만들 셈인가"라며 반발했지만 받아들여지지 않았고, 이 일을 계기로 오쿠 무메오와 쓰카모토 나카코도 이사를 사임했다.[49]

이보다 앞선 1921년 3월에는 고베(神戸)지부가 회원의 이탈을 가져올 것이라는 이유로 찬조 회원으로 소속되어 있던 가가와 도요히코와의 협력을 거부하는 일이 있었다. 저명한 사회운동가이자 목사인 그는 '협회' 설립에 즈음하여 라이초의 조언자로서 협력했고, 특히 '협회'의 사업 모델로서 당시 여성 노동자 계층까지를 포용하는 미국 사회봉사가 제인 애덤스(Jane Adams)

---

49 今井小の実, 「平塚らいてうの「新婦人協会」とセツルメント事業」, ≪キリスト教社会問題研究≫ 48, p. 170.

가 세운 복지시설 헐하우스(Hull House)에 대한 정보와 아이디어를 제공하기도 했다. 그는 여권·모성주의를 넘어 노동 계층까지로 운동의 영역을 확대하려던 라이초에게 큰 버팀목이 되었던 존재였다.[50] 그럼에도 라이초 '협회' 설립 초기부터 긴밀한 관계를 유지해온 고베 지부의 회원들이 가가와와 협력을 거부했던 것이다.

이 두 사건이 의미하는 것은 무엇인가. 바로 '협회' 안에 서로 포용하기 힘든 갈등 관계가 일관되게 존재했다는 것이다. 달리 표현하면 바로 부르주아 계층과 프롤레타리아 계층, 중류 계층의 여성과 노동하는 여성, 시민운동과 무산운동이 '협회'의 틀 안에서 공존하기 쉽지 않다는 사실을 의미했다. 전자가 라이초와 유사한 배경을 가졌거나 혹은 모성보호와 같은 그의 본래적 지향에 동조하는 이들이었다면, 후자는 '협회' 설립 즈음에 가가와 목사·후사에 등을 만나고 여공 문제에 눈뜬 라이초에 호응하여 모여든 이들이었다. 이들은 라이초를 신뢰하여 '협회'라는 한 우산 아래 모여들었다. 하지만 고베 지부가 가가와와의 협력을 거부한 것을 보면 라이초 이탈 이전부터 서로를 이해·용납하지 못하는 관계가 시작되고 있었음을 짐작할 수 있다. 당시 가가와는 간사이(関西) 노동조합의 지도자였지만 폭력과 같은 직접 행동보다는 의회 중심의 운동을 주장하는 온건파에 속했다. '협회' 회원 중 일부는 그처럼 온건한 노동운동가조차 수용할 여유가 없었던 것이다. 그러한 분열 양상이 고베뿐 아니라 '협회' 안에 만연했음을 보여주는 것이 바로 '야마우치 미나 강단 사건'이었다.

야마우치 미나[51]는 '협회' 설립 초기 라이초를 만나 후사에와 함께 기숙하

---

50 今井小の実, 「平塚らいてうの「新婦人協会」とセツルメント事業」, ≪キリスト教社会問題研究≫ 48, p. 172.

면서 '협회' 일을 돕다가, '제1기'의 말기인 1921년 여름 '협회'를 떠났던 인물이다. 활동 초기에는 '협회'의 역할에 대해 긍정적이었으나, 그 자신의 표현을 빌리면 "시간이 흐름에 따라 점차 비판적이 되는 것을 어찌할 수 없었다." 생활 감각의 차이 등으로 인해 납득하기 어려운 상황이 벌어지고 '귀족적 부르주아적 부인 운동'이라는 느낌 등이 더해지면서, 점차 '협회'에서 멀어져갔던 것이다. 그는 "일본의 부인 운동은 커다란 목적 앞에서 공조하는 단결력이 결여되어 있다. 나는 운동에 대해 전혀 기대할 수가 없다."라는 말을 남긴 후 '협회'를 이탈, 사건이 일어난 즈음에는 사회주의 여성운동가인 야마카와 기쿠에에 의탁하여 수학하던 중이었다.[52]

그러한 미나를 강단에 세울 수 없다고 강경한 태도를 취했던 모로키 야스코·고다마 신코·사카모토 마코토 등 간부들이, 다름 아닌 후사에와 라이초 이탈 후 '치경법 개정'의 실현에 매달려 실제 제45기 의회 마지막 날 청중석에서 이를 지켜보았던 당사자들이었던 것은 결코 우연이라 보기 어렵다. 이날의 소동은 '협회' 중심 세력이 오로지 의회 운동에 집중한 것에 대한 불만과 갈등의 일면이 폭로된 상징적인 사건이었다.

창립 이래 '협회'에 '의회'는 운동의 중심이자 갈등의 주요한 이유였다. '협회' 설립으로부터 3개월이나 지난 후에야 발회식을 할 수 있었던 것은, 이미 시작된 의회 회기에 맞추어 청원 준비로 분주했기 때문이었다.[53] 당시 일본

---

51 미야기(宮城) 현 농가에서 출생, 소학교 졸업 후 여공 생활을 시작했다. 우애회에 가입하여 여성 최초 이사로 선출되었다. '협회' 설립을 앞둔 라이초가 여공의 교육과 조합 결성에 관심을 가지고 공장을 방문했던 것을 계기로, 미나도 '협회' 초기부터 참여하여 후사에와 기숙하면서 업무를 도왔다. 아카바네(赤羽)에 있는 공장에서의 경험을 ≪여성동맹≫에 게재했으며 파업 시에는 협회에 재정 등의 협조를 요청, 라이초 등이 직접 중재에 뛰어들기도 했다. 점차 '협회'에 비판적이 되어 협회를 이탈했지만, 이후로도 줄곧 노동·정치계에서 활동했으며 전후 1955년 원수폭금지전 국협의회 이사로도 참여했다.

52 折井美耶子·女性の歴史研究会編著, 『新婦人協会の人々』, pp. 183~184.

여성에게 '제국 신민은 의회에 청원할 수 있다'는 것 외에 정치적 의사 표현의 방법이 없었기에, '협회'로서는 이에 매달릴 수밖에 없었다. 의회에 머리를 숙이는 것이 결코 '치경법 개정' 때문만은 아니었다. 잠시 양보하여 이를 수정할 수만 있다면 이후에는 더 이상 머리를 숙이지 않아도 되리라는 판단이 작용했다. 궁극적인 목표는 여성의 선거권과 피선거권 획득이었다.[54]

하지만 의회에서는 모든 문제가 당파 간의 감정 싸움을 통해 결정되는 것으로 보였다. 이를 고려할 때, 특정 당파의 지지로 인해 또 다른 정파의 반감을 사는 일은 특별히 경계해야 했다. 결국 의회 청원 운동의 구체적인 내용이란 정파 간 갈등이 생기지 않도록 조율하고 그들을 설득하여 여성운동에 호감을 갖게 하는 것으로 귀결되었다.[55] 의회 운동에 필요한 정력이 매우 컸던 만큼, 그 결과가 좋지 않았던 제44기 의회 후에는 탄핵이나 정당 타파 수준이 아니라 의회 제도 존재 가치에 회의를 느낄 정도로, '협회'가 느끼는 후유증은 컸다.[56]

라이초와의 친분으로 '협회' 창립 당시부터 지원하던 작가 아키타 우자쿠(秋田雨雀)는, '치경법 개정' 정도도 쉽게 통과하지 않는 의회 정치를 상대하

---

53 市川房枝, 「創立より『女性同盟』発刊まで(上)」(1920.10), 『市川房枝集』 1, p. 56.

54 市川房枝, 「治安警察法第五条修正の運動(上)」(1920.10), 『市川房枝集』 1, pp. 84~85.

55 市川房枝, 「治安警察法第五条修正の運動(中)」(1920.11), 『市川房枝集』 1, p. 101. 정우회가 일정이 촉박하다는 이유로 제43기 특별의회에 개정안 제출을 주저하자, 배신감을 느낀 후사에는 정권 퇴진을 입에 담을 만큼 강경한 입장을 보이기도 했다. 이처럼 의회 운동은 정당의 변덕에 따라 크게 좌우되는 불안정한 운동이기도 했다[市川房枝, 「治安警察法第五条修正の運動(下)」(1920.12), 『市川房枝集』 1, p. 106].

56 奥むめお 「綱紀振粛」, ≪女性同盟≫ 10(1921.7), p. 17. 그럼에도 일보 논객은 의회 운동이 여성 해방에 대한 많지 않은 객관적 표현의 하나이며 채택 여부와 상관없이 보수적인 지방 유지들에게까지 이러한 여성 문제를 인식하게 하고, 또 청원 운동 과정에서 여성들도 의회와 정치의 실상을 파악하게 된다는 점에서 의의를 찾기도 했다[土田杏村, 「婦人運動と議会政策其他」, ≪女性同盟≫ 10(1921.7), pp. 34~35].

는 것은 힘의 낭비이며 따라서 의회 운동에 힘을 쓰기보다 인간의 본질적인 것에 힘을 기울여야 한다고 조언했다.[57] 이것은 '협회'의 의회 활동에 대한 전면 부정이라기보다 더 나은 여성운동을 위한 충언이었다. 이에 호응하기라도 하듯 라이초도 의회 청원이라는 목표를 향해 돌진하는 '협회' 활동에 회의를 내비쳤다. 후사에의 고별 무대가 되었던 1921년 6월 제1회 총회에서, 라이초는 "이 얼마나 바쁘고, 말도 안 되게 정신없고, 너무도 경황없고, 지나치게 무리가 많은 과로뿐인 시간이었던가"라는 탄식으로 시작하는 문장을 통해 과거 1년 반 동안의 '협회' 활동을 반성했다.[58] 즉, '협회'가 아직 "단체로서 간신히 윤곽이 잡힐 듯 말 듯한 때, 성급하게 욕망의 실현에 착수해서 외부를 향해 교섭을 시작"했던 일부 활동가의 행동을 지적하면서, "협회 자체가, 달리 표현하자면 단체의 생명 또는 운명이 단지 이들 개개의 일에 맡겨진 것으로 잘못 믿고, 목전의 혹은 외관상의 성공을 서두르고 또 과도하게 중시하는 경향"이 있었다고 회상했다.

그런데 이럴 때 가장 많은 유혹 앞에 설 수밖에 없는 것은 이른바 사업가라든가 활동가라든가 일꾼(働き手)이라든가 하는 타입의 사람이다. 특히 이들 사업(仕事)이 세간의 주의를 환기시키게 되어, 끊임없이 관객의 소리를 듣게 되면서는 더욱 그렇다. 왜냐하면 이런 종류의 사람은 관객을 우선으로 삼아 외부에 대해 허세를 부리는 것에, 또 그러한 것을 가지고 외관상의 성대(盛大)를 세간에 과시하는 것에 마음을 빼앗기기 쉽기 때문이다. 그뿐만 아니라 거기에

---

57 秋田雨雀, 「日本女性運動の将来について」, ≪女性同盟≫ 7(1921.4), pp. 18~19.

58 원문은 "何という忙しい, 何という落着きのない, 何という慌ただしい, 何という無理の多い, 何という過労な年であったろう."이다. らいてう, 「第一回総会に際し過去一年半を回想して」(1921.7), 『平塚らいてう著作集』 3(東京: 大月書店, 1983), p. 230.

협회 자체의 진정한 번영[盛大]이 있고, 또 그것이 자신들의 열성의 표시인 것처럼 세간과 함께 자신을 오신(誤信)하여, 무의식중에 한 걸음 한 걸음 소위 일중독자[仕事屋], 운동중독자[運動屋]로 타락할 가능성을 갖고 있기 때문이다.[59]

어떤 이들은 '사업가' 혹은 '활동가'가 후사에 등을 지칭하는 것이며, 후사에에 대한 라이초의 불만을 표현하는 것이라 해석하기도 한다. 구체적으로 누구를 지칭하는 것인지는 차치하더라도, '협회' 발회식 전부터 의회 회기에 맞춰 청원 운동을 시작했던 그동안의 무계획적인 활동에 대한 총체적인 비판을 담은 것은 명백한 사실이었다. 의회에서의 채택에 유리하다는 주위의 조언에 따라 본래의 소신을 버리고 '화류병 남자'를 '화류병자'로 변경하면서까지 임했던 제44기 의회에서 '화류병 제한' 청원에 실패한 이후, 라이초 역시도 의회 중심의 '협회' 활동에 회의를 느끼기 시작했다. 이는 다음 문장에서도 확인할 수 있다.

단체가 단체로서 생명력을 유지하기 위해서는, 그(사회사업이나 운동)와 동시에 아니 그보다 앞서 단체 그 자체에 대해 하지 않으면 안 되는 보다 중요하고 근본적인, 눈에 보이지 않는 많은 일이 단체 내부에 없으면 안 된다. 즉 단체의 생명 또는 정신을 만들고 또 이를 성장시키는 것이다. 좀 더 말하자면 단체 그 자체의 근저를 만든다는 것이다.[60]

앞서 자본주의 사회의 남성 중심적인 의회에 불신을 표명하면서 의회 청

59 같은 글, 232쪽.
60 같은 글, 232~233쪽. 괄호 안은 인용자.

원은 일시적 이용에 불과하다는 인식을 보였던 라이초가 '협회' 설립 1년 반 만에 활동의 방향에 대한 전면적인 재고를 요청했던 것은, 그가 의회 운동에 대한 더 이상의 기대를 포기했음을 시사한다. 실망한 라이초가 '협회' 해산까지 요구했으나 받아들여지지 않았음은 앞서도 언급했던 바와 같다. 그러나 라이초가 건강상의 이유로 요양에 들어간 이후 '협회'를 주도하게 된 이들은 라이초의 의견에 귀를 기울이기보다 의회 청원 운동을 지속하기로 결정했다. 라이초 · 후사에가 물러난 1921년 여름 이후부터 제45기 의회에서 '치경법 개정'이 채택된 1922년 3월 말까지의 '제2기'는 오로지 의회 청원만을 중시하는 이들이 '협회'를 주도해나갔던 셈이다.[61] 하지만 최우선 사업으로 추진했던 '치경법 개정'이 작으나마 성과를 내는 순간, 더 이상의 목표를 잃은 '협회'는 더욱 단결하여 세력을 확대하고 장기적 목표를 향해 나아가는 대신 내부적 회의와 갈등에 빠져들었다. 2년여에 걸친 의회 활동의 결과에 실망한 '협회'를 향해 의회에 매달리기보다 '직접 행동'을 촉구하는 목소리가 높아졌던 것이다.

(2) 활동 방향을 둘러싼 분열

의회 운동을 둘러싼 찬반이 하나의 커다란 갈등 요인이었다면, 같은 맥락에서 '협회'의 운동 방향 자체에 대한 불만의 목소리 혹은 이견이 잇따라 제기되는 것도 주목할 만하다. 라이초의 이탈 후 의회 운동 중심의 '협회'를 이

---

61 라이초가 이탈한 이후인 제45기 의회 청원에서는, 세 개의 청원 중 라이초의 평소 신념에 가장 부합하는 '화류병 제한'이 빠져 있다. 이것은 '치경법 개정'에 분주했던 때문에 생긴 우연한 결과일 수도 있다. 그러나 ≪여성동맹≫ 1922년 신년호의 새해 사업 다짐 가운데에도 '화류병 제한'만이 누락되어 있는 것을 보면, 라이초 이후 '협회' 운영을 주도하던 이들에게는 화류병에 관한 공감이 부족했거나 긴급한 사업이라는 인식이 희박했던 것이라 짐작된다[奧むめお, 「一九二二年を迎ふ」, ≪女性同盟≫ 12(1922.1)].

끌던 오쿠 무메오(奧むめお)의 남편 에이이치(栄一)는 ≪여성동맹≫에 기고한 문장에서, '치경법 개정'을 달성하기 위해 청원이라는 방식으로 현재의 정치·정치가에게 의탁하는 '협회' 활동에 불만을 표했다. 스스로를 '좌경화된 입장'이라고 표명한 그는, 부르주아 남자 전제의 문명은 붕괴해가는 중이며 이를 구제할 것은 노동자와 여성이어야 하고 특히 각성한 여성은 남성을 향한 예언자이자 구세주여야 함에도 불구하고, 작금의 '협회'와 ≪여성동맹≫은 실망감을 줄 뿐이라고 비판했다. 그는 '협회'가 의회 중심 활동으로부터 탈피할 뿐 아니라 새로운 재정 기반 마련 등을 위해서도 기존의 틀을 깨야할 것이라고, 더욱 철저한 반부르주아·반남자전제 운동의 기치를 확고히해야 할 것이라고 주장했다. 나아가 모성과 아이의 보호, 남녀평등 달성과 화류병 문제의 해결 등도 결국 제도와 조직을 크게 변화[回転]시킴으로써 가능할 것이라고 주장, 일종의 실력 양성이 필요하다는 의견을 펼쳤다.[62]

반의회적인 언설과 더불어 한편으로는 라이초의 영향이 감퇴했음을 입증이라도 하듯, 라이초 사상의 핵심이라 할 수 있는 모성주의에 대한 이견도 ≪여성동맹≫에 종종 게재되었다. 즉 육아와 가정이 대개 여성의 책무라고는 해도 남자의 목적이기도 함을 명시해야 한다는 것, 가정은 남녀 공통의 것이며 전문적 지식 및 취업 기회를 남녀 양성에게 개방해야 한다는 스기모리 고지로(杉森孝次郎)의 주장은 분명 라이초가 내세웠던 모성보호의 방침과 어긋난 것이었다. 나아가 그가 여성의 전문 직업 진출을 적극 옹호하고 있는 것은[63] 어쩔 수 없는 상황에 놓인 하층 여성 노동(여공)에 대해 마지못한 긍정을 보이던 라이초의 입장과 분명 동떨어진 것이었다.

---

62 奧栄一, 「将来の婦人運動と新婦人協会」, ≪女性同盟≫ 10(1921.7), pp. 43~46.

63 杉森孝次郎, 「労働運動と婦人運動の接触点と分岐点」, ≪女性同盟≫ 12(1922.1), p. 16.

그 외에도 다수의 논자들은 여성운동을 첫째, 성(性)으로서의 여성을 남성전제로부터 해방시키는 것과 둘째, 무산자로서의 여성을 유사 계급전제로부터 해방시키는 것으로 구분하면서, 주로 첫 번째 목적에 집중하고 있던 '협회'의 운동 방향에 수정을 가하도록 직·간접적으로 요구했다.

특히 노동운동가였던 후지이 데이(藤井悌)는 더욱 노골적으로 라이초와 대조적인 입장의 언설을 펼쳤다. 그는 대부분의 '부인 문제'란, 과장된 여성의 이차성징을 출발점으로 하는 것이며 이를 찬미하는 입장이—바로 라이초가 강한 영향을 받았던—모성보호 주창자 엘렌 케이라고 규정하면서, 여성성을 과도하게 강조하는 것이 사회적으로 바람직하지 않다는 입장을 지지한다고 강조했다. 즉 여성의 이차성징을 최소화하는 것이 남녀 쌍방 즉 인류의 이익이 된다는 것이다. 그 예로서 남녀의 일에 차이가 크지 않은 농민 가정에서 "[자녀는] 상대적으로 강건하고 실용적 인간으로 성장하고 ……부인에게 남편은 단지 성적 애무 대신에 우정이 생기고, 가사에 대한 남편의 모멸적 무관심 대신에 공동경영의 관념이 생겨 ……가정은 부부 자신을 위해서도 아이를 위해서도 훨씬 가치가 많은 것이 될 것"이라고 주장했다. 그는 '여성으로서'의 특징을 살려 모성보호에 의한 가정 중심의 사회를 지향하는 라이초와 달리, "어디까지나 개인주의에 입각한, 단지 '나(我)'를 무한하게 확대"할 뿐 가정이나 국가는 그 확대의 어느 단계에 불과한 것이라는 세계관을, 다름 아닌 ≪여성동맹≫의 지면을 통해 펼치고 있었다.[64]

이처럼 라이초 이탈 후의 '협회'에는 '여성으로서'의 해방이 아닌, '인간으로

---

64 같은 글, 22~23쪽. 이처럼 '협회' 안에서 여권주의적인 목소리가 높아진 것은 모성보호 논쟁 당시 라이초와 대립각을 세웠던 요사노 아키코의 문장이 ≪여성동맹≫의 타이틀로 실린 사실에서도 엿볼 수 있다[与謝野晶子, 「最近の雜感」, ≪女性同盟≫ 13(1922.4)].

서'의 해방을 주장하는 '여권주의'의 목소리가 높아지면서 '협회'의 활동 방향을 둘러싼 동요가 심해졌다. 이것이 바로 '협회'가 '치경법 개정'에 집중하는 데 반발하는 목소리가 높았던 '제2기'와 '제3기'에 걸쳐 나타난 현상이었다.

2) 적란회 설립과 신부인협회 비판

'협회' 안팎에서 의회 중심 활동 방향에 대한 비판의 목소리가 높아진 것은, '협회'에 견줄 만한 또 다른 여성 단체가 등장한 것과도 무관하지 않았다. 일본 최초의 사회주의 여성 단체인 적란회(赤瀾会)가 바로 그것이다. 적란회는 '협회' 발족보다 약 1년 늦은 1921년 4월, 야마카와 기쿠에(山川菊栄), 이토 노에(伊藤野枝), 사카이 도시히코(堺利彦)의 딸인 마가라(真柄) 등 42명에 의해 결성되었다. 시민적 여성운동의 입장에서 여성의 조직화와 단결을 도모한 신부인협회를 의식하여, 당시까지 몇 개 그룹으로 나뉘어 있던 사회주의 계열 여성들이 단결하여 설립한 것이었다.[65] 그들의 강령은 "우리는 우리의 형제자매를 빈궁과 무지와 예속으로 침륜시키는 일체의 압제에 대해 단호하게 선전포고하는 바이다"[66]라는 매우 간결한 것이었으며, 비교적 짧았던 존속 기간 동안 두드러졌던 두 가지 활동은, 일본 여성으로서 처음으로 메이데이(Mayday) 행진에 참가한 것과[67] 여성운동에서 라이벌 관계라고 할

---

65 마가라는 "러시아 혁명에 자극받은 일본 노동자들 가운데, 격렬한 혁명의 기운이 고조된 시대 이 흥분된 공기 속에 우리 부인도 몸을 던지자는, 혁명에 참가자하자는 열정이 타올랐다"는 것도 적란회 결성의 한 요인이었다고 술회했다[小山伊基子, 「「赤瀾会」から「八日会」へ」, ≪歴史評論≫ (1966.11), pp. 42~43].

66 『日本労働年鑑』大正11年版, p. 176.

67 鈴木裕子, 「女性として初めてメーデーに参加した赤瀾会の人びと」, 渡辺悦次・鈴木裕子編『たたかいに生きて―戦前婦人労働運動への証言―』(東京: ドメス出版, 1980).

수 있는 '협회'에 대해 비판의 화살을 날린 것이었다.

기본적으로 자본주의 체제하에서는 여성 노동자의 비참함이 완화될 리가 없다고 믿었던 기쿠에는, 의회 운동이나 노동 조건 개선 운동에 여성의 힘을 낭비하는 것이 죄악이라고까지 단정하면서 '협회'의 부르주아적 여성 운동에 대해 다음과 같이 비판했다.

> [신부인협회는] 시세의 추이에 압도되어 과연 세이토(靑鞜)사의 독선적 개인주의, 명상적 예술주의를 탈피하기는 했으나, 그 어떤 명백하고 확고한 사회관에 기초하지 않은 채 부르주아류의 센티멘탈리즘을 가지고 그저 산만하고 막연하게 '부인과 아이의 권리'를 주장하고 있다. ……세이토 시대의 유희 본능 위에, 혁명 이후의 경종에 놀라 게으른 잠에서 깬 부르주아 부인의 자신과 자신의 양심을 속이려는 수단에 불과한 자선도락(慈善道楽)을 가미한 것에 불과하다. 실제 불쌍하고 무지한 노동 부인을 자신들의 손으로 지도하고 구조해서 쓰겠다는, 부르주아류의 자만심(自惚れ)과 기만적인 자비심(おためごかしの慈悲心) 외에, 세이토 시대 이상 진보한 사상의 흔적을 우리는 히라쓰카 씨에게서 발견할 수가 없다.[68]

이에 더하여 그는, '협회'의 출현이 일본 여성계에 다소의 자극이 되었으며 자신도 그 활동에 기대했던 것이 사실이나, 결국은 배신을 당한 셈이라고 탄식했다. "당당한 단체적 운동 대신 무지하고 절조 없는 정당인들과 투합한 것을 비롯해, 사상의 유치·불철저함에 더하여 운동 방법의 우악하고 어리석음은 도저히 사회운동으로 성립하기 어려울 정도"라는 것이다. 나아가

---

68 山川菊栄, 「新婦人協会と赤瀾会」(1921.7), 『婦人問題資料集成』 第二巻, p. 202. 괄호 안은 인용자.

그러한 '협회'와 라이초 아래 모인 신진기예의 여성들이 앞으로 어떠한 길을 걸어야 할 것인지에 의문을 표하는 방식으로, 적란회에 힘을 더할 것을 은근히 종용했다.[69]

기쿠에의 공격을 받은 '협회'는 이에 대응하지 않을 수 없었으나, 이미 라이초는 사실상 '협회'를 이탈한 후였다. 그 때문에 기쿠에의 기대와 달리 반박문을 낸 것은 부르주아 여성운동과 여성 노동 문제에 동시에 관심을 가지면서도 의회 운동의 필요성을 주장하며 '제2기' 이래 '협회'를 이끌던 오쿠무메오였다. 그는 기쿠에의 비판에 대해 '협회'에 대한 소문이 아닌 사실에 입각해서 비평해줄 것을 요구하면서, '협회'를 신랄하게 비판하는 사회주의자의 좁은 도량에 유감을 표했다. 아울러 "현재 일반 부인은 무엇을 생각하고 있는가, 오늘날 노동 부인은 무엇에 의욕을 갖고 있는가에 관해 그(기쿠에)가 어느 정도의 통찰과 이해를 갖고 있는지"에 의구심을 드러냈다.

그는 "자본주의만 ㅁㅁ되면 바로 오늘의 노동 부인이 구원될 것이라 생각하는 것은 지나친 낙관"이며, 그들이 자각하여 앞으로 어떠한 신사회를 추구할 것인지 사고할 수 있도록 "어떤 준비가 필요한가"를 잊어서는 안 된다고 주문했다.[70] 이에 더하여 지금 여성 문제에서는 의회 정치의 긍정·부정을 논할 때가 아니라 정치의 본질을 생각해야 할 때이며, '협회'의 의회 운동이야말로 정치가의 실체를 밝히고 여성을 자각하게 한 공로가 있다고 보았다. 즉 남자전제의 압박하에 놓인 만큼 여성이라면 모두 자각하여 단결해야 할 때이며 '협회'는 이를 위한 기반 다지기 작업으로 의의가 있다는 것이다.

---

69 같은 글, pp. 202~203.

70 奧むめお, 「私どもの主張と立場」(1921.8), 『婦人問題資料集成』 第二卷, pp. 205~206. 본문 중 공란(ㅁㅁ)은 원문 그대로 표기한 것이다. 이는 문장 가운데 수차례 사용되는데 '타도' 정도의 뜻으로 짐작된다.

마지막으로 적란회에 대해 아는 바는 없으나 지식 계급이나 저널리스트 등을 공격하기보다는 여성해방을 위한 실제 운동을 위해 나서는 것이 어떻겠느냐는 조언도 빠뜨리지 않았다.[71]

기쿠에 역시 가만히 있지 않았다. 그는 사회문제의 근본을 다루지 않는 운동은 야유를 받는 것이 당연하며, 이를 사회주의의 배타성과 협소함이라고 비판하는 것은 옳지 않다, 어떠한 목표를 향해 나아가려면 이를 방해하는 요소를 제거하는 것이 당연하기 때문이라고 일축했다. 사회주의는 바로 노동계급의 입장에서 현재의 사실을 설명하는 것이자 노동자 계급의 해방을 궁극의 목적으로 하는 것인데, 계급의식이 매우 발달한 남자 노동자와 달리 여성은 아직 충분히 진화하지 못했기 때문에 더욱 노력해야 하는 것이라고 기쿠에는 강변했다.

그는 자본주의와 여성의 해방은 결코 양립할 수 없으며, 자본주의의 존폐를 배제한 사회문제 논의는 부르주아의 선전에 불과하다는 강경한 주장을 계속했다. 나아가 2년 전까지는 '협회'와 일시적 제휴가 가능할 것이라 기대했으나 이제 이는 불가능하며 유해무익함을 통감한다고까지 발언, 화해의 가능성을 차단했다. 마지막으로는 적란회와 '협회'의 입장 차이가 결국은 계급적 대립을 인정할 것인가의 문제로 귀결되며, "노동계급의 해방을 떼어놓고 부인의 해방을 기대하는 것은 공상이라는 것, 부인의 굴종이 어떤 사회적 조건이 필요로 하는 결과로 생긴 현상인 이상, 그 조건의 소멸이 아니고서는 해결될 수 없다"고 단언했다.[72]

이른바 여성의 지위 향상을 지향하는 최초의 여성 단체를 표방한 '협회'

---

71 같은 글, pp. 206~207.
72 山川菊栄, 「無産婦人の立場から」(1921.10), 『婦人問題資料集成』 第二巻.

가 많은 언론과 지식인의 주목을 받았던 만큼, 새로 등장하는 적란회가 '협회'와 라이벌 구도를 형성하여 자신들의 지명도를 높이기 위해 '협회'를 도발했으리라는 것은 충분히 예상 가능하다. 이것은 이전 아키코와 라이초가 한창 '모성'을 둘러싸고 논쟁을 벌이던 때, 신진 여성운동가인 기쿠에가 여성계의 두 거목을 싸잡아 비판함으로써 자신의 지명도를 높임과 동시에 논객으로서의 빼어난 역량을 과시했던 '모성보호 논쟁'을 재연한 듯하다.

적란회의 의도와는 별개로, 라이초 등이 이탈한 후 확고한 운동 방향을 확립하지 못한 채 의회 운동의 지속 여부, 노동계급 여성의 포용 여부 등을 둘러싸고 갈등하던 '협회' 회원들에게, 적란회의 등장은 또 다른 선택의 가능성을 제시하는 것이었다. 달리 말하면 제45기 의회 청원에 집중하던 〈제2기〉 이래의 활동에 동의할 수 없었던 이들은 기쿠에의 비판에 공명하며 '협회'의 활동 방향에 대한 불만을 노골화했다. 실제 후사에와의 인연으로 '협회' 설립 초기부터 참여했던 야마우치 미나의 경우, '협회' 이탈 후 기쿠에에게 의탁하여 여성운동 지도자가 되기 위한 수업을 받았다는 점은 앞서 언급한 바와 같다.[73]

'치경법 개정' 이후 의회 중심 부르주아 여성운동에 대한 반발이 커지는 가운데 라이초가 다시 한번 '협회'의 해산을 요청했고, '협회'는 1922년 12월 정식으로 해산을 의결했다('제3기'의 종말). 사실상 불만 세력을 배제하기 위한 방법이나 다름없었다. 이후 그들은 '협회' 활동을 통해 점점 뚜렷해진 각자의 지향에 따라 새로운 단체를 조직하거나 완전히 활동의 장을 옮기는 방식 등을 통해 본격적으로 다음 운동을 준비하게 된다.

---

73 折井美耶子·女性の歴史研究会編著, 『新婦人協会の人々』, p. 184.

5. 신부인협회의 좌절과 그 역설적 가치

이 글은 근대 일본에서 여성 자신의 권익 신장을 위한 사실상 최초의 '정치적 조직'이었던[74] 신부인협회의 갈등과 해산의 원인을, 라이초와 후사에의 갈등과 같은 개인의 문제가 아닌 당시 여성운동 내의 다양한 노선들의 만남과 갈등, 재편성이라는 역사적인 흐름 속에서 찾는 것이 타당하다는 문제의식에서 출발하였다.[75] 이러한 관점을 가지고 '협회' 설립 취지부터 본격적인 활동의 양상, 그리고 갈등과 해산의 과정까지를 망라하여 조망했다. 이를 위해 라이초와 후사에가 '협회' 일을 주도하던 시기에 집중하기보다는 그들이 떠난 이후의 운동 방향을 둘러싼 갈등까지를 관통하여 살펴보았으며, 이것이

---

74 보다 이전에 애국부인회나 일본기독교부인교풍회 등이 설립되었으나, 여성 자신의 지위 향상과 권리 획득, 의식의 변혁을 지향한 정치적 조직화의 결과물이었던 신부인협회와는 설립의 목적과 성격이 다르다.

75 '협회' 해산의 이유로 라이초와 후사에의 불화를 지적하는 경우, 그 근거로서 라이초가 기질적으로 아나키스트적이고 자신의 정신과 기분을 중시하는 자유주의자이며, 이상을 추구하나 구체성은 부족하다는 평가를 받는 반면, 후사에는 남의 일에 간섭하고 소소한 잘못이나 부족함을 하나하나 지적하며, 무엇이든 자기가 해야 직성이 풀리는 성격이었다는 점이 거론된다[井手文子, 『平塚らいてう―近代と神秘』(新潮新書, 1987), p. 195]. 또한 후사에가 '협회'의 행정 실무와 ≪여성동맹≫의 편집을 담당하고 라이초는 대외 협력과 후원자 알선, ≪여성동맹≫ 집필 등을 맡으면서, 업무상으로 상당한 갈등이 있었던 것도 사실이었다. 라이초의 명성에 크게 의존하는 후원자 찾기는 언제나 만족스러운 상태에 이를 수가 없었고, 생계를 위한 집필을 병행해야 하는 라이초의 집필 속도는 마감과 약속에 철저한 후사에를 종종 분노케 할 정도였기 때문이다. ≪여성동맹≫에는 종종, 라이초가 원고를 쓰다가 내던져서 자신이 대신 썼다든가[「編集室より」, ≪女性同盟≫ 4(1921.1)], 라이초의 원고가 마감 안에 도착하지 않아서 빼버렸다는 등[「編集室より」, ≪女性同盟≫ 6(1921.3)], 라이초를 향한 후사에의 불평이 종종 실렸다. 하지만 당시 개성적인 여성운동가들 사이에서 드러나는 다소의 갈등과 분쟁은 오히려 주위의 관심을 환기시켜 긍정적인 효과를 거두기도 할 정도여서, 이것이 반드시 '협회' 해산의 주범이었다고 단정할 수는 없다고 여겨진다. 미혼인 후사에가 경제적 빈곤과 '협회'의 업무에 시달리면서 남다른 '연애결혼' 생활을 하는 라이초의 집에 더부살이를 했던 상황까지를 고려하면, 둘 사이의 갈등은 굳이 운동 노선의 차이까지 들먹이지 않아도 어느 정도는 이해할 수 있는 수준이었던 것으로 보인다.

야말로 종래의 연구와 비교하여 이 글이 갖는 중요한 특징이라 할 것이다.

근대 일본의 저명한 신여성으로서 그 자신이 '연애결혼'에 의한 두 번의 출산을 경험했던 라이초는, 1918~1919년의 '모성보호 논쟁'을 통해 국가를 향해 '여성으로서'의 권리와 모성보호를 주장했다. 이후 그러한 모성주의적 주장에 더하여, 남녀평등을 추구하는 여권주의적 주장까지를 포용하여 실천하기 위한 여성단체의 조직화를 구상하게 된다. 여기에 라이초가 여성 노동자 문제까지 목격하고 관심을 갖게 되면서, '협회'에는 각기 다른 지향을 가진 다양한 계층의 인물들이 집결하게 된다.

라이초는 어디까지나 '모권'을 달성하기 위한 중간 단계로서 여성의 정치 참여가 필요하다고 생각했던 듯하지만, 막상 의회 청원 운동을 시작하자 여기에 모든 역량을 빼앗기고 그에 더하여 전혀 예상치 못했던 히로시마 여교원 압박 사건과 같은 일이 겹치면서 '협회'의 관심은 온통 의회와 정치에 집중되었다. 하지만 전력을 기울였던 '치경법 개정'이 의회에서 허무하게 부결된 후에는 '협회' 설립의 중추였던 라이초와 후사에가 각각 '협회'를 이탈하게 된다. 남은 이들 가운데 '협회'를 주도하는 이들이 더욱 적극적으로 의회·정치 운동에 몰입하면서, 라이초의 모권주의 사상에 공명하여 집결했던 이들은 '협회'의 운동 방식에 대해 점점 더 강한 불만을 품게 되었다. '협회'의 끈질긴 노력 끝에 '치경법 개정'에 성공했지만, 이후 의회운동의 성과에 대한 회의, 부르주아 여성운동에 대한 노동·무산 계층의 비판, 새로운 운동의 필요성에 대한 공감 등이 더해지면서 '협회'는 해산의 길을 걷고 만다.

이러한 과정을 통해 일본 최초의 시민적 혹은 부르주아적 여성 단체, 여성의 입장에서 사회 개조를 목표로 출발했던 신부인협회는 약 3년의 짧은 역사를 남기고 좌초했다. 하지만 그들의 탄생과 갈등의 과정은, 다이쇼 데모크라시를 거치면서 '자각하기' 시작한 당시 여성들이 무엇을 원하는지를 보여주는 과정이었으며, 그들의 해산은 그러한 자각이 점점 뚜렷해졌음을 반증하는 것이기도 했다. '협회' 중추였던 라이초와 후사에, 일정한 역할을 감당했던 무메오와 와카, '협회' 외부에서 비판적 역할을 감당했던 아키코와 기쿠에 등이 '협회' 해산 후 다이쇼 시대는 물론 전후에 이르기까지 일본 여성운동의 각 분야를 이끄는 사실상의 지도자가 되었다는 점은, '협회'의 존재 가치를 역설적으로 보여준다고 할 것이다.

'협회'가 이루어낸 '치경법 개정'이라는 결과는 1924년부터 본격화하는 여성 참정권 획득을 위한 여성운동의 정치적 토대가 되었다. 정치 집회에 참석조차 불가했던 여성들이 자신들의 의견을 모을 수 있게 되었고, 제한적이기는 하나 의회 청원 성공의 경험은 여성 참정권 획득이라는 보다 큰 꿈을 가능하게 했다. 무엇보다 여성참정권 획득을 위한 행동의 중심에 선 것은 신부인협회를 통해 여성운동에 첫발을 내디뎠던 이치카와 후사에였다. 중의원의 동의까지 얻어내고도 1931년 귀족원의 반대와 만주사변 발발로 여성 참정권 획득에는 실패하고 말지만, 1923년 9월 간토대지진을 계기로 여성계가 연대의 흐름을 형성, 1924년~1931년의 기간 동안 여성 참정권 획득을 위한 운동이라는 커다란 운동의 흐름이 만들어질 당시, 중심이 되었던 것은 미국 체류 중 대지진의 소식을 듣고 귀국을 서둘렀던 후사에였다.

나아가 1945년 일본의 패전에 이르기까지, 일본의 본격적인 대륙 침략 시기에 여성의 정치적 위상 제고를 위해 침략 전쟁에 협력하는 데 앞장섰던 여성운동계의 중심에도 역시 후사에가 존재했다. 패전 직후 부역을 이유로 일시 공직 추방을 당했던 후사에가 오래지 않아 정계에 복귀하여 1981년 사망까지 전후 정치가로서 꾸준히 활동하며 일본 여성운동계에 큰 족적을 남겼던 것을 생각하면, 신부인협회는 여성운동가로서 약 60년의 생애를 보낸 후사에 개인에게 공적 활동의 출발점이었을 뿐 아니라, 그가 중심이 되었던 근대에서 현대에 이르는 일본 여성운동의 흐름의 출발점이 되었다고도 할 수 있다. 신부인협회가 본격적인 일본 여성운동의 흐름이 만들어지는 출발점이 되었던 것은, 이상과 같은 후사에뿐 아니라 근현대 일본 여성운동의 상징과도 같았던 라이초, 일본 패전 후 GHQ에 의해 만들어진 부인소년국 초대 국장으로서 활동했던 야마카와 기쿠에를 떠올릴 때 더욱 명확해진다. 나아가 신부인협회 안팎에서 후사에 · 라이초 · 기쿠에가 추구했던 운동 방향은 각기 이른바 제1차 페미니즘, 제2차 페미니즘, 사회주의 여성운동의 그 것을 연상시킨다.

신부인협회 연구가 일본 여성운동에 관한 연구의 시작으로 자리매김되어야 하는 것은 이러한 이유 때문이다. 즉, 1924년부터 여성의 참정권 획득을 위해 적극적으로 조직화하여 활동하게 되는 이른바 '부선 운동'에 대해서도 이러한 맥락에서 치밀한 고찰이 이루어져야 할 것이다. 또한 여성의 참정권 획득이라는 목표 달성을 위해 침략 전쟁에 자발적 · 적극적으로 협조했던 여성운동의 동향에 대해서도 단순한 고발의 수준을 넘어선 분석과 비판이 요구된다. 점령기 GHQ에 의한 이른바 여성해방 정책 이후 일본 스스로에 의해 이루어지는 전후 여성운동의 흐름에 대해서도, 이상과 같은 근대 여성운동계 혹은 일본의 역사와의 연계 속에서 새로운 고찰이 시도되어야 할 것이다. 이상에서 열거한 제 과제를 금후 수행해나가는 데 이번 신부인협회 연구가 출발점이자 토대가 될 것임은 의심의 여지가 없다.

참고문헌

요네다 사요코·이시자키 쇼오코. 2003. 「≪청탑≫ 이후의 새로운 여자들—히라츠카 라이초우와 '신부인협회'의 운동을 중심으로」. ≪신여성≫. 청년사.

이은경. 2011. 「다이쇼기 여성해방의 사상과 논쟁 : '모성보호논쟁'(1918~1919)을 다시 읽기」. 『일본사의 변혁기를 본다』. 지식산업사.

市川房枝. 『市川房枝自伝 戦前編』. 1974. 東京: 新宿書房.

市川房枝. 『市川房枝集』. 1994. 東京: 日本図書センター.

新婦人協会. 1920~1922. ≪女性同盟≫.

香内信子. 1984. 『資料 母性保護論争』. 東京: ドメス出版.

平塚らいてう. 1983. 『平塚らいてう著作集』 3. 大月書店.

平塚らいてう. 1987. 『平塚らいてう評論集』. 東京: 岩波書店.

市川房枝編. 1977. 『婦人問題資料集成』 第二卷. 東京: ドメス出版.

与謝野晶子. 1985. 『与謝野晶子評論集』. 東京: 岩波文庫 38-2.

井手文子. 1956. 「日本における婦人参政権運動」. ≪歴史学研究≫ 201. 東京: 岩波書店.

井手文子. 1987. 『平塚らいてう―近代と神秘』. 新潮新書.

今井小の実. 1999. 「平塚らいてうの「新婦人協会」とセツルメント事業」. ≪キリスト教社会問題研究≫ 48. 京都: 同志社大学キリスト教社会問題研究会.

折井美耶子·女性の歴史研究会編著. 2009. 『新婦人協会の人々』. 東京: ドメス出版.

折井美耶子·女性の歴史研究会編著. 2006. 『新婦人協会の研究』. 東京: ドメス出版.

児玉勝子. 1981. 『婦人参政権運動小史』. 東京: ドメス出版.

小林美登枝. 1983. 「解説」. 『平塚らいてう著作集』 3. 大月書店.

小山伊基子. 1966. 「「赤瀾会」から「八日会」へ」. ≪歴史評論≫(1966.11).

鈴木裕子. 1989. 『女性史を拓く 1·2』. 未来社.

米田佐代子. 1972·1974. 「婦人解放史における民主主義の課題―治安警察法修正運動の意義によせて(一)(二)」. ≪人文学報≫ 89·97号. 東京都立大学人文学部.

今井小の実. 2005. 『社会福祉思想としての母性保護論争』. 東京: ドメス出版.

菅原和子. 2002. 『市川房枝と婦人参政権獲得運動―模索と葛藤の政治史』. 世織書房.

進藤久美子. 2015. 『市川房枝と〈大東亜戦争〉: フェミニズムは戦争をどう生きたか』. 東京: 法政大学出版局.

여성의 노동과 남성의 돌봄

4장

수다 공동체의 진지전과
제한적 내부화

일본 슈퍼마켓 기업의 인사관리 제도에 관한 젠더 분석

/

김영

1. 파트타이머의 기간 노동력화와 인사 제도 개정

경제의 지구화에 따라 엄혹한 시장 경쟁이 전 세계적 규모로 확대되고 있다. 이에 대응하기 위해 일본을 포함한 많은 사회에서 기업들은 비용 절감을 향해 질주하고 있고 이것은 노동력의 비정규직화, 파트타임화로 나타나고 있다. 일본에서 파트타임 노동자는 2005년 기준 전체 노동자의 24.0%, 여성노동자의 40.7%를 차지한다.[1]

파트타임 노동의 양적 증가 속에서 파트타임 노동자의 숙련 및 기업 내 정착성도 꾸준히 증가하고 있다. 파트타임 노동자의 평균 근속 연수가 5년을 넘어섰고, 2005년 기준으로 파트타이머를 고용하고 있는 사업체 중 '직

---

[1] 2014년 기준 각각 26.8%와 43.7%, 総務庁統計局, 『労働力調査』各年版.

무가 정사원과 거의 같은 파트타이머가 있는' 사업체의 비율은 42.5%다. 또 그중 '직무가 정사원과 거의 같은 파트타이머가 전체 파트타이머 중에서 차지하는 비율이 80% 이상'이라는 사업체는 22.2%다.[2] 그러나 어찌된 일인지 여성 파트타이머와 일반노동자(정규직)의 임금격차는 1980년의 76.2에서 2004년의 65.7로 계속 확대되었다.[3]

이러한 모순적 현상은 기업 차원에서도 확인된다. 체인 스토어 기업에 대한 사례 연구들은 파트타이머가 담당하는 업무 범위가 지속적으로 확대되고 관리적 업무를 담당하는 파트타이머가 늘어나고 있음에도 그에 상응하는 처우 제도는 미비한 상황임을 지적하고 있다.[4] 이러한 상황은 파트타임 노동자의 균등 처우에 대한 사회적·학문적 관심을 비등하게 만들었고, 균등·균형 처우의 합리적 기준은 무엇인가를 둘러싼 학문적 모색이 경주되었다.[5] 2003년 8월 정부도 파트타임 노동 지침을 개정하여 정사원과 "균형을 고려한" 처우의 가이드라인을 제시했고, 2007년 4월에는 파트타임 노동법이 개정되었다.

이런 배경 속에서 최근 종합슈퍼(GMS, General Merchandising Store)[6] 선두

2 　厚生労働省,『平成17年 パートタイム労働者総合実体調査』(東京, 2007).

3 　厚生労働省,『賃金構造基本統計調査』各年版.

4 　本田一成, 「チェーンストアにおけるパートタイマーの基幹労働力化と報酬制度に関する実証的研究」, ≪経営情報≫, 8月号(2002), pp. 1~37; 禿あや美, 「小売業における処遇制度と労使関係: パート労働の職域拡大が持つ意味」, ≪現代日本の失業 (社会政策学会雑誌 第10号, 2003)≫, pp. 183~206.

5 　大沢真理, 「パートタイム労働と均等待遇原則: 経済的アプローチ」, ≪日本労働法学会誌≫ 90号 (1997), pp. 95~110; 水町勇一郎,『パート労働と法律政策』, (東京, 有斐閣, 1997); 脇坂明·松原光代, 「パートタイマーの基幹化と均衡処遇(Ⅱ)」,≪学習院大学 経済論叢≫ 40巻 3号(2003), pp. 259~294; 浅倉むつ子,『労働法とジェンダー』(東京, 勁草書房, 2004).

6 　한국에서 대형 마트라 부르는 종합소매 업태. 종합슈퍼는 의식주 상품을 모두 취급하되 각각이 10~70%를 차지하는 업태이고, 식품슈퍼는 식품이 판매 상품의 70% 이상을 차지하는 업태다.

기업들을 중심으로 "고용 형태 대신 노동 방식"을 기준으로 기업 내 지위와 처우를 결정하는 제도 개정이 단행되어, 정규직과 비정규직 간의 처우 격차를 축소시킬 수 있는 시도로 주목을 끌었다(労働政策研究 · 研修機構, 2005).[7] 또 이들 기업의 노동조합도 파트타이머를 본격적으로 조직화함으로써 파트타이머 보호와 고용 안정을 추구하고 있다. 파트타이머가 종업원의 대다수를 점할 뿐 아니라 파트타이머의 기간(基幹) 노동력화[8]가 진전된 대표적 업종인 슈퍼마켓 산업에서 파트타이머의 처우 제도를 합리화한다면, 이는 이념적으로도 정당성을 획득할 뿐 아니라 노동자들도 자신의 처우에 대해 동의하게 되어 기업의 이윤 생산 구조 안정화에 기여할 것이다.

그렇다면 21세기 들어 종합슈퍼 기업들이 개정한 인사관리 제도가 '신분제'라고까지 일컬어져오던 고용 형태에 따른 처우에 근본적 변화를 가져올까? 문제가 그리 간단해보이지는 않는다. 본문에서 살펴보겠지만 개정 인사관리 제도하에서도 여전히 대다수 파트타이머는 "정사원과 균형을 고려한 처우"의 적용 대상이 아니다. 그뿐만 아니라 제도 개정 결과 기업의 요구에 전면적으로 응할 수 없는 일부 정사원은 오히려 파트타이머로 전환되었는데, 그 대다수는 여성이었다. '고용 형태 대신 노동 방식'을 기준으로 한 처우라는, 일견 합리성이 진전된 것으로 보이는 개정 인사관리 제도가 왜 이런 결과를 초래하는 걸까?

이 논문에서는 개정 인사관리 제도의 내용과 특징, 그리고 배경 요인을

---

7   労働政策研究·研修機構(JILPT), 『パートタイマーと正社員の均衡処遇 : 総合スーパー労使の事例から』(東京, 2005).

8   파트타이머의 숙련이 증가해 정사원과 같은 직무를 담당하게 되는 것. 기간 노동력화가 고도화되면 파트타이머가 관리적 직무도 담당하게 된다. 이 논문의 사례 기업인 S1사의 경우 2000년대 초반부터 파트타이머 점장 제도를 도입하고 있다.

분석하여 이러한 질문에 대답하고자 한다. 필자가 제도 개정의 배경 요인으로 특별히 주목하는 것은 파트타이머의 기간 노동력화와 정사원과 파트타이머의 임금 격차 확대가 동시에 진행되는 작업장에서 벌어지는 미세 정치(micro politics)다. 선행 연구에서는 파트타이머가 자발적으로 단시간 혹은 비전형적 노동 방식을 선택하여 만족도가 높은 노동자로 간주되거나, 반대로 양극화 구조하에서 생겨난 일방적 희생자로 간주되는 경향이 있었다. 이 논문에서는 양쪽의 시각을 모두 극복하면서, 조직화되지 않은 개별 주체의 전략적 행위가 기업의 인사관리 제도를 개정하도록 만들어 노동시장 구조에까지 영향을 미치는 메커니즘을 다루고자 한다.

2. 사례 기업과 작업장 조사

이 글의 주요한 연구 방법은 면접 조사를 포함한 작업장 조사다. 필자는 1999년 6월부터 2007년 9월까지 종합슈퍼(GMS) 7개사(G1사~G7사)와 식품슈퍼(SM) 4개사(S1사~S4사)를 대상으로 조사 연구를 수행했다. G5~G7사를 제외한 8개사에 대해서는 각 1개씩 사례 점포를 지정해 각각 3회 이상 조사를 했고, G5사에 대해서는 인사부 책임자 및 노동조합 상근 간부들을, G6사에 대해서는 한 점포의 노동자 3명 및 노동조합 상근 간부 1명을 면접 조사했다. 또 G7사의 경우는 노동조합 상근 간부만을 면접 조사했다.

〈표 4-1〉에 제시한 바와 같이 면접 대상자는 본사의 인사 책임자에서 일선 점포의 파트타이머에 이르기까지 다양한 직위에서 일하는 사람들과 노동조합 간부(상부 단체와 단위 노조) 146명이다. 면접은 주로 일 대 일의 심층 면접 방식으로 이루어졌지만 면접 후 전화, 이메일, 술자리, 자택 방문 등을

표 4-1 기업 내 지위별 면접 대상자 분포

		G1사와 S1사	전체
점포	파트타이머	12(0)*	50(0)
	평사원과 주임	8(3)	25(9)
	총괄매니저와 점장	5(5)	20(20)
본사	인사부 관계자	3(3)	16(13)**
	노조 간부	6(6)	35(28)***
합계		34(17)	146(70)

주
 * ( ) 안은 남성 수.
 ** 기본적으로 인사부 관계자는 인사부장 및 인사차장이지만 G2사에서는 인사
   부장 이외에 인사부의 여성 직원 3명을 면접했다.
 *** 상부 단체의 상근자 11명을 포함.

통한 추가 조사가 여러 차례 이루어진 경우도 적지 않다. 특히 이 논문의 사
례 기업인 G1사와 S1사에 대해서는 노동조합을 중심으로 10년 가까이 지속
적으로 조사했다. 또 면접 조사 외에 슈퍼마켓 14개사(GMS 8개사, SM 6개사)
에서 일하는 기혼 여성 노동자를 대상으로 질문지 조사(1999년, 전국 조사, 응
답자: 비정규직 575명, 정규직 247명)도 실시했다.[9]

  이 글은 종합슈퍼(GMS) 기업인 G1사와 식품슈퍼(SM) 기업인 S1사의 인
사관리 제도를 분석 대상으로 한다.[10] G4와 G7을 제외한 모든 사례 GMS기
업이 2000년대에 들어 대대적인 인사제도 개정을 단행했는데 그 가운데 G1
사를 사례로 선정한 이유는 '전근 범위'라는 단일 기준으로 기업 내 지위와

---

9 질문지 조사에 관한 상세한 내용은 金英(『女性のライフサイクルとパートタイム労働』(東京, ゼン
   セン同盟, 2001))을 참조하시오.

10 점포, 연간 매출, 정사원 수, 파트 비율(8시간 환산비)을 중심으로 한, 사례 기업 개요는 다음과 같
   다. G1사, 364 점, 16,761억 엔, 14,457인, 77.5%, S1사 104점, 2,729억 엔, 1751인, 79.6%(『有價
   證券報告書』, 2004. 2. 決算)

처우를 결정하는 개정 인사관리 제도의 이념적 선명성 때문이다. S1사를 사례로 선정한 이유는 종합슈퍼 선두 기업들이 도입하는 제도의 원형을 S1사에서 찾을 수 있기 때문이다.[11] 즉 앞으로 종합슈퍼 기업에 개정 인사관리 제도가 도입될 경우 어떻게 될 것인지를 상징적으로 보여주는 사례인 것이다.

3. 개정 인사관리 제도의 핵심 내용과 목적

이들 사례 기업이 도입한 개정 인사관리 제도의 핵심은 "사원 구분 기준 변경"과 "비전거(非轉居)사원의 승격·승진[12]의 상한 확대"에 있다. 먼저 사원 구분 기준 변경이란 전거(轉居)를 동반하는 전근의 유무 및 범위를 기준으로 종업원을 구분하는 것이다. 제도 개정 전 G1사는 종업원을 크게 정사원과 비정사원으로 구분하고 정사원은 전근 범위를 기준으로 N사원, R사원, L사원으로, 비정사원은 노동시간 및 임금 지불 방식 등에 따라 커리어 사원, 플렉스 사원, 계약제 사원, 아르바이트로 구분했다. 그러나 개정 인사관리 제도에서는 약제사 등 전문적 직무 종사자 및 학생 아르바이트를 제외한 종업원은 모두 전근 범위라는 단일 기준에 의해 전국 전근을 하는 N사원, 몇 개 현 내에서 전근하는 R사원, 이사를 동반하는 전근은 하지 않는 C사원으로 구분된다. 구제도에서 정사원 중 이사를 동반하는 전근을 하지 않는 사

---

11 필자는 장기간의 조사를 통해 GMS의 개정 인사 제도와 S1사 인사 제도의 동형성(同型性)을 판단했다. 2001년에 필자는 인사관리 제도 개정을 위한 준비 작업의 일환으로 S1사의 인사관리 제도를 연구하기 위해 S1사 노조를 방문한 G5사(2002년 인사 제도 개정) 노조 간부들과 같이 설명회에 참가한 적도 있다. 또 사회 생산성 본부가 주최한 「유통서비스산업 간담회」(2003. 7. 11)에서도 G1사와 S1사의 인사 제도는 같은 유형인 것으로 분류되고 있다.
12 승격은 자격 등급의 상승을, 승진은 직위의 상승을 말한다. 승급은 호봉 상승을 가리킨다.

람들 즉 비전거 사원이 L사원이었는데, 이 L사원이 계약사원 및 파트타이머와 하나로 통합되어 C사원이 된 것이다. 이러한 사원 구분 변경으로 G1사 L사원 중 약 1800명이 C사원으로 전환되었는데 그중 91.7%(1650명)가 여성이었다. 이는 G1사 여성 정사원의 약 1/3에 해당하는 규모로, 이러한 제도 전환에 따라 정사원 중 여성의 비율은 35%에서 20%(N사원 11.7%, R사원 30%)로 하락했다.

S1사는 전근 범위와 노동시간을 기준으로 종업원을 N사원, A사원, S사원으로 나누는데 이 중 정사원으로 칭해지는 것은 N, A사원만이다. N사원은 전국적으로, A사원은 좁은 지역(대부분 비전거)에서 이동을 한다. 그러나 S1사는 지방 기업이기 때문에 점포는 대부분 1개현에 집중되어 있다(전체 점포는 3개현에 걸쳐 분포) S사원은 엑기스 파트, 파트너, 헬퍼로 나뉘는데 1일 노동시간은 엑기스 파트 7시간 30분, 파트너 6시간 30분 이상, 헬퍼 6시간 미만(모두 주 5일 근무)이다. 그러나 엑기스 파트의 경우 대다수가 관리적 업무를 담당하기 때문에 실제 노동시간은 정사원과 거의 차이가 없다. 또 점포 이동과 야간 근무를 포함한 교대 근무도 해야 한다.

그런데 제도 개정 이전에도 비(非)정사원이라는 범주가 제도적 명칭으로 존재했던 것은 아니었다는 점에 주의할 필요가 있다. G1사의 취업 규칙은 정사원, 계약제 사원, 커리어 사원, 플렉스 사원, 아르바이트별로 따로 존재한다. S1사의 취업 규칙에서도 마찬가지로 정사원과 스토어 사원(S사원)으로 구분되었다. 즉 정사원, 비정사원이라는 분류 범주는 기업이 종업원에게 적용하는 처우 제도를 구분하는 실질적 분류 범주를 나타내는 명칭일 뿐, 제도상의 명칭이었던 적은 없었다. 제도 개정 후에도 일상용어 속에서 종업원은 정사원과 파트타이머로 구분된다. 또한 제도 개정 이전에도 파트타이머가 노동시간의 길이만을 나타내는 용어는 아니었다. G1사의 구제도에서 파

그림 4-1 G1사의 2002년 인사관리 제도 개정(SMJ직 도입) 후 자격 제도

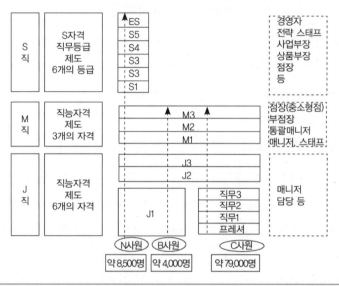

* J직은 오퍼레이션(실무 노동)담당직, M직은 관리직, S직은 경영 간부층
  자료: G1사 내부 자료.

트타이머로 분류되던, 파트타이머 중 기간 노동력화 수준이 가장 높은 '커리어 사원'은 연간 노동시간이 정사원보다 길었다.

다음으로 개정 인사관리 제도의 핵심으로 꼽히는 비전거 사원의 승격·승진의 상한 확대란, 주임까지로 제한되어 있던 비전거 사원의 승격, 승진 상한이 〈그림 4-1〉에 나타난 바와 같이 중소 점포[13]의 점장으로까지 확대된 것을 말한다. G1사는 1990년대 초 전근 범위에 따라 정사원을 N, R, L사원으로 구분하면서 임금과 승격 및 승진에도 차이를 두는 인사관리 제도를 도

---

13 G1사는 종합슈퍼(GMS) 점포가 중심이지만, 식품슈퍼 점포도 적지 않다. 여기에서 말하는 중소 점포는 식품슈퍼 점포를 말한다.

입했다. N사원의 임금을 100으로 했을 때 R사원은 95, L사원은 90으로 설정되었으며, N사원은 11등급 최고 경영층까지, R사원은 8등급 부점장까지, 그리고 L사원은 5등급 주임까지만 승격·승진할 수 있었다. 그리고 파트타이머는 역직(役職)[14]을 맡을 수 없었다. 그러나 파트타이머의 양적, 질적 기간 노동력화가 진전됨에 따라 점포에서는 실질적으로 파트타이머가 주임 또는 주임대행 역할을 담당하는 사례들이 생겨나기 시작했다. 또 승격, 승진 제한으로 인해 L사원의 능력이 낭비되는 문제도 대두되었다. 이 때문에 G1사는 1999년 파트타이머 주임 제도를 도입하여 소규모 점포를 중심으로 실시하기 시작했다. 그 결과 1999년 말경 이미 파트타이머 주임이 100명 정도(부주임인 리더는 500명 정도)에 이르렀고 2003년 말경에는 300명 정도로 증가했다.

또 2002년부터 3년간 정사원의 신규 채용을 중지한 채 계속 신규 점포를 출점했기 때문에, 파트타이머의 기간 노동력화는 한층 진전되었다. G1사의 인사 책임자도 "이번 제도 개정은 현실을 따라간 것"이라고 말하고 있는 것처럼, 비전거 사원의 승진·승격 상한의 확대는 이러한 현실을 제도에 반영한 것이었다. G1사는 2002년 8월 먼저 정사원의 자격 제도를 〈그림 4-1〉과 같은 SMJ직 제도로 전환[15]하고 2004년 2월 L사원과 파트타이머를 C사원으로 통합하면서 C사원의 승격, 승진 상한을 확대했다.

이상에서 본 바와 같이 G1사 개정 제도의 핵심은 정사원 중 비전거 사원(L사원)을 파트타이머와 하나의 범주로 묶고 이들의 활용을 극대화하는 것

---

14 노동자가 기업에 입사한 후 최초로 승진한 직위에서 고위 관리직에 이르기까지의 모든 직위를 총칭하는 말로 우리말에 이에 상응하는 용어가 없어 번역하지 않고 그대로 사용한다.

15 신구 제도 간의 직능 등급 대응 관계를 보면 대체로 1~5등급은 J직, 6~8등급은 M직, 9~11등급은 S직으로 전환되었는데, 1990년대 중반부터 고졸 및 단대졸 채용이 거의 중단되었기 때문에 2002년의 제도 전환 시 1등급과 2등급은 거의 없었다.

그림 4-2 S1사의 표준 점포 조직도 및 매장 책임자의 고용 형태

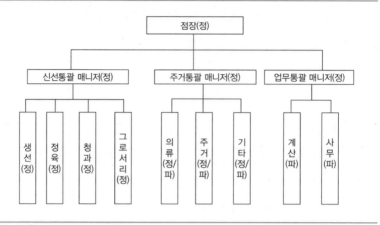

자료: 면접조사를 기초로 필자 작성.

인데, 이러한 인사관리 제도가 정착할 때 기업은 어떤 성과를 기대할 수 있을까? 〈그림 4-2〉는 S1사의 표준 점포 조직도 및 매장 책임자의 고용 형태를 제시한 것이다. S1사가 상정하고 있는 표준 점포 운영 방침에 따르면, 점장과 신선 매장 이외의 매장 책임자(부문 매니저)는 기본적으로 파트타이머인 엑기스 파트가 담당하도록 되어 있다. 파트타이머가 담당하도록 하고 있는 직책인 업무통괄 매니저는 부점장 역할로서 상담, 트러블 해소 등 점포에서 파트타이머에 관한 전반적인 관리 업무를 담당한다. 단, 의류와 주거 부문 매니저 및 주거 통괄 매니저의 경우 활발한 점포 이동을 통해 매장 운영의 유연성을 극대화하기 위해 파트타이머와 정사원을 혼합한다. 2003년 8월 기준 파트타이머 통괄 매니저는 점포 평균 0.7인, 파트타이머 부문 매니저는 점포당 3.2인이다. 엑기스 파트 중 부문 매니저 이상의 직위(점장, 통괄 매니저, 부문매니저)에 있는 사람의 비율은 42.1%이며 부문 매니저 밑에 있는 시간대 책임자인 치프(chief)는 24.8%다. S1사는 향후 10년 이내에 〈그림

4-2)를 완전히 실현할 계획이다.

그런데 S1사가 파트타이머인 엑기스 파트를 이렇게까지 전력(戰力)화할 수 있었던 비결은 무엇이었을까? 그 비결은 엑기스 파트의 약 60%, 역직을 맡은 엑기스 파트의 대부분이 전직 여성 정사원이라는 점이다. 그녀들이 엑기스 파트로 전환한 이유는 대부분 결혼 및 출산이다. 그리고 엑기스 파트로 전환할 때 임금은 점장의 평가에 따라 개별적으로 재조정되는데 정사원에서 파트타이머로 전환되는 것인 만큼 임금은 하향 조정된다. 2003년 8월 기준 S1사 엑기스 파트의 규모는 전체 정사원의 절반을 조금 넘고, 여성 엑기스 파트의 규모는 여성 정사원의 약 4배다.

4. 제도 개정의 배경 요인

그렇다면 기업은 왜 이런 인사제도 개정을 단행한 것일까? 새로운 인사제도 내용의 핵심이 비전거 종업원의 처우와 활용에 있기 때문에, 제도 개정의 배경에 그녀들과 관련된 요인이 있을 것이라 추측할 수 있다. 비전거 종업원을 구성하는 두 개의 집단, 즉 여성 정사원과 주부 파트타이머의 상황을 분석해 무엇이 문제였는지 찾아보고자 한다.

1) 비용 부담과 종업원 통합의 위기

전근 범위를 기준으로 한 사원 구분 제도의 개정으로 G1사에서 가장 큰 변화를 겪게 된 것은 대다수가 여성인 L사원이다. G1사는 어떤 점에서 이들에 대한 처우를 개정할 필요를 느꼈던 것일까? 무엇보다 중요한 이유는 기업이 인건비를 절감하려 노력하는 과정에서 이들의 존재가 장애물로 부상했기 때문이다. 즉 1999년 말 당시 여성 정사원의 41.1%가 L사원이었는데 이전 자격 제도에서 L사원은 주임이 될 수 있는 최소 자격인 5등급 이상으로는 승격할 수 없었다. 이 때문에 여성 사원의 85.5%가 4등급과 5등급(4등급 52.0%, 5등급 33.5%)에 집중되어 있었고 L사원의 승격 상한을 넘어서는 6등급 이상의 비율은 4.2%(6등급 2.7%)에 지나지 않았다.[16] G1사는 1990년대 중반부터 정사원 채용 시 L사원 선택을 허용하지 않았기 때문에 20대 이하 여성 사원의 75%가 N, R사원에 집중되어 있었다. 이전부터 그러했듯 이들 중 상당수는 가족 및 일신상의 이유로 향후 L사원으로 전환해갈 것이다.

기존 점포의 폐쇄와 신규 점포 출점이 빈번한 슈퍼마켓 기업의 입장에서 봤을 때, 기업 상황에 맞추어 자유롭게 이동시킬 수 없는 종업원이라는 점에서 L사원은 기업의 인사 관리권을 제한하는 존재였다. 물론 그렇다 하더라도 어차피 모든 정사원이 관리직 노동자가 될 수는 없기 때문에 이들의 존재는 정사원 내에서 승격, 승진을 향한 과도한 경쟁을 억제하는 효과가 있었다. 또 L사원의 임금은 N사원 임금의 90%로 설정되어 있었으므로 기업의 인건비 부담을 절감하는 기능성도 있었다. 그러나 파트타임 노동자의 기간 노동력화가 진전되어 주임직을 수행하게 됨에 따라, 대다수 여성 사원이 파트타이머의 업무 영역과 같은 5등급 이하에 집중되어 있는 상황은 기업에게 이들 때문에 지출하지 않아도 될 비용을 지출하고 있다고 느끼게 만들었다.

기업이 여성 사원에 대해 느끼는 부담이 승진 상한 문제만은 아니다. 차세대육성법이 제정될 정도로 저출산 문제 해결이 중요한 사회적 과제로 부

---

16 반면 남성 사원은 각 등급에 모두 고르게 분포하여 4등급에서 7등급까지의 비율이 각각 22.5%, 29.3% 16.2% 15.8%이며, 8등급 이상도 14.1%나 된다. 또 여성 사원 중 3등급 이하의 비율이 10.3%인 것에 비해 남성 사원 중 그 비율은 2.2%에 지나지 않았다.

상한 상황에서, 사회적 책임의 일환으로 기업이 종업원의 가족 책임 수행을 지원해야 하는 부담도 증가하고 있었다. 1999년부터는 가족 친화적 기업에 대한 표창 제도가 실시되었고, 차세대육성법이 실시되면서 2005년부터는 종업원이 301인 이상인 기업은 종업원의 일-가족 양립을 지원하기 위한 행동 계획을 작성하여 행정 당국에 제출해야 했다. 이러한 사회적 분위기가 형성되면서 각 기업에서 양립 지원 제도를 사용하는 종업원이 증가하게 되었다.

대다수 대기업이 그러했듯 G1사도 1990년대 초반 무렵부터 양립 지원 제도를 마련[17]했으나 1990년대 후반까지 실제 사용 실적은 저조했다. 그러나 2000년대에 들어서면서 제도 사용자가 급속히 증가하여 1990년대 후반까지 연간 10여 명에 지나지 않았던 육아 단축 근무(1일 3시간까지 단축 가능, 점포·근무 시간대 고정) 사용자가 2003년에는 99인, 2006년에는 184인으로 증가했다. 육아 단축 근무가 가능한 기간도 자녀 연령이 만 3세까지에서 만 6세까지로, 그리고 2007년 2월부터는 초등학교 졸업 시까지로 늘어났다. 육아휴직 제도 이용자도 2003년의 45명에서 2006년에는 260명으로 증가했다.

게다가 육아 및 개호 등을 이유로 전근 대상에서 제외될 수 있는 전근 정지 제도(1회에 3년, 3회까지 사용 가능)가 신설되어 2005년에는 사용자가 452명에 달했다. 육아 단축 근무를 신청하는 여성 정사원을 설득(?)해 파트타이머로 전환시키는 사례가 없는 것은 아니었다. 그러나 이미 사회 전반적으로 일-가족 양립 제도 사용이 노동자의 권리라는 인식이 확산되어가는 분위기

---

17 양립 지원 제도 중 가장 효과가 높은 제도라 할 수 있는 단시간 근무 제도의 경우 1996년에 이미 500인 이상 사업체의 31.9%가 도입하고 있었으며 그 비율은 1999년에 67.4%로 증가했다(厚生労働省, 『女性雇用管理基本調査』, 各年版). GMS 기업의 경우 거의 대부분이 1990년대 중반 무렵까지는 이 제도를 도입했다.

에서 기업이 사용을 억제시키는 것에는 한계가 있다. 더욱이 여성 정사원의 80% 이상이 20대와 30대이며 미혼의 비율이 70%를 넘는다.

이 같은 여성 정사원의 상황은 기업에게 비용 부담 이상의 문제를 발생시킨다. 즉 파트타이머와 정사원의 노동 방식과 업무 영역이 구별되지 않는 상황에서 정사원이 일-가족 양립 제도를 사용하면, 이는 파트타이머가 자신의 낮은 처우를 받아들이기 어렵게 만들어 파트타이머의 기간 노동력화와 기업 통합에 장애가 된다. 파트타이머가 자신의 낮은 처우를 받아들이는 가장 중요한 이유는 자신들이 정사원과 같은 방식으로 노동할 수 없다는 것, 즉 전근과 저녁시간대 근무가 불가능하다는 것이다.

그러나 사실 기간 노동력화된 파트타이머일수록 전근을 제외하면 노동 방식에서 정사원과 별 차이가 없다. 이 때문에 기간화된 파트타이머일수록, 노동시간이 긴 파트타이머일수록 자신이 하는 일에 비해 처우가 너무 낮다는 불만이 높은 것이 현실이다. 게다가 최근에는 파트타이머에게도 근무 시간대를 변경하도록 요구하는 기업이 증가하고 있다.

이런 상황에서 오전 10시에 출근해서 오후 4시에 퇴근하는 정사원을 옆에 둔 채 파트타이머에게 낮은 처우를 납득시키고 나아가 더욱 분발하도록 촉구하기는 쉽지 않다. 그 때문에 육아 단축 근무를 사용하는 정사원이 있는 점포에서는 "쟤는 뭐야? 정사원인데 저녁 시간대 근무도 안하고 늦게 왔다가 일찍 가고, 그러면 파트인 우리하고 다를 게 뭐가 있어?"라는 파트타이머들의 불만의 소리가 높다. 자신이 부당하게 대우받고 있다고 생각하는 노동자에게 업무 능력 향상을 위한 노력과 기업에 대한 헌신을 기대하기는 어려울 것이다. 그 때문에 회사는 여성 정사원을 점점 더 장애물로 느끼게 된다.

2) 수다 공동체의 진지전과 비공식 권력[18]

(1) 체념과 합리화

파트타이머에게 기간 노동력화와 임금 격차 확대가 동시에 진행된다는 것은 과거보다 책임 있는 일을 더 낮은 임금으로 수행해야 하는 것을 의미한다. 이런 모순된 상황에 만족하는 사람은 많지 않을 것이다. 필자의 질문지 조사에 따르면, 주부 파트타이머의 임금 만족도는 상당히 낮다. 같은 업무를 하는 정사원과 비교했을 때 "근무 시간대의 차이를 생각해도 임금이 낮다"고 생각하는 사람이 주당 노동시간이 30시간 이상인 사람 중에서는 64.5%, 30시간 미만인 사람 중에서는 52.4%였다.

그러나 불만을 느껴도 현실은 간단히 변하지 않는다. 주부 파트타이머들은 대다수가 결혼하기 전에 정사원이었으며 결혼과 출산 등 가족 형성을 계기로 정사원 취업을 중단한 경험이 있다.[19] 때문에 "그때는 시대가 그랬다"라든가 "지금보다 10년, 20년 더 젊었으면 정사원이 되어 열심히 일해보겠지만, 이 나이에 무슨" 이라든가, "다른 회사로 가도 마찬가지"니까 "어쩔 수 없어"라고 체념하면서 현재의 상황을 받아들인다. 또 "내가 주부로서 해야

---

18 주부 파트타임 노동자가 자신이 놓인 상황을 어떻게 해석하고 대응하고 있는지에 대한 상세한 내용은 김영, 「파트타임 노동자의 기간 노동력화와 작업장의 비공식 권력」, ≪한림일본학≫, 11권 (2006), pp. 63~99.를 참조하시오.

19 필자의 질문지 조사에 따르면 슈퍼마켓의 주부 파트타이머 중 83.4%가 결혼 전까지 정사원이었으며, 이들이 정사원 자격을 포기해야 했던 주된 이유는 결혼과 출산이었다. 또 주당 노동시간이 30시간 이상인 사람 중 24.5%는 인생을 다시 선택할 수 있다면 결혼 · 출산기에도 퇴사하지 않고 정사원으로 계속 근무하고 싶다고 응답했고, 34.9%는 결혼, 출산기에 일시적으로 퇴직했다가 정사원으로 재취업하고 싶다고 응답했다. 반면 여성 정사원 중 기혼자 비율은 20% 정도고, 기혼자 중 자녀가 있는 사람은 절반밖에 안 된다. 즉 "정사원은 파트타이머의 과거이며 파트타이머는 정사원의 미래다"

할 일을 제대로 해왔기 때문에 우리 가정의 지금이 있는 거라고 생각"하며 자신의 주부 역할을 적극적으로 평가하고, 나아가서는 "여자가 가정과 양립하려고 생각하면 역시 파트가 제일 좋을지도" 모른다고 말하며 파트타임 노동 선택을 합리화한다.

체념과 합리화만으로는 견디기 어려울 경우, "나는 이제 늙었고 젊은 사람들은 이제부터 꽃 필 사람들이니까 젊은 사람들을 세워주는 것이 좋지 않을까" 라는 연장자로서의 관용이나 "우리 집 애보다도 더 어린데" 라고, 직장을 다니는 자신의 자녀들을 생각하며 어머니의 심성으로 정사원을 보려 노력한다. 그리고 "정사원은 월급에서 이것저것 떼는 게 많아서 실제로 받는 건 얼마 안 돼요"라든가, "걔들도 보너스 받을 때는 많지만 월급은 얼마 안 돼요.[20] 신입 사원 임금은 나하고 비슷할 걸요?" 라면서 정사원의 처우를 '여우의 신포도'처럼 여기고자 한다.[21] 그러나 실은 자신의 상황에 전적으로 만족하는 것은 아니기 때문에 딸은 자신과 다른 인생을 살아야 한다고 생각한다. 그래서 딸에게 "결혼을 안 하더라도 먹고 살 수는 있도록 해야" 한다고 가르치고, 딸의 학비를 벌기 위해 차 한 잔 자기 손으로 끓일 줄 모르는 남편을 설득해서 시급이 높은 저녁 시간대의 파트타이머가 되기도 한다.

사람들은 자신의 현실을 긍정하려고 한다. 현실에 만족할 수는 없다 하더라도 현실을 받아들여야만 살아갈 수 있기 때문이다. 특히 자신의 힘으로 현실을 바꿀 수 없다고 생각될 때 현실 긍정과 수용은 삶을 지탱해주는 최대의 힘이다. 그래서 사람들은 필요하다면 자신의 선호를 바꾸기도 한다.[22]

---

20 일본에서 보너스는 여름(7월)과 겨울(12월)에 2번 지급된다. 즉 보너스가 월급의 5개월분이라면 여름과 겨울에 각각 2.5개월분씩 또는 2개월, 3개월분씩 지급된다.

21 그런데 이런 비교를 하는 사람들이 근속 10년 이상의 기간 파트타이머다.

22 Akerlof & Dickens는 위험한 일을 하는 남성 노동자들이 자긍심을 손상당하지 않으려고 자신들

(2) 비공식 권력의 구축과 자기 방어

주부 파트타이머들이 자신의 상황에 대해 체념하고 합리화한다고 해도, 자신의 이익을 방어하기 위한 전략적 행위를 하지 않는 것은 아니다. 수용만 하기에는 현실의 모순이 너무 크다. 그 때문에 그녀들은 현실 수용을 기조로 하면서도 다양한 방어 전략을 구사한다.[23] 그중 특히 주목해야 할 지점이 '보스'라고 칭해지는 리더를 중심으로 형성되는 소집단에 의한 비공식 권력의 구축이다.[24]

① 자생적 소집단과 보스

정사원과 달리 파트타이머들은 매장 이동도 점포 이동도 하지 않을 뿐 아니라 주거지도 점포에서 가까운 편이다. 또 점포 정착성도 상당히 높다.[25] 그리고 같은 점포에서 장기간 근무하게 되면 친밀하게 지내는 소집단이 자연스레 형성된다. 특히 신규 점포의 경우, 영업 개시 몇 개월 전부터 파트타이머를 모집해 출점 준비를 하기 때문에 오픈 멤버의 응집력이 매우 강하다. 2~3개월간 매일 함께 교육과 훈련을 받고, 같이 다른 점포에 견학을 가

이 하고 있는 일은 사람들이 생각하는 것처럼 위험한 일이 아니라는 인식을 발달시킨다는 것을 발견했다. 즉 그들은 "나처럼 똑똑한(smart) 사람이 그런 위험한 일을 할 리가 없다"고 생각하는 것이다. 그 결과 경력자일수록 안전도구 착용을 경시하는 경향이 있었다(Akerlof, G. A. & Dickens, W. T., "The Economic Consequence of Cognitive Dissonance", *The American Economic Review*, Vol.72, No.3(1992), pp. 307~319).

23 조직화되지 못한 상태의 개별 주체가 수용 전략과 완전히 분리된 저항 전략을 구사하는 것은 권력 관계의 전면적 전환이 시도되는 결정적 국면이 아니면 생각하기 어렵다. 혁명적 상황이 폭발하면 자발적으로 거리로 달려 나와 방화라도 할 개별 주체일지라도, 대다수는 그 전날까지도 내면에 불만을 품고 표면적으로는 자신이 놓인 상황을 수용하면서 생활한다.

24 다른 저항 전략으로는 '상사 욕하기', '업무에 대한 자기 투여 제한', '이직' 등이 있다.

25 예를 들어 G1사 파트타이머의 평균 근속 연수는 10년이고, 여성 정사원의 근속 연수와 거의 차이가 없다.

기도 하고 실습을 하는 등 오픈 뒤에는 경험하기 어려운 강한 밀착을 경험하기 때문이다.

그런데 사실 파트타이머의 자생적 소집단이란 본질적으로 '아줌마들의 수다 공동체'다. 그녀들은 식사 시간에 같이 식사를 하고, 쉬는 시간이나 일 끝나고 집에 가기 전에 잠깐 식당에 모여서 수다를 떨고, 그러다가 마음에 안 드는 사람이 있으면 같이 욕도 하고, 쉬는 날을 맞추어서 같이 놀러 다니기도 하는 그런 관계다. 파트타이머들은 이런 수다 공동체를 형성함으로써 직장 생활에서 쌓이는 스트레스도 해소하고 여러 가지 정보도 공유한다.

소집단 안에 발언권이 강한 리더 격인 존재가 생기는 것이 당연한데 바로 이러한 소집단의 리더를 '보스'라고 부른다. 파트타이머의 자생적 소집단이 비밀 결사체도 아닌데 보스라는 호칭은 지나친 호칭이기도 하다. 그러나 이 호칭은 매우 보편화되어 관리자들은 물론 파트타이머들도 일상적으로 사용한다. 그런데 관리자들이 이 관계가 위계적 조직인 양, 보스와 부하라는 식의 과장된 표현을 사용하는 이유는, 그녀들이 개인이 아닌 집단으로 모이면 통제가 어려워지기 때문이다. 그리고 정사원이야말로 위계적인 조직에 속해 있는 사람들이기 때문에 자신들의 조직 경험을 토대로 파트타이머 집단 내의 관계를 이해하고 있다는 것을 반영하는 것이기도 하다.

물론 파트타이머 내부가 완전히 수평적인 관계인 것만은 아니다. 먼저 입사한 파트타이머가 나중에 입사한 파트타이머의 교육을 담당하기 때문에 교육자와 피교육자의 위계가 존재하는 경우도 있다. 장기근속자와 단기근속자는 점포의 특성 및 업무를 파악하는 수준이 다를 수밖에 없고 그것이 위계로 발전할 소지도 있다. 그 때문에 경우에 따라 수직적인 관계가 중심이 되는 소집단이 없는 것도 아니다. 그러나 그 위계는 기업의 제도에 의해 지지되는 관계는 아니기 때문에 매우 취약한 위계에 불과하다. 그러므로 설령 소집단 내부에 위계가 있다 하더라도 그 위계는 매우 허약한 것이며 그보다 더 강한 것은 친밀한 유대다.

수다 공동체의 리더가 되는 사람들이 갖는 특징으로는 자신의 의사를 분명하게 표현하는 성격, 인간관계를 잘 관리하는 자질, 뛰어난 업무 능력, 어느 정도의 장기근속 등을 들 수 있다. 점포 상황에 대해 잘 모르거나 자신의 업무를 제대로 해내지 못하면 관리직들과의 관계에서 발언권을 가지기 어렵기 때문이다. 또 보스는 대개 노조원인 경우가 많다. 수다 공동체 리더의 중요한 역할은 기업 조직의 상부에 소집단의 의견을 개진하는 것이기 때문에, 만일 관리직과 대립하는 경우에도 고용 불안에 직면할 가능성이 있어서는 곤란하기 때문이다.[26]

② 수다 공동체의 진지전

수다 공동체가 친밀성의 단위인 것만은 아니다. 기업의 이윤 구조 속에서 자신들이 점하고 있는 위치를 서로에게 인식시키고 나아가 그것을 정사원 관리직들에게 주지시켜, 자신들의 이해를 지키는 인정 투쟁의 단위이기도 하다. 유기(有期)고용 노동자인 파트타임 노동자가 개인적 차원에서 관리직과 직접 대결하는 것은 쉽지 않기 때문에, 비공식 소집단의 형태로 자신들의 존재를 드러내는 것이다. 파트타이머들은 한 점포에서 장기간 근무하기 때문에 그녀들의 저항 활동을 '진지전(陣地戰)'에 비유할 수 있을 것이다.

파트타이머들이 관리직에게 원하는 것은 '파트타이머가 하는 역할의 중

---

26 "주임들은 아직 젊어서, 파트 아줌마들과 싸우면, 내일부터 안 나와도 돼요, 라고 말하는 사람도 있어요. 그렇지만 노조원에게는 그런 소리 못하죠."(S4 노조 간부) 일반적으로 노조 가입은 고용 안정 효과를 가진다. 파트타이머의 채용 및 해고 권한은 점포에 있지만 노조원이 되면 점포에서 간단히 해고할 수 없기 때문이다.

요성을 인정하는 것', '소통하려는 자세' 그리고 '인격적 존중'이다. 낮은 처우에 대한 불만도 있지만 그것은 노동시장 구조의 문제이고 개인이 당장 어떻게 할 수 있는 일이 아님을 잘 알기 때문이다. 그렇게 때문에 파트타이머에 대한 태도와 업무 분담의 공정성에 관해서는 더욱 민감하다.

　비공식 권력의 토대에 처우 격차만이 있는 것은 아니다. 주부 파트타이머는 한 점포에 장기 정착하는 존재이기 때문에 점포 및 매장에 대한 애정이 강하다.[27] 또 주부 파트타이머들은 자신의 이름을 빼앗긴 채 주부라는 이름으로 가정에 유폐되었던 경험을 가진 사람들이다. 그 때문에, 자신의 이름으로 능력을 인정받았던 장소인 작업장은 그녀들에게 강한 자기 동일시의 대상이기도 하다. 그래서 그녀들은 점포를 "내 점포(私のお店)"라고 말하기도 하고[28] 2, 3년에 한 번씩 점포를 이동하는 정사원보다 자신들이 점포에 관해 더 잘 안다는 자부심이 강하다. '내 점포'가 번창하기 위해서라면 낮은 처우를 감수할 수도 있다. 하지만 점포에서의 자신들의 역할과 공헌을 부정하는 것은 참을 수 없다.

　이 지점에서 '점포 식당에서 주임 욕하기'는 수다 공동체의 중요한 일상 활동이다. 욕하기에도 단계가 있다. 낮은 단계의 욕하기는 수다 공동체 내부에서 서로 하소연을 하고 위로받고 불만을 해소하는 것이다. 그러나 그런

---

27 야간에 아르바이트가 출근하지 않는 비상사태가 발생했을 때 제일 먼저 달려오는 종업원이 파트타이머이기도 하다.
28 이러한 경향은 '내 점포'가 없어질/없어지는 위기를 경험한, 즉 회사는 도산했지만 자신이 일하던 점포는 문 닫지 않고 유지할 수 있었던 경험이나 자신이 일하던 점포가 없어져 같은 회사의 다른 점포로 이동한 경험한 장기근속 베테랑 파트타이머들에게서 두드러지게 나타난다. 점포가 그녀들에게 자기 동일시의 대상이라는 점을 생각하지 않으면, 아무도 보는 사람이 없는 점포 후방에서 조금이라도 더 많은 일을 하기 위해 상품을 실은 카트를 밀면서 달리는 등 필사적으로 일하는 이들의 모습을 이해하기 어렵다.

정도로 해소될 수 없는 경우에는 다음 단계, 즉 주임 본인이나 그 사람과 친한 정사원이 있는 곳에서 '뒤에서 들리게 욕하기'로 이동한다. 본인에게 불만을 전달하기 위해서다.

그러나 이런 정도로 해결되지 않는 문제인 경우, 수다 공동체의 진지전은 '주임 길들이기'로 이행하기도 한다. 즉 매장 운영에 협조하지 않는 것이다. 슈퍼마켓에서 매장 주임의 인사고과에는 매상 실적의 비중이 상당히 높기 때문에, 파트타이머의 협력이 결정적으로 중요하다. 따라서 수다 공동체가 협조를 거부하면 주임에게 상당한 타격이 된다. 주임 길들이기는 신임 주임이 처음 왔을 때 행해지기도 한다. 문제가 생기기 전에 처음부터 파트타이머의 존재를 인정하게 만들기 위해서다.

수다 공동체가 주임 길들이기를 해도 점장은 문제가 심각해지기 전에서는 나서지 않는다. 예를 들어 어떤 매장의 파트타이머들이 신임 주임이 오면 곧바로 냉장고에 끌고 들어가 길들이기를 한다는 것을 점포 종업원 모두가 알고 있어도 그것을 막지 않는다. 그 정도가 아니라, 키득키득 웃으면서 "언제 끌려들어갈까", "역시 이번에도 울고 나왔대"라며 재미있어 하는 경우조차 있다. 그것은 특별한 일이 아니라 정사원 주임으로서 살아남기 위해 넘어야만 하는 산이기 때문이다. 또 그녀들이 특별한 악의를 가지고 하는 것이 아니라, 점포 경험이 풍부한 파트타이머들은 점포에 관해 잘 알고 있고 점포 영업에서 대단히 중요한 역할을 하는 기간 노동력이므로 그에 합당하게 예우해야 한다는 것을 인식시키는 것 이상이 아님을 알기 때문이다.

수다 공동체와 주임 간의 힘겨루기는 일반적으로는 다소 시간이 걸리더라도 어떤 지점에서 서로를 인정하면서 매듭이 지어진다. 그러나 원만하게 해결되지 않아 매장 운영에 지장을 초래하는 경우에는 제3자가 개입해서 조정해야 한다. 조정이 안 되는 최악의 경우에는 누군가를 이동시키게 된다.

누구를 이동시킬 것인가에 대해 미리 정해진 원칙이 있는 것은 아니다. 정사원을 이동시키려면 다른 점포로 이동시켜야 하므로 다른 점포의 인사이동도 함께 해야 하기 때문에 결과적으로는 점포 내에서 해결할 수 있는 파트타임 노동자를 이동시키는 경우가 많다. 그러나 오래된 점포에 영향력 있는 리더가 다수 존재하는 경우, 소집단의 결속력이 강한 곳에서 주임이 소집단 전체와 대립할 경우, 그리고 장기근속자로 부주임 역할을 하는 파트타이머와 주임이 대립할 경우에는 정기 인사이동 기간이 아니더라도 주임을 이동시키는 편이 회사에 부담이 작다. 또 사태의 심각성에 대한 점장의 인지가 너무 늦거나, 사태를 인지하더라도 주임을 이동시키지 않고 버틸 경우, 집단 퇴사라는 더 곤란한 상황이 발생할 수도 있다. 그러므로 누구를 이동시키는가보다 중요한 것은 적당한 시기에 적절한 방식으로 개입하고 조정하는 것이다.

정사원이 아닌 파트타이머가 이동하게 된다고 해도 이것이 반드시 파트타이머의 패배를 의미하는 것은 아니다. 영향력 있는 수다 공동체의 리더라면 파트타이머 자신이 매장 이동을 요구함으로써, 숙련 파트타이머에 대한 예우를 거부한 정사원에게 책임과 부담을 전가시키는 것도 가능하다. 그 정사원은 종전의 단결되고 활기찬 매장 분위기를 파괴한 책임이 있을 뿐 아니라 매장 운영의 부담을 한 몸에 지게 되는 것이다. 또 집단 이직의 경우도 그것이 주임에게 가져올 타격과 비난을 생각하면 주임의 승리라고는 말할 수 없다. 남겨진 주임은 상당 기간 매장 운영으로 고생할 뿐 아니라 그 점포에 오래 있기도 힘들다. 특히 여러 기업의 점포 간의 경쟁이 심한 지역의 경우 집단 이직한 파트타이머들이 경쟁점에 입사할 가능성이 있다는 점도 남겨진 주임을 압박한다. 또 파트타이머들이 기업 외부의 노동조합에 가입하는 경우 회사의 부담은 한층 커진다.

지금까지 서술한 바와 같이 슈퍼마켓 점포에서 주부 파트타이머들은 자연 발생적으로 형성되는 소집단에서의 관계를 통해 단결을 도모하고 기간 노동력화와 임금 격차 확대의 동시 진행이라는 모순된 상황에 저항하면서 인정 투쟁을 전개하고 있다. 그 결과 작업장에서 파트타이머의 비공식 권력이 구축된다. 그리고 그에 대한 기업의 대응이란 "점포에서 오래 근무한 유능한 파트타이머가 그만두는 건 곤란"하기 때문에 "차라리 정사원이 그만두는 것이 낫다"는 것이다. 즉 그녀들이 저임금 고숙련 노동자이기 때문에 그녀들의 비공식 권력을 인정할 수밖에 없다. 따라서 고위 관리직일수록 돈이 들지 않는 예우에 적극적이다. 중소 규모의 지방 기업에서 사장이 점포를 순회할 때 제일 먼저 들르는 곳은 점장실이 아니다. 먼저 매장과 후방을 돌면서 유명한 보스의 이름을 기억했다가 그 이름을 부르며 어깨를 두드려주면서 "수고가 많습니다"라고 악수를 나눈다. 그리고 마지막으로 점장실을 향하는 것이다.

③ 기업의 대응과 제한적 내부화

파트타이머의 비공식 권력의 형성은 기간 노동력화와 긴밀한 관계가 있다. 그것은 1990년대 후반까지는 비공식 권력이 종합슈퍼보다 식품슈퍼, 그중에서도 특히 신선 매장에서 강했다는 것에서도 알 수 있다. 식품을 주로 취급하는 식품슈퍼는 상품의 평균 단가와 이윤율이 종합슈퍼보다 낮고 상품의 점내 가공률이 높기 때문에 일찍부터 파트타이머의 기간 노동력화에 적극적이었다. "GMS 파트와 SM 파트의 가장 큰 차이는 GMS 파트는 주어진 일만 하면 되지만 SM 파트는 자기가 판단해서 하지 않으면 안 되는 것"이라는 한 점장의 발언에서 알 수 있듯, 필자가 조사를 시작한 1990년대 후반까지 파트타이머 기간 노동력화 정책 및 기간 노동력화 수준에서 종합슈퍼와 식품슈퍼는 상당한 차이가 있었다.[29] 그러나 2000년대를 전후하여 파트타이머의 기간 노동력화에 대한 종합슈퍼 기업의 태도가 크게 변했다. 1980년대에 이미 성장 한계에 도달한 종합슈퍼 업계는 1990년대 장기 불황하에서 선두 기업들이 연달아 도산하는 등 업태의 존속 자체가 의문시되는 상황에 이르렀다. 종합슈퍼 업계가 이 위기를 극복하기 위해 내놓은 타개책 중 하나가 집객(集客) 기능이 높은 식품 비율을 높이는 것과 파트타이머의 기간 노동력화를 적극적으로 추진하는 것이었다.

그런데 파트타이머의 기간 노동력화를 적극적으로 추진하면 작업장에서 비공식 권력이 확장되어 기업의 공식 통제 라인이 기능 부전에 빠지고 기업의 이윤 창출 구조가 불안정해질 우려가 있다. 따라서 기업으로서는 파트타이머의 비공식 권력을 통제할 수 있는 수단이 필요해진다. 그것이 이 논문이 '제한적 내부화 장치'라고 명명한 인사관리 제도다. 즉 파트타이머도 능력에 따라 직위와 처우가 상승하지만 그 상승폭을 정사원에게 적용하는 것보다 좁게 한다. 파트타이머 처우의 상승폭이 정사원과 동등해진다면 기업이 파트타이머를 사용하는 본래 목적인 비용 절감의 효과를 거둘 수 없다. 때문에 기업은 제한적 내부화 장치를 통해 '비용 절감과 파트타이머의 기간 노동력화'라는 두 마리 토끼를 잡으려 하는 것이다.[30] 일찍부터 파트타이머

29 이것은 기업의 파트타이머 기간 노동력화 정책과 밀접히 연결되어 있는 노동조합의 파트타이머 조직화 범위에서도 확인할 수 있다. 2000년대 초까지는 이 연구의 사례 GMS기업 중 기업 내부 사정 때문에 일찍부터 파트타이머의 기간 노동력화를 추진해온 G3사를 제외한 5개사 노조는 풀타임 파트타이머만을 조직했다. 기간 노동력화와 조직화의 관계에 관한 상세한 내용은 김순영, 「일본의 젠더 시스템과 파트타임 노동: 수퍼마킷 산업을 중심으로」(서울대학교 사회학과 박사학위논문, 2004)의 4장과 5장을 참고하시오.

30 아직 제한적 내부화 장치를 본격적으로 마련하지 않은 G4사의 주임은 이렇게 말한다. "능력에 따라 파트타이머의 시간급에 큰 차이를 낼 수 있으면 좋을텐데, 라고 생각해요. …… 저는 그 사람의 능력을 봐서 업무량을 정하고 싶은데 그렇게 하면 아무리 신경을 써도 파트타이머들로부터 불만의 목소리가 올라와요. …… 공평성의 문제를 제기하지요." 또 제도 개정 후 G1사 점포의 파트타이머들은 정사원의 권한이 커졌다고 느끼고 있다. 정사원 상사가 자신과 친한 파트타이머들에게

의 기간 노동력화를 추진했던 식품슈퍼 기업은 이런 문제에도 빨리 맞닥뜨렸기 때문에 1990년대 후반까지는 제한적 내부화 장치를 마련했다. 그리고 현재는 후발 주자인 종합슈퍼 기업이 이를 마련하고 있는 것이다.[31]

5. 제한적 내부화 장치로서의 개정 인사관리 제도

마지막으로 개정 인사관리 제도가 고용 구분에 따른 처우 격차에 초래한 변화를 검토하여, 기업이 제도 개정을 통해 어떻게 두 마리 토끼를 잡을 수 있는가를 살펴보자.

〈표 4-2〉는 G1사와 S1사의 사원 구분에 따른 처우 및 노동 조건을 정리한 것이다. 이 표에 나타난 바와 같이, 사례 기업의 종업원은 전거 이동 여부를 기준으로 크게 두 집단으로 나누어진다. 즉 무기(無期) 고용계약을 하며 높은 보상을 받는 노동자와 단기간의 유기(有期) 고용계약을 반복 갱신하며 낮은 보상을 받는 노동자로 나누어진다. 유기고용 노동자인 비전거 사원은 퇴직금으로 대표되는 제반 기업복지에서 제외되거나 적용되더라도 동등한 급부를 받지는 못한다. 결과적으로 비전거 사원의 처우는 지금까지의 정사원과 비정사원 중에서 비정사원에 가깝다. 즉 비전거 사원은 파트타이머가 된 것이다.

만 승격 기회를 주는 문제가 있어, 몇몇 파트타이머들이 이에 대한 대응책을 모색하기 위해 점포 밖에서 몇 차례 모인 적도 있다.

31 이 점은 G1사가 1999년에 파트타이머 주임 제도를 도입한 것은 식품슈퍼 점포였고, 종합슈퍼 점포에서는 2004년에 도입한 것에서도 알 수 있다. 또 G1사의 식품슈퍼 점포가 파트타이머 주임 제도를 도입한 시점은 다른 식품슈퍼 기업보다 늦었다. 그 이유도 G1사는 종합슈퍼가 중심인 기업이기 때문이다.

표 4-2 사원 구분별 임금 지급 형태 및 노동 방식

기업	사원 구분	임금 형태	보너스	퇴직금	계약 기간	교대 근무	이동[주3]	노동 시간[주4]
G1	N사원	일급월급	5개월	○	정년	○	○	연간 1920시간
	R사원	일급월급	5개월	○	정년	○	△	연간 1920시간
	C사원M층	일급월급	4개월·2개월[주1]	×	1년	○	△	연간 1920시간
	C사원담당자	시간급	2개월	×	6개월[주2]	○	×	연간 1920시간
	C사원담당자	시간급	1개월	×	6개월	×	×	월 149시간 이하
S1	N사원	일급월급	4.5개월	○	정년	○	○	주 40시간
	A사원	일급월급	4.5개월	○	정년	○	△	주 40시간
	E파트 매니저	일급월급	3개월	×	1년	○	△	주 37.5시간
	E파트 담당자	일급월급	2개월	×	1년	○	△	주 37.5시간
	파트너	시간급	1개월	×	1년	×	×	주 35시간
	헬퍼	시간급	1개월	×	1년	×	×	주 30시간 이하

주1) M층-4개월, 담당자-2개월
주2) 점장만 1년
주3) ○는 전거이동, △는 비전거이동, ×는 이동 없음
주4) G1사에서는 임금 형태가 일급월급인 종업원은 1년간의 변형노동시간제
자료: G1사-G1사 인사부(2007), S1사-S1사 노동조합의 전임 간부와의 면접

물론 관리직 파트타이머는 전형적인 파트타이머보다 더 후한 처우를 받을 수 있다. 그런데 그런 파트타이머가 전체 파트타이머 중 얼마나 될까? 제도를 도입한 지 10년 가까운 2003년 8월 당시 S1사의 파트타이머 중 엑기스 파트의 비율은 12.6%, 주임 이상의 역직을 담당하고 있는 엑기스 파트의 비율은 5% 정도였는데 그녀들 대부분은 정사원 출신이다. 또 후발 주자로 제도를 도입한 후 3년이 지난 2007년 5월 기준, G1사의 C사원 J2이상의 풀 타이머, 즉 S1사의 엑기스 파트에 해당하는 사원은 구 L사원을 포함해도 G1사 파트타이머 전체의 3.6%(구 L사원을 제외하면 2.3%)다. 그리고 주임 이상의 역직을 담당하고 있는 사람의 비율은 구 L사원을 포함해도 1%에 지나지 않는다. 이 수치로부터 제한적이더라도 내부화되는 파트타이머의 비율은 극소수에 지나지 않는다는 것을 알 수 있다.

이어서 임금을 비교해보자. G1사는 자격과 직위가 같다면 N사원의 임금을 100으로 했을 때 R사원의 임금은 95, C사원 M층의 임금은 85가 되도록 설계했다고 밝히고 있다. 그러나 이 임금 비교에는 여러 가지 수당과 퇴직금, 그리고 기업 복지 비용은 포함되어 있지 않다. 또 "구 L사원이 3년 후까지 매니지먼트층으로 승격하지 못하면 임금이 하락한다"[32]는 것에서도 알수 있듯, G1사 C사원 M층의 임금은 제도 개정 전에 같은 직위·등급이었던 L사원의 임금보다 낮다. C사원 J2등급의 임금도 이전 제도에서 J2에 상응하는 커리어 사원(풀타임 파트타이머)의 임금보다 낮다. 그리고 이전 제도에서는 플렉스 사원이었고 C사원의 90%를 점하는 C사원 J1 등급의 임금은 임금액에서도 임금구조에서도 제도 개정 전후의 변화가 없다. 노동조건의 불이익 변경은 노동법 위반이므로 G1사 인사 책임자의 말처럼 "제도 개정 전후에 인건비 증감은 없"었을 것이다. 그러나 같은 업무를 더 낮은 처우를 받는 노동자가 수행하게 되었기 때문에 향후 기업은 인건비를 대폭 절감할 수 있게 된 것이다. 더욱이 이전 제도의 커리어 사원에게는 없었던 점포 이동의 의무가 새 제도의 C사원 J2 등급의 풀 타이머에게는 부과된다.

정해진 노동시간은 1일 7.5시간이지만 실제 노동시간에서는 정규직과 별 차이가 없는 S1사 엑기스 파트의 임금은 같은 직위 정사원의 80% 선인데

---

32 제도 개정 2년 후에 만난 G1사의 전직 여성 정사원들은 연구자에게 승급 의사가 없음을 선언했다. "승급 시험을 보러가지 않으면 시말서를 써야 하기 때문에 시험장에는 가지만 아무런 준비 없이 가서 앉아있다 오"는 것이며 "전직 L사원인 여성 노동자의 적어도 절반 이상이 그런 선택을 하고 있다"고 한다. "G1점포의 L사원은 대부분 기혼 여성이고 미혼 여성의 경우 노부모와 동거하는 중년 여성"이다. 그녀들이 승급을 거부하는 이유는 무엇보다 "관리직이 되면 노동시간 개념이 없어지고 노동 강도가 너무 강해지기 때문에 가족이 있는 자신들로서는 감당할 수 없는 일"이라는 것이다. "애초에 L사원을 선택할 때 다른 선택이 불가능하니까 그 선택을 한 것이고, 제도가 바뀌었다고 해서 우리 상황이 바뀌는 것은 아니"라는 점을 강조했다.

"20%는 전근 부담에 대한 보상"이다. 그러나 대부분이 정사원 출신인 관리직 파트타이머는 정사원에서 파트타이머로 전환할 때 임금이 삭감되었으며, 보너스 및 여러 가지 수당에서도 정사원과의 차이가 크다. 그 결과 직위가 같은 경우 엑기스 파트의 연간 임금은 "정사원의 60~65%"에 지나지 않는다. 또 직위가 올라가도 차이가 줄어들지 않는다. 예를 들어 S1사의 어느 엑기스 파트 점장(정사원에서 전환한 50대 여성, 점장으로서 3번째 점포)의 연봉은 정사원 점장 중에서 가장 연봉이 낮은 사람보다 27% 낮고, 같은 규모 점포의 정규직 점장의 연봉보다는 40% 이상 낮다.[33]

다시 말해 개정된 제도에서는 파트타이머라도 업무 능력이 향상되면 처우도 직위도 상승하지만, 그 처우가 같은 업무를 담당하는 정사원의 처우와 같은 것은 아니다. 그러한 의미에서 개정 인사관리 제도는 파트타이머에 대한 제한적 내부화 장치라고 명명할 수 있을 것이다. 또 같은 업무를 더 낮은 처우를 받는 노동자가 수행하기 때문에 기업의 비용 절감 효과는 배증한다.

6. 노동 방식의 젠더화와 젠더의 신분화

이 글은 '고용 구분 대신 노동 방식에 따른 처우'를 표방하는 일본의 슈퍼마켓 선두 기업의 개정 인사관리 제도가 정사원보다 낮은 처우로 파트타이머의 기간 노동력화를 추구하는 제한적 내부화 장치라는 점을 밝혔다. 그러나 일부 파트타이머의 처우가 제한적으로 상승한 이면에는 양육 등 가족책임(family responsibilities)을 지고 있는 여성 정사원의 처우 삭감이 있다. 그

---

33 비율은 2002년의 연간 임금액에서 필자가 계산

렇다면 개정 인사관리 제도는 실질적으로는 노동 방식이 아니라 가족책임 유무를 기준으로 종업원의 처우를 정하는 제도인 것이다

개정된 제도가 노동 방식의 기준으로 삼고 있는 것은 전근 범위다. 민주주의 국가에서 거주 이동의 자유는 국민의 기본권임은 주지의 사실이다. 그러나 성별 분업이 규범을 넘어 제도로 정비되어 있는 일본 사회(大沢真理, 2007)에서 발령장 한 장으로 당장 홋카이도에서 오키나와로 날아갈 수 있는 노동자는 누구인가? S1사에서는 파트타이머로 출발한 노동자가 관리직으로 승진하는 것이 아니라 가족책임 때문에 사원 구분을 전환할 수밖에 없었던 여성 정사원들이 관리직 파트타이머의 대다수를 점한다. 이것은 '가족책임을 가진 종업원의 총파트화', 즉 가족책임이 있는 종업원에게 차별적 처우를 함으로써 임금 비용을 절감해 기업의 경쟁력을 높이려는 사례로 보아야 하는 것이 아닐까? 이와 같은 슈퍼마켓 선두 기업들의 개정 인사관리 제도는, 고용 구분에 기초한 신분제를 약화할지는 모르겠지만 고용 구분의 뒷면에 존재하는 젠더에 기초한 신분제를 전면에 드러내고 강화하는 것이다. 나아가 개정 인사관리 제도의 이런 실상은 '남성 생계 부양자형' 젠더 모델이 지배하는 한, 노동시장에서 공정성을 실현하는 것이 매우 지난한 일임을 여실히 드러내는 것이다.

참고문헌

김순영. 2004. 「일본의 젠더 시스템과 파트타임 노동: 수퍼마킷 산업을 중심으로」. 서울대학교 대학원 사회학과 박사학위논문.

김영. 2006. 「파트타임 노동자의 기간노동력화와 작업장의 비공식 권력」. ≪한림일본학≫, 11, 63~99쪽.

総務庁統計局. 各年版. 『労働力調査』

厚生労働省. 各年版. 『賃金構造基本統計調査』

厚生労働省. 2007. 『平成17年 パートタイム労働者総合実体調査』.

金英. 2001. 『女性のライフサイクルとパートタイム労働』. 東京: ゼンセン同盟.

大沢真理. 1997. 「パートタイム労働と均等待遇原則: 経済的アプローチ」, ≪日本労働法学会誌≫, 90号, pp. 95~110.

大沢真理. 2007. 『現代日本の生活保障システム: 座標とゆくえ』. 東京: 岩波書店.

本田一成. 2002. 「チェーンストアにおけるパートタイマーの基幹労働力化と報酬制度に関する実証的研究」. ≪経営情報≫, 8月号, pp. 1~37.

労働政策研究・研修機構(JILPT). 2005. 『パートタイマーと正社員の均衡処遇: 総合スーパー労使の事例から』. 東京.

禿あや美. 2003. 「小売業における処遇制度と労使関係: パート労働の職域拡大が持つ意味」. ≪現代日本の失業 社会政策学会雑誌≫, 第10号, pp. 183~206.

脇坂明・松原光代. 2003. 「パートタイマーの基幹化と均衡処遇(II)」. ≪学習院大学　経済論叢≫, 40巻 3号, pp. 259~294.

浅倉むつ子. 2004. 『労働法とジェンダー』. 東京: 勁草書房.

水町勇一郎. 1997. 『パート労働と法律政策』. 東京: 有斐閣.

Akerlof, G. A. and W. T. Dickens. 1992. "The Economic Consequence of Cognitive Dissonance." *The American Economic Review*, Vol.72, No.3, pp. 307~319.

5장

부모를 돌보는 비혼 남성의 남성성

일본의 젠더 질서와 가족 돌봄의 역학

/

지은숙

1.비혼화와 고령화 속에서 유동하는 남성성

비교적 최근까지 일본은 거의 모든 사람이 일생에 한 번 이상은 결혼을 하는 사회였다. 1960년대 중반까지 일본의 누적 혼인율은 남성 97%, 여성 98%로 거의 100%에 가까운 개혼(皆婚) 사회였다. 그러나 당시 정점을 찍었던 혼인율은 1970년대부터 초혼 연령이 상승하면서 점차 낮아졌다. 「국세조사보고」에 따르면 평균 초혼 연령은 1950년에 남성 26.2세, 여성 23.6세이던 것이 2010년에는 각각 30.4세와 28.6세로 높아졌다. 50세까지 한 번도 혼인한 기록이 없는 사람의 비율인 생애미혼율은 남성 20.1%, 여성 10.6%까지 상승했다. 2010년 기준 일본의 50세 여자 열 명 중 한 명, 남자 다섯 명 중 한 명은 법률상 혼인 기록이 없는 사람들이다. 만혼·비혼화는 현대 일본 사회를 이해하는 핵심어 중 하나가 되었다.

한편 일본 사회의 고령화와 이에 따른 가족 돌봄 영역에서 나타난 변화

또한 눈여겨볼 만하다. 후생노동성이 실시한 「국민생활기초조사」를 보면 2012년 시점에서 65세 이상 고령자의 가구 구성에서 전체적으로 자녀와의 동거가 감소하는 가운데 배우자가 없는 자녀와의 동거는 꾸준히 늘고 있다. 2012년 보고에서 고령의 부모와 배우자가 없는 자녀로 이루어진 가구는 전체 가구의 26.4%를 차지해 16.0%로 하락한 자녀 부부와의 동거 비율을 크게 웃돌았다. 이러한 가구 구성의 변화는 가족과 돌봄 영역에도 변화를 초래하였으며 그것을 제도적으로 반영한 결과가 2000년에 발족한 개호보험 제도다. 이 글은 1970년대 이후 일본 사회에서 일어난 비혼화와 고령화라는 인구상의 전환을 배경으로 새롭게 부상하고 있는 부모를 돌보는 비혼 남성[34]을 중심으로 현대 일본 사회의 가족 관계와 젠더 질서의 변화를 살피는 것을 과제로 삼는다.

일본의 인구 고령화는 전례 없는 속도로 진행되었다. 1980년대 이후 형제가 적은 전후 세대가 부모 돌봄에 진입하는 나이가 되면서 지방에서 도시로 '불러올린 노인'의 부적응이나 자식 세대가 겪는 '돌봄 지옥', '돌봄 이혼' 등의 문제가 한꺼번에 분출되면서 '노인 돌봄의 사회화'에 대한 국민적 요구가 높아졌다. 1983년에 창립된 '고령 사회를 좋게 하는 여성의 모임'은 이와 같은 여론의 흐름을 주도한 단체였다.[35] 노인 돌봄의 사회화를 실현하는 제도적 분기점으로서 "그런 제도가 생기면 며느리가 노인을 보살피는 일본의

---

34 이 연구에서 비혼 남성이란 결혼 이력과 무관하게 35세 이상의 성인 중에서 배우자가 없는 이들을 의미한다. 비혼 여성과 달리 정의에 자녀에 대한 한정을 두지 않은 것은 일본의 경우 혼외 출산율이 낮고, 이혼할 경우 친권의 약 80%가 아내에게 귀속되어 현실적으로 부자 가정의 비율이 드물다는 현실을 반영한 것이다.

35 고령 사회를 살기 좋게 하는 여성의 모임이 내건 노인 돌봄의 사회화란 주요하게 노인 돌봄의 탈가족화와 사회적 서비스의 확충을 의미했다. 이것은 1990년대에 들어 노인 돌봄을 위한 사회보험 창설 요구로 모아졌다.

미풍이 사라진다"는 보수파의 반대를 물리치고 1997년 개호보험법이 만들어졌다.

개호보험 제도는 가족 단위가 아닌 개인을 대상으로 한 보편주의적 복지 서비스의 제공과 서비스에 대한 보편적인 접근성(accessibility)을 확보하는 것을 목표로 출범했다. 그러나 이를 구현하기 위해 자택 돌봄, 신청주의, 유사시장이라는 원칙을 채택했다. 그 결과 개호보험 제도는 현실적으로 가족 돌봄자 없이는 운용될 수 없는, 이들의 존재를 가정하고 돌봄 부담을 덜어주기 위한 제도의 성격을 띠게 되었다. 가족 돌봄이라는 측면에서 보았을 때 개호보험 제도의 시행 이후 가장 크게 달라진 것은 가족 돌봄자에서 며느리의 비중이 축소되고 고령자의 배우자와 친자녀의 비중이 늘어난 것이다. 고령자가 고령자를 돌보는 노노(老老)돌봄이 증가하고, 친자녀의 부모 돌봄 규범이 강화되면서 딸은 물론이고 아들이 부모 돌봄을 담당하는 경우도 증가하였다. 이와 같은 가족 돌봄자의 변화는 개호보험 제도가 재정 부담을 구실로 수차례의 개정을 거쳐 출발 당시의 이념에서 후퇴하여 가족 돌봄과 자택 돌봄이 강화되는 방향으로 나아가면서 더욱 뚜렷한 경향으로 자리 잡고 있다.

이러한 변화 속에서 이 글이 주목하는 것은 이전에는 부모 돌봄에서 그 존재가 미미했던 비혼 남성들이 돌봄자로서 등장한 현상이다. 일본 사회는 성별 분업이 뚜렷하고 그에 따른 남녀의 행동에 대한 관습적 규제가 강한 사회다. 오랫동안 노인 돌봄은 며느리·아내·딸 등의 여성의 일로 간주되어 왔고, 어쩔 수 없는 상황일 때만 젠더 요인보다 역할 수행 가능성이 우세하게 작용해 남편이 아내를 돌보거나 드물게는 아들이 주 돌봄자가 되기도 했다. 하지만 그 때도 앞으로 자기 가정을 꾸리고 생계 부양자가 될 비혼 아들은 돌봄을 면제받는 경우가 많았다. 그런데 2000년 이후 친자녀의 부모 돌봄 규범이 강화되면서 비혼 아들이 부모를 돌보는 경우가 증가하였다. 이 글은 이들 비혼 남성 돌봄자의 등장을 둘러싼 돌봄 배분의 역학을 규명함으로써 일본 사회의 성별 분업과 젠더 질서의 변화를 분석하는 것을 목적으로 한다.

이 새롭게 발굴된 돌봄자들을 젠더 관점에서 분석하기 위해 코넬의 남성성 연구를 참조할 것이다. 코넬은 남성성을 여성성과의 차이를 통해 정의하고 사회·역사적으로 구성된 것으로 본다는 점에서 사회구성주의의 흐름에서 있다. 그러나 젠더를 담론적 구성물이 아니라 사회적 실천으로 규정하고 남성성을 실천의 배치 형태(configuration)로 정의한다는 점에서 기존의 탈구조주의나 심리학적 접근과 차별된다.[36] 코넬에 따르면 보편적이고 유일한 남성성이란 없으며 남성성은 늘 복수로 존재한다. 이 때 복수란 문화나 역사에 따라 남성성이 다양하다는 것만을 지시하는 것이 아니다. 복수성은 곧 권력과 위계화를 의미하며 지배와 종속, 주변화, 공모 등의 관계를 낳는다.[37] 헤게모니적 남성성(hegemonic masculinity)은 남성성들 간에 성립하는 이러한 관계를 포착하는 핵심 개념으로서 사회·문화적이고 제도적 이상과 관련해서 바람직하게 여겨지는 남성성을 의미한다.[38] 헤게모니적 남성성은 분석 개념으로서 뚜렷한 장점을 지닌다. 첫째는 남성성과 여성성의 복잡한 속성과 젠더 간 또 젠더 내부의 권력 관계를 입체적으로 파악할 수 있게 해준다는 점이다. 둘째는 외부적인 변인에 의존하지 않고 젠더 내에서 발생하는 변화를 포착할 수 있는 가능성을 열어준다는 점이다.

전후 일본에서 남성성의 헤게모니적 형태를 대표해온 것은 '사라리만(salary man)'이었다.[39] 사라리만은 성별 분업에 기초한 젠더 질서 위에서 성

---

36 R.W. 코넬, 『남성성/들』, 안상욱·현민 옮김(서울: 이매진, 2013), 117~119쪽.

37 Connell, R. W, 1993, "The Big Picture: Masculinities in Recent World History," *Theory and Society*, 22(5), pp. 597~623.

38 코넬, 『남성성/들』, 123~130쪽.

실한 납세자, 기업 전사, 가족 부양자로서 일본 사회를 떠받치는 기둥으로 이미지화되어왔다. 그런데 이 사라리만 남성성의 헤게모니는 1990년대 이후 고용의 유동화와 장기 불황 등의 외적 환경의 변화, 그리고 젠더 관계 내부로부터의 저항에 맞닥뜨리면서 전례 없이 동요하고 있다. 이 글은 이러한 남성성의 동요와 변화를 부모를 돌보는 비혼 남성들의 증가를 통해 살피고자한다.

그러나 가족 돌봄자의 존재를 전제하면서도 직접적인 정책 대상으로 삼지 않는 개호보험 제도의 특성 때문에 부모를 돌보는 비혼 남성에 대한 자료나 선행 연구는 매우 부족한 실정이다. 일본의 개호보험법에는 가족 돌봄자에 관한 조항조차 없다. 개호보험 서비스에는 가족 돌봄자를 위한 서비스를 마련하지 않았고, 가족에 대한 현금 급부도 원칙으로 금하고 있다. 또 가족 돌봄을 근거로 세제나 연금 등에서 받을 수 있는 혜택도 없다. 때문에 젠더와 가족관계별 돌봄자의 현황을 파악할 수 있는 공식적인 통계조차 찾기 어려운 실정이다.

그런 까닭에 이 글은 주로 인류학적 현장 연구(ethnography)를 통해 남성 비혼자의 가족 관계와 부모 돌봄의 현실에 접근한다. 연구자는 16개월 간 도쿄에서 부모를 돌보는 비혼 남성들의 모임에 대한 현장 연구를 수행했다. 2012년 6월부터 2013년 9월까지 도쿄도, 그중에서도 지역 단체들의 활동이 비교적 활성화된 도쿄 23구 안의 스기나미(杉並) 구, 네리마(練馬) 구, 메구로(目黒) 구를 중심으로 가족 돌봄자들의 활동을 조사했다. 주된 연구 현장

---

39 Dasgupta, Romit, "Performing Masculinities? The 'Salaryman' at Work at Play," *Japanese Studies*, 20(2)(2000), pp.189~200 ; Roberson, James E. · Nobue Suzuki, "Introduction" in *Men and Masculinities in Contemporary Japan: Dislocating the Salaryman Doxa,* (London; New York: Routledge, 2003).

은 가족 돌봄자의 자조그룹(self-help group)과 이들을 지원하는 비영리단체 (Not-for-Profit Organization)의 활동 그리고 행정기관이 운영하는 이들을 대상으로 한 프로그램이었다. 이들에 대한 폭넓은 참여관찰 및 관여, 개별적 심층 면접을 실시했다. 조사 대상에는 부모를 돌보는 비혼 남성뿐만 아니라 비혼 여성도 포함했다.

이어지는 절에서는 먼저 부모를 돌보는 비혼 남성과 관련한 일본 사회의 변화를 검토한다. 일본의 비혼화 경향과 헤게모니적 남성성으로서의 사라리만 남성상의 약화를 살펴보고, 1980년대 이후 일본에서 일어난 비혼화에 대한 담론의 변화를 추적한 뒤, 이후 개호보험 제도 실시 이후 일본 사회에 나타난 가족 돌봄의 새로운 양상을 검토한다. 그리고 현지 조사로 이루어진 민족지적 연구의 결과를 제시하고, 이를 바탕으로 일본 사회의 젠더 질서 변화에 대한 함의를 생각해본다. 마지막으로는 남성 돌봄자와 헤게모니적 남성성의 변화라는 관점에서 육아와 부모 돌봄의 영역에서 일어나고 있는 변화를 총괄적으로 가늠해본다.

2. 비혼 남성과 부모 돌봄

1) 비혼화와 '사라리만' 남성성의 동요

일본에서 비혼화는 1970년대부터 그 조짐이 나타나 1980년대부터는 남녀에게 공통적으로 확산되었고 1990년대 이후 장기 불황기를 거치면서 만혼이 생애미혼으로 이어지는 구조가 고착되는 양상으로 전개되어왔다. 이렇게 자기 가족을 만들지 않으려는 사람들이 증가해온 배경에는 결혼하지

표 5-1 일본의 성별 생애미혼율의 추이

	1950년	1960년	1970년	1980년	1990년	1995년	2000년	2010년
남성	1.46%	1.26	1.70	2.60	5.57	8.99	12.57	20.1
여성	1.35%	1.87	3.33	4.45	4.33	5.10	5.82	10.6

자료: 총무성, 「국세조사보고」 해당년도 보고서에서 재구성.

않고도 살아갈 수 있게 되었다는 결혼 규범과 생활 여건의 변화가 놓여 있다. 1970년대 이후 연애결혼이 우세하게 되면서 결혼하고 싶은 상대를 찾을 때까지 결혼을 유보하는 사람들이 증가해 적령기 규범은 느슨해졌다. 또 1980년대 들어 경기 활성화와 남녀고용평등법의 도입으로 여성의 고용 환경이 개선되면서 결혼하지 않고 지내는 기간을 연장하려는 여성들은 계속 증가하였고 남성들 사이에서도 독신으로 지내는 것이 새로운 생활양식으로 주목받았다. 결혼이 언젠가는 반드시 해야 하는 일인지, 결혼 그 자체에 대해 의문을 품는 사람들도 늘어났다.

1990년대 초반의 거품 경제 붕괴와 그 이후에 이어진 장기 불황은 이와 같은 변화에 박차를 가했다. 특히 남성들의 변화가 두드러졌다. 〈표 5-1〉에서 보는 바와 같이 전후 일본 남성의 생애미혼율은 오랫동안 여성에 비해 뚜렷하게 낮은 수치에 머물러 있었다. 처음으로 남성 생애미혼자의 수가 여성을 앞지른 것은 1990년이었다. 그러던 것이 거품경제 붕괴의 영향이 본격화된 1990년대 초반부터 비약적인 증가세를 보이기 시작해 2000년에는 여성의 2배를 넘었고 2010년에는 20.1%를 나타내 20년 만에 4배 가까이 증가했다.

이와 같은 남성 비혼화의 주요 요인으로 지목되는 것이 고용 유동화다. 총무성이 발표하는 「노동력조사」에 따르면 일본의 2011년에는 전체 피고용자 중에서 3분의 1이 비정규 고용으로 채워지게 되었다. 이전부터 비정규

표 5-2 고용 형태별 유배우자 비율(남성, 단위: %)

	15~19세	20~24세	25~29세	30~34세
정규직	2	11	33	59
비정규직	1	5	14	28
단시간·임시직	1	3	9	22

자료: 총무성, 「취업구조기본조사」(2007).

고용률이 높았던 여성뿐만 아니라 남성 중에도 정규 고용자가 급속하게 감소했다는 점이 이 기간의 고용 변화의 특징이다. 남성 사원 비율이 높았던 제조업, 건설업, 도소매업, 운송업을 중심으로 생산 거점의 해외 이전이 활발히 진행된 탓이었다. 이러한 남성의 비정규 고용의 증가가 비혼화와 맺는 상관관계는 고용 형태에 따른 유배우자 비율을 조사한 결과에도 잘 드러나 있다. 〈표 5-2〉를 보면 남성 피고용자 중 비정규직의 유배우자 비율은 전 연령에 걸쳐 정규직의 절반 수준에 그치고 있다. 또 단시간·임시직의 유배우자율은 비정규직보다 더 낮게 나타나고 있다.

그런데 이처럼 생계 부양자 역할이 어려워지면서 남성들의 혼인율이 낮아지는 현상에 대한 해석은 누구의 입장에서 보느냐에 따라 달라진다. 예를 들어 일하는 남성의 입장을 자처하는 모리나가 다쿠로는 "연수입이 300만 엔인 사라리만에게 주택 융자, 전업주부, 자녀는 인생의 3대 불량 채권"이라고 단언하면서 국가 정책에 속지 않는 생존 방법으로 남성들에게 비혼을 권한다.[40] 모리나가의 이러한 도발적인 주장에는 남성다움이 생계 부양자 역할에서 나오며, 결혼을 이 역할의 진입으로 여기는 의식이 깔려 있다. 이러한 경향을 두고 여성주의 이론가인 에하라 유미코는 "생계 부양자 역할을

---

40 森永卓郎, 『「非婚」のすすめ』(東京: ゴマブックス, 1997).

할 수 없게 된 비정규직 남성들이 남성 생계 부양자형 가족이라는 가족관을 바꾸는 것이 아니라, 가족 형성이라는 선택 자체를 철회해버렸다"고 논평하면서 이들이 저출산·비혼화를 주도하고 있다고 지적한다.[41]

연구자가 보기에 모리나가의 비혼론은 크게 두 가지 점에서 문제적이다. 첫째는 계산에 부모가 들어있지 않은 점이다. 처자나 주택과 달리 부모에 대한 사항은 선택이 불가능하다. 모리나가는 수입이 낮은 남성들에게 결혼하지 말고 분수에 맞게 A급이 아니라 B급의 인생을 살아가라고 조언한다.[42] 그런데 이 B급 생존술에는 부모 돌봄에 대한 고려가 들어있지 않다. 뒤에 다시 논의하겠지만 오늘날 일본에서 남자든 여자든 비혼인 채로 살 경우 부모 돌봄자가 될 가능성은 현저히 높아진다. 초고령화된 가족주의 사회를 살면서 부모 돌봄을 염두에 두지 않은 인생 설계는 자기 본위이며 비현실적이다. 다음은 B급이라는 표현이 지닌 기만성이다. B급 인생이라는 표현은 남성성의 위계의 낮은 곳에 자신을 위치시키고 살아가려는 것을 마치 기득권을 포기하는 선택인 것처럼 제시한다. 그러나 이는 본말 전도다. 오히려 이것은 에하라가 지적한 대로 기존의 젠더 질서에 대한 도전을 피하면서 남성 중심 질서에서 누리던 일반적인 이익을 고수하려는 시도에 가깝다. 이와 같은 태도를 두고 코넬은 가부장제를 수호하는 일선에 나서지는 않지만 가부장제로부터 상당한 혜택을 보고 있다는 의미에서 공모적 남성성이라고 불렀다.[43]

그러나 남성들의 비혼을 주장하는 논의가 반드시 이처럼 공모적 성격을

41 江原由美子, 「社会変動と男性性」. 『揺らぐ男性のジェンダー意識』(東京: 新曜社, 2012), p. 37.
42 森永卓郎, 『「B」で生きる経済学』(東京: 中公新書ラクレ, 2003).
43 코넬, 『남성성/들』, 127~128쪽.

띠는 것은 아니다. 실제로 1980년대 처음으로 '싱글' 논의가 부상했을 때의 싱글은 가족이나 집단에 기대지 않는 자립적 개인의 표상이었다. 거기에는 기존의 국가주의적이고 가족중심적인 사라리만 남성상에 대한 대항적 의미가 담겨 있었다.

2) 화려한 싱글에서 무연사 예비군까지: 비혼자 담론의 변화

1980년대 들어 '개성'이 대중 소비사회의 화두로 떠오르면서 '싱글 라이프'가 가족에 매몰되지 않는 대안적 삶으로 주목을 받았다. 문화산업에서 싱글을 앞세운 콘텐츠가 넘쳐나고 스스로를 싱글로 자칭하는 사람들이 증가하면서 싱글은 유행을 넘어 사회현상이 되었다. 당시의 '싱글 붐'의 중심에 있던 것이 에비사카 다케시의 『싱글 라이프: 남과 여의 해방학』이라는 책이었다.[44] 당시 50대 초반의 프랑스문학 교수였던 에비사카는 생애미혼으로서 자신의 생활을 재치 있게 서술한 이 수필집으로 싱글론의 대표 논자로 부상했다. 주말에는 야구를 하고 방학에는 전 세계를 여행하며, 여자 친구는 있지만 혼자 사는 그의 인생은 대중들이 품고 있던 '화려한 싱글'의 이미지 그 자체였다. 비록 '독신 귀족'이라는 빈축을 사기도 했지만 에비사카의 삶은 남성들에게 새로운 삶의 방식의 모델로 받아들여졌다. 이 때의 싱글에는 스스로 독신을 선택했고 가족이나 집단에 기대지 않고 자립을 추구한다는 긍정적인 의미가 담겨 있었다.

그러나 1990년대 들어 이른바 1.57쇼크[45]로 일컬어지는 저출산 위기론이

---

44 海老坂武, 『シングル・ライフ一女と男の解放学』(東京: 中央公論社, 1986).
45 1989년 여성 한 명당 출산아 수(합계 출생률)가 1.57이라는 것이 1990년 발표되어 각계의 반향이

부상하면서 비혼을 인구 위기를 초래하는 주요 요인으로 지목하는 담론이 강화되기 시작했다. 일본이라는 공동체가 인구 감소의 위기에 의해 그 존속을 위협받고 있으며, 그 핵심 원인이 비혼화에 있다는 위기론이 확산됨에 따라 싱글이나 비혼을 새로운 세대의 등장 혹은 개인적 선택의 확대라는 측면에서 긍정하던 담론은 위축되었다. 더욱이 1990년대 중반부터 자산 가치의 하락과 고용 불안 등 거품 경제가 꺼진 이후의 생활 기반의 동요가 본격화되고 한신·아와지 대지진과 옴진리교 사건이 잇달아 발생하면서 비혼화는 심각한 사회문제로 자리를 굳히게 되었다. 야마다 마사히로는 성인이 된 후에도 부모와 함께 살면서 기초적 생활 조건을 부모에게 의존하는 20, 30대를 독신 기생충(parasite single)이라고 정의했다. 비생산적인 이들의 존재가 '미혼 불황'을 몰고 왔으며 일본 사회를 좀먹고 있다고 비판의 날을 세웠다.[46]

한편 역피라미드형 인구 구조가 초래할 사회보장 시스템의 붕괴를 경고하는 인구위기론과 더불어 자녀가 없는 비혼자를 사회보장 시스템의 무임승차자로 간주하는 시각도 기세를 얻었다. 특히 노인을 머리에 이고 있는 아이들 숫자의 감소로 저출산과 사회보장 시스템의 위기를 표현하는 그래픽은 현역 세대가 현재의 사회보장 시스템을 떠받치고 있으며 가족주의 복지 체제에서 비혼자가 상대적 불이익을 감수하고 있다는 사실을 가리면서 비혼자를 복지 시스템의 무임승차자로 간단히 이미지화해버렸다. 비난 여론에 밀려 수그러들기는 했으나, 이러한 분위기에 편승해 비혼자에 대한 '독신 세금'의 신설을 주장한 의원도 있었다.

컸던 것을 현상을 가리킨다. 합계 출생률 1.57은 말띠에 대한 미신 때문에 이상할 정도로 낮았던 1966년의 1.58을 밑도는 수치였기 때문에 상징적 의미가 컸다.

46 야마다 마사히로, 『패러사이트 싱글의 시대』, 김주희 옮김(서울: 성신여대출판부, 2004).

이러한 일본 사회의 분위기를 앨리슨은 재생산 미래주의(reproductive futurism)를 끌어와 해석한다. 일본과 같은 가족 - 기업 시스템에서 미래를 보증하는 것은 가족과 국가의 투자 대상으로서의 자녀이기 때문에 저출산 경향은 '미래 없음'의 유령이 되어 일본 사회의 근원적 불안을 부추긴다는 것이다.[47] 한편 2010년에 방송된 NHK 특집 〈무연사회: 무연사 3만 2000명의 충격〉은 이 미래 없음을 단번에 개인의 문제로 치환하는 효과를 낳았다. '무연사회(無緣社会)'는 그 전까지는 국가와 사회 차원의 위기로 다루어지던 암울한 전망을 독신자의 미래를 환기하는 것으로 구체화하였다. 사후에 거두어줄 사람이 없는 죽음이 연간 3만 2000명에 이른다는 조사 결과는 비혼자들의 미래를 예시하는 것으로 해석되었다.[48] 혼자 사는 사람 중에서도 특히 50대 남성이 무연사 가능성이 가장 높은 집단으로 지목되면서 남성 비혼자에게는 '무연사 예비군'이라는 낙인이 추가되었다.

1990년대 이후 결혼과 출산 장려는 일본 정부와 각 자치단체의 중요한 정책 과제로 자리 잡았다. 통계 수치상의 결과만 놓고 볼 때, 그러한 국가 차원의 노력은 개인에게 사회 재생산의 압력을 전달하는 것에 실패한 것처럼 보인다. 예를 들어 NHK방송문화연구소가 5년마다 실시하는 16세 이상에서 65세까지의 국민을 대상으로 한 의식조사 결과를 살펴보면, 결혼을 개인적 선택의 문제, 즉 반드시 하지 않아도 무방한 생활양식의 하나로 간주하는 사람들은 일관되게 증가해왔다. 2008년 조사 결과에서 '꼭 결혼할 필요 없다'는 답변은 전체의 60%를 차지해 '해야 된다'고 답변한 35%를 크게 웃돌았다.[49] 하지만 그렇다고 해서 저출산 담론이 비혼자들에게 아무 영향도 끼치

---

47 Allison, Anne, *Precarious Japan*, Durham(nc: Duke Univ. Press, 2013), p.24.
48 무연사회 프로젝트 팀, 『혼자 살다 혼자 죽는 사회 무연사회』, 김범수 옮김(서울: 용오름, 2012).

지 못했다고 볼 수는 없다. 비혼화와 국가의 위기를 연결 짓는 담론은 부부와 자녀로 이루어진 이른바 정상 가족에게 권위를 부여하면서 비혼자를 주변화(marginalization)하는 효과를 만들어낸다. 뒤에서 다시 살펴보겠지만 이것은 가족원을 사회적으로 생산적인 부분과 그렇지 않은 부분으로 구분하고, 생산적인 부분을 우선해야 한다는 의식을 강화시켜 가족 내 돌봄의 분배에도 영향을 미친다.

3) 노인 돌봄의 사회화와 자녀의 부모 돌봄자화

노인 돌봄의 사회화의 진전이 어떻게 비혼 남성 돌봄자의 출현으로 이어졌는지 살펴보기 위해서는 개호보험 제도의 영향을 살펴볼 필요가 있다. 2000년 개호보험 제도의 시행을 전후해 일어난 부모 돌봄 규범의 변화를 단순하게 정리하자면 다음과 같다. 일본에서 부모 돌봄은 오랫동안 '며느리의 일'이라는 말로 대표되어왔는데 개호보험 제도 시행을 기점으로 '가능한 사람이 하자'는 새로운 규범이 확산되었다는 것이다. 개호보험 제도에 대한 자세한 설명은 생략한다. 다만 시행 당시 '부모 돌봄의 메이지유신'이라고 불릴 만큼 돌봄의 탈가족화에서 중요한 전환점이었다는 점과 그럼에도 불구하고 출발부터 가족 돌봄자의 존재를 전제하고 이들을 지원하는 제도로 설계되었다는 측면에서 불완전한 탈가족화로 지적된다는 점만 짚어두겠다.

의료를 포함한 신체적 돌봄을 보조하고, 청소와 장보기 등의 가사 지원, 배식 서비스 등의 생활 지원 체제를 갖춘 개호보험 제도가 시행되면서 노인 돌봄은 가족 중 '누구든 수행 가능한 일'이 되었다. 〈그림 5-1〉은 일본에서

---

49 NHK放送文化研究所, 『現代日本人の意識構造』第一版~第七版(東京: NHK出版, 1980~2010).

그림 5-1 동거하는 주 돌봄자의 가족 관계별 추이

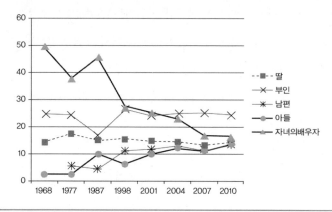

자료: 津止政敏, 『ケアメンを生きる―男性介護者100万人へのエール』(京都: クリエイツかもがわ, 2013), p.22.

최초로 자리보전[네타키리]노인에 대한 전국 조사가 실시되었던 1968년부터 최근까지의 주 돌봄자의 가족 관계별 추이를 나타낸 것이다. 2000년을 기점으로 주 돌봄자에서 자녀의 배우자(며느리)가 격감하고, 배우자와 친자녀가 증가하고 있다. 이는 남자든 여자든 젊든 고령이든 직업이 있든 없든 가능한 사람이 가족의 주 돌봄자 역할을 떠맡게 되었음을 보여준다. 이렇듯 노인 돌봄이 가족 중 가능한 사람이 하는 일이 되면서, 며느리가 규범적으로 돌봄을 강요받는 일은 이전보다 줄어들었다. 그리고 그 빈자리를 메운 것은 그림에서 보는 것처럼 고령의 배우자와 친자녀였다.

친자녀에 대한 고령자의 돌봄 기대가 전반적으로 높아지는 가운데, 딸에 대한 돌봄 기대가 눈에 띄게 상승하였다. 특히 비혼 딸에 대해서는 "결혼 적령기가 지나면 개호 적령기가 온다"는 속설이 나돌 정도가 되었다. 그러나 당연하게도 모든 고령자에게 딸이 있을 수는 없는 것이며, 딸이 있다 해도 부모 돌봄을 맡을 상황이 아닐 수 있다. 따라서 친자 규범의 강화에 따라 부모를 돌보는 딸의 증가와 더불어 아들이 주 돌봄자가 되는 경우도 증가하였다.

2010년 현재 개호보험 서비스의 이용자는 약 400만 명이며 그중 전체의 83%는 집에서 서비스를 받고 있다. 이들을 돌보는 가족 돌봄자 중에서 약 120만 명이 남성이고 그중 아들이 4분의 1을 차지하며 약 30만 명 규모로 추산된다.[50] 이들에 관한 그나마 신뢰성 높은 자료는 〈그림 5-1〉에 반영된 2010년 후생노동성의 「국민생활기초조사」다. 이 조사에서 주 돌봄자의 분포를 살펴보면, 가족 돌봄자 중에서 가장 큰 비중을 차지한 것은 부인으로 전체의 36.8%를 나타냈다. 2위는 며느리로 17.2%, 3위는 딸로 15.6%, 그 뒤를 이어 남편이 14.3%를 나타났고 마지막으로 아들은 12.0%를 차지하고 있다. 배우자 간 돌봄이 전체의 절반을 차지하고, 아들과 딸을 합하면 친자녀 돌봄자가 며느리보다 확실히 많은 것을 알 수 있다. 그러나 조사 결과에는 돌봄자의 배우자 관계가 나타나 있지 않기 때문에 친자녀 중 비혼자의 비율은 알 수 없다.

이처럼 가시화되기 어려운 비혼 돌봄자의 존재가 처음으로 그 윤곽을 드러낸 것은 법 개정 때문이었다. 2006년 4월부터 시행된 개정 개호보험법은 동거 가족이 있는 경우 생활원조 서비스 이용에 제한을 강화했다. 재정 부담을 줄이기 위한 조치였다. 이 조치로 가장 큰 타격을 입은 것이 일하면서 부모를 돌보던 싱글들이었다. 요리나 청소 등을 지원해주는 방문생활지원 서비스 요원(통칭 헬퍼, 이하 헬퍼)을 이용하는 데 제한을 받게 된 것이 가장 직접적인 타격이었다. 이것은 싱글들에게 일과 부모 돌봄의 양자택일을 요구하는 것이었고 그런 상황을 견디지 못하고 일을 그만두는 사람이 속출했다. 2006년 개호보험 제도가 개정된 이후, 종전에 연간 10만 명 전후이던 부

---

50 厚生労働省, 『介護保険事業状況報告』(2010年11月).

모 돌봄을 이유로 한 전직과 이직이 14만 4800명으로 증가했다. 증가한 대부분은 비혼자인 것으로 알려졌다. 이러한 상황은 2008년 10월 NHK 방송의 〈싱글개호〉 특집을 통해 보도되기도 했다.

고령자에게 돌봄이 필요할 때 누가 돌봄을 제공해야 하는가? 국가와 사회가 제공해야 한다고 생각하는 사람들은 1980년대 이후 꾸준히 증가했다. 하지만 이에 대한 정부의 대응은 느렸다. 개호보험 제도가 시행된 이후에 상황이 나아졌다고는 하나 최근에는 재정 적자를 이유로 서비스 수혜 대상을 축소하는 방향으로 나가고 있다. 보험료를 내고도 이런저런 제한으로 서비스를 이용할 수 없는 고령자가 늘고 있는 것이다. 그 돌봄의 부담은 고스란히 가족에게 되돌아온다.

출발부터 불완전했던 돌봄의 사회화가 이처럼 재가족화되면서 이전에는 가족 돌봄에서 면제되었던 사람들이 대거 돌봄자로 호명되었다. 비혼 아들도 그중 하나라고 할 수 있다. 그런데 가족의 주 돌봄자가 된다는 것은 종종 자신의 일을 단념해야 하고 장기간 사회로부터의 고립을 감내하면서 공식적으로 어떤 보상이나 배려도 기대할 수 없는 처지에 놓이게 된다는 것을 의미한다. 때문에 누가 주 돌봄자가 될 것인가는 가족 내의 치열한 '정치'를 유발한다. 다음 절에서는 누가 주 돌봄자가 될 것인가를 둘러싼 자녀들 간의 경합을 사례 중심으로 살펴보겠다.

3. 부모 돌봄을 둘러싼 가족 내 역학과 젠더

이 절에서는 먼저 부모를 돌보는 아들들의 자조 모임인 무스코사롱[51]에 대한 참여관찰 자료를 중심으로 부모를 돌보는 아들들에 대한 구체적인 상을 드러내고, 이를 바탕으로 비혼 남성과 돌봄의 결합이 초래하는 주변화의 양상을 제시한다. 또 형제간 돌봄의 배분을 통해 돌봄이 비혼자의 남성성에 미치는 영향을 살필 것이다. 분석의 초점은 크게 두 가지다. 첫째는 친자녀 간 돌봄의 배분에서 결혼 여부가 주요한 변수로 작동하고 있음을 규명하는 것이다. 둘째는 이러한 돌봄 영역에서의 변화가 기존의 헤게모니적 남성성과 젠더 질서와 어떤 방식으로 상호작용하는가를 밝히는 것이다.

1) 부모를 돌보는 비혼 아들의 현황: 무스코사롱의 사례

무스코사롱은 가족 돌봄자를 지원하는 단체의 연합 조직인 알라딘[52]의 후원으로 도쿄 시내에서 월 1회 정기적으로 개최되는 모임이다. 매월 정해 진 날 알라딘이 장소를 마련하고 다과를 준비해두면, 부모를 돌보는 아들이 라면 누구든 5백 엔의 참가비를 내고 참가하는 형식으로 개최된다. 모임의 개최 정보는 인터넷 사이트나 관련 단체에서 배포하는 전단지를 통해 홍보 된다. 연구자는 이 정례 모임을 2012년 6월부터 2013년 9월까지 총 16회에 걸쳐 참여관찰했다.

무스코사롱에는 일반적인 가족 돌봄자의 모임과 다른 몇 가지 특징이 있 었다. 첫째는 아들, 그중에서도 비혼인 아들이 주축이 된 모임이라는 점이 다. 가족 돌봄자를 위한 자조 모임은 전국에 만 단위 이상 존재하는 것으로 알려지고 있지만 그중 남성 돌봄자만의 모임은 손에 꼽을 정도로 적다. 아

---

51 무스코(息子)는 아들을 의미하는 일본어. 2010년 7월부터 시작됐으며 2014년 8월 현재도 활동 중인 단체이다.

52 정식 명칭은 NPO법인 개호자서포트네트워크센터알라딘(NPO法人介護者サポートネットワーク センター·アラジン), http://www12.ocn.ne.jp/~arajin/.

들만의 모임은 더욱 드물다. 모임에 대한 수요가 없다기보다는 남성들의 취약한 지역 네트워크와 자신이 안고 있는 문제를 밖으로 드러내지 않으려는 성향이 결합되어 나타난 결과라는 것이 정설이다. 둘째는 모임의 지향과 무스코사롱이 열리는 요일이다. 일반적으로 주부와 남성 퇴직자가 중심이 되는 모임은 평일 오후에 열린다. 일하는 사람은 참가할 수 없는 시간에 하는 것이다. 일하면서 부모를 돌보는 아들이 참가할 수 있는 모임을 지향한 무스코사롱은 2010년 처음 시작할 때부터 토요일 오후 1시에 개최했다. 셋째는 모임의 개방성과 참가자들의 적극성이다. 무스코사롱에는 참가자들을 중심으로 남성 가족 돌봄자의 현실을 세상에 적극적으로 알리자는 분위기가 조성되고 있었다. 이러한 개방적인 태도 때문에 다른 모임과의 교류도 활발하고 신입 회원이 계속 유입되고 있었다.

연구자가 참관한 총 16회 차에 걸친 모임의 참가 연인원은 116명, 총 참가자는 19명, 회당 평균 참가자는 7.25명이었다. 먼저 모임 참가자의 속성을 살펴보면, 참가자의 평균 연령은 53세이며, 40, 50대가 모임의 주축이었다. 그러나 부모의 사망으로 돌봄이 끝난 후에도 계속 모임에 참가하는 60대도 2명 있었고, 드물게는 30대 참가자(1명)도 있었다. 혼인 상태별로 참가자들을 살펴보면 배우자가 있는 경우가 4명, 배우자가 없는 경우가 15명으로 비혼 아들이 우세했다. 출생 순서로 보면 장남이 많았고 이들의 형제 수는 평균 1.84명으로 외동인 경우가 4명이었다. 외동이 아닌 경우는 대부분 다른 형제자매가 기혼인 상태였다.

또 돌봄의 현황을 살펴보면 현재 부모를 돌보는 중인 참가자가 17명, 돌봄을 마친 이가 2명이었다. 현재 돌보는 중인 17명 중 동거하는 자택 돌봄이 8명, 자택 돌봄을 거쳐 시설에 입소한 경우가 4명, 원거리 돌봄이나 동일 지역 내 별거하면서 돌보는 경우가 5명이었다. 돌보는 대상은 어머니가 아버

표 5-3 무스코사롱 참가자의 구성 (총 19명)

연령		아들의 거주 현황	
평균 53세		독거 8	
범위 35세~66세		배우자와 동거 3	
		부모와 동거 6	
혼인여부		배우자+부모와 동거 1	
기혼 4		조부모와 동거 1	
미혼 15			
		부모의 성별	
취업 현황		여 16	
취업 12		남 8	
퇴직 3			
무직 4		**조/부모의 성별**	
		여 1	
직업		남 1	
정규사무직 4			
자영업/자유직 5		**조/부모의 개호도**	
비정규직 3		요개호5 5	
		요개호4 6	
형제자매		요개호3 4	
외동 4		요지원 2	
여자 형제 7		사망 9	
남자 형제 6			
남자+여자 형제 2		**치매 여부**	
		치매 있음 14	
형제자매의 혼인 여부		치매 없음 3	
기혼 여자 형제 8		미상 9	
미혼 여자 형제 1			
기혼 남자 형제 6		**(조)부모의 거주 현황**	
미혼 남자 형제 2		독거 3	
		자식과 동거 7	
출생 순서		손자와 동거 1	
외동 4		개호시설 6	
첫째 11		사망 9	
둘째 3			
막내 1			

지에 비해 2배 많았고, 드물게는 조부모를 돌보는 경우도 있었다. 돌보는 대
상의 요개호도[53]는 전체적으로 높은 편이었고, 치매 판정을 받은 이들이 다

---

53 숫자가 높을수록 상태가 나쁜 것이며 그에 따라 이용 가능한 서비스가 늘어나고 이용 한도액도

수를 차지했다.

돌봄 기간은 시작 시점을 어떻게 잡는가에 따라 달라지기 때문에 정확한 산출은 어려우나 7년 이상이라고 하는 사람이 7명이었으며 그중 2명은 10년 이상 주 돌봄자 역할을 해오고 있었다. 이렇듯 돌봄 기간이 장기화되는 것은 치매와 자리보전[네타키리] 등으로 돌봄 기간이 길어진 탓도 있지만 양친을 모두 돌보는 경우가 증가하기 때문이었다. 장기간 돌봄을 해온 7명 중 5명은 양쪽 부모를 모두 돌본 사람들이었는데, 그중에는 지난 7년간 함께 살던 조부, 조모, 어머니를 차례로 간병하고 떠나보냈고 현재 요개호5의 아버지와 살고 있는 비혼 남성(당시 50세)도 있었다. 더불어 참가자들의 연령이 낮아질수록 한 부모 사망 후 다른 부모가 요개호 상태로 돌입하기까지의 기간이 짧아지고, 양친이 동시에 돌봄이 필요한 상태에 돌입하는 '동시다발 개호'가 증가하고 있었다.

이들이 수행하는 돌봄의 내용은 크게 신체적 측면과 감정적 측면 그리고 경영(managing)적인 것으로 나누어볼 수 있다. 먼저 외부 서비스 의존율이 비교적 높은 신체적 돌봄부터 살펴보자. 모임의 참가자들은 전반적으로 돌봄에 외부 서비스를 도입하는 것에 적극적인 태도를 보였고 실제로 다양한 서비스를 이용 중이었다. 하지만 정해진 시간에 하는 독립된 활동인 목욕이나 식사 같은 것은 외부 서비스의 도움을 받기가 쉽지만 배설이나 이동처럼 수시로 행하는 활동은 외부 서비스로 대체하기 어렵다는 것이 고충이었다. 이것은 활동 자체의 성격에서 기인하는 것이기도 했지만 사업자가 제공하는 서비스의 복잡한 제한 규정 때문이기도 했다. 예를 들어 외부 서비스 중

커진다. 요개호도가 3이상으로 높아지면 혼자서 수행 가능한 활동이 거의 없어 사실상 24시간 돌봄이 요구되는 상태라고 보면 된다.

가장 많이 이용하는 헬퍼는 책임 소재에 대한 분란을 피하기 위해 인공항문 세척이나 인공 장치를 통한 영양 공급 등 간단한 의료적 처치도 지원하는 것이 금지되어 있고, 이동을 보조하는 서비스도 가족의 입회가 없으면 지원하지 않는다. 그 때문에 비록 가족이 신체적 돌봄을 직접 하지 않더라도 자리를 지키고 있어야 하는 경우가 많았다.

2000년 개호보험 제도 시행을 전후해 '남성 돌봄 불가론'이 무성했다. 그때 주로 근거로 제시되었던 것이 남성들의 가사 경험 부족과 남성의 경우 이성 간 돌봄에서 오는 저항감이 크다는 점이었다. 하지만 무스코사롱의 사례를 살펴보면 이런 문제점들은 과장되었다. 먼저 남성들의 가사 능력을 보자면, 청소나 식사 준비 등은 그동안 외부 서비스화가 활발히 진행되어왔고 담당 헬퍼가 남성들에게 교사 역할을 해주기 때문에 입문 단계를 지나면 이 부분의 어려움을 호소하는 남성은 거의 없었다. 또 아들이 어머니를 돌보는 것이 이성 간 돌봄이라 어렵다고 정설처럼 언급해왔는데 비혼 아들의 입장에서 보면 반드시 그렇지 않다는 것을 알 수 있었다. 양친을 모두 돌본 이들은 돌봄에 비협조적인 아버지보다 순종적인 어머니를 돌보는 것이 수월하다고 이야기하고 있었으며, 동성인 아버지를 돌보는 것보다 어머니 돌봄에 정서적 거부감을 덜 느끼는 것처럼 보였다. 이것은 아마도 모자간 돌봄에서 호혜성을 도출해내기 쉽기 때문일 것으로 생각한다. 확실히 아들이 어머니의 기저귀를 갈아주거나 목욕을 시키는 것은 근친 간의 신체 접촉의 성별 규범을 위반하는 일이며 아들의 입장에서 심적 동요가 없을 수 없다. 그러나 당사자들은 이에 대해 "그럴 계제가 아니다", "그보다 더한 지옥이 많다"는 식으로 수용하는 사례가 많았다. 돌봄 수혜자인 어머니 쪽 자료가 없기 때문에 이 돌봄 관계에 문제가 없다고 단정 지을 수는 없다. 그러나 막연하게 아들은 '남자니까 힘들다', 어머니는 '이성 간이니까 어렵다'는 식으로 일반화하는 것은 설득력이 약하다고 지적하고 싶다.

감정적 측면의 돌봄은 부모와 함께 TV를 본다거나 사진을 보면서 옛날 이야기를 나누는 단순한 활동이 많았는데, 무스코사롱의 참가자들이 한결같이 이것을 부모 돌봄이 초래한 친자 관계의 가장 큰 변화로 꼽았다. "철들고 나서 처음으로 아버지와 목소리를 높이지 않고 말을 하고, 심지어 같이 TV를 보면서 웃기도 한다"고 털어놓은 참가자가 있는가 하면 "어머니 손을 잡는 게 몇 십 년 만인지 모르겠다, 자기 전에 손잡고 다정하게 30분만 말을 걸면 하룻밤이 편안하다는 사실을 발견하고 매일 시행 중"이라고 보고하는 참가자도 있었다. 물론 감정적 측면의 배려가 늘 순조롭게 이루어지는 것은 아니다. 치매 어머니의 기행을 견디다 못해 "얼른 죽으라"고 고함을 지르며 화를 냈다는 일화가 동일한 사람의 경험담에 공존한다. 하지만 이런 돌봄 관계가 갖는 감정적 측면은 선행 연구[54]에서도 지적한 것처럼 노인 돌봄이 돌봄자에게 고통만 안겨주는 것은 아니며 모두가 싫어하면서 억지로 돌보는 것이 아니라는 점을 확인시켜주는 중요한 지점이었다.

일본의 개호보험 서비스는 무상이 아니다. 기본적으로 모든 서비스에 10%의 이용료를 지불해야 하며 요개호도별로 주어진 이용 한도를 넘으면 100% 지불해야 하는 시스템이다. 때문에 다양한 서비스를 통해 돌봄의 질을 높이고자 하는 욕구와 비용 억제라는 상반된 두 가지 과제 사이의 갈등이 상존한다. 가족 돌봄자들이 "좋은 돌봄이란 결국 돈"이라는 이야기를 자주 하는 이유도 그 때문이다. 모임 참가자들이 생활비를 제외하고 돌봄을 위해 쓰는 비용은 자택 돌봄의 경우는 월 3만 엔에서 6만 엔 정도가 보통이었다. 하지만 돌봄을 받는 사람의 심신 상태나 이용하는 서비스의 종류에 따라서

---

54 Meredith, Barbara · Jane Lewis, *Daughters Who Care*(London: Routledge, 1988).

비용은 크게 달라지고, 특히 임종 직전에는 의료비를 비롯해 부대 비용이 치솟는다. 참고로 살펴보자면, 2006년 고령자에 대한 국민연금보험의 평균 지급액은 후생통계협회의 보고에 따르면 월 5만 5196엔이다.[55] 즉 부모의 연금만으로는 생활비와 돌봄 비용을 충당할 수 없는 경우가 많다는 이야기다. 이 때문에 모임의 참가자들은 어떻게 하면 돌봄에 드는 비용을 절약할 수 있는지 궁리하고, NPO 단체나 행정에서 제공하는 염가 혹은 무료 서비스 정보를 수집하는 '돌봄 경영'에 몰두하고 있었다.

무스코사롱의 회원들은 돌봄자로서 자신의 경험을 이야기할 때 남자의 입장을 내세우는 경우가 드물었다. 대개 "자식으로서의 도리"나 "인간적인 책임"이라는 관점에서 이야기를 전개했다. 그중에는 부모 돌봄이 자신에게 "성숙의 계기"를 부여했고, "후회없는 인생을 위한 선택을 했다"는 점에서 자부심을 느끼기 때문에 "다른 사람에게도 꼭 권하고 싶은 경험"이라고 돌봄의 가치와 긍정성을 역설하는 이들도 있었다. 그들의 이야기를 듣고 있으면 비혼과 돌봄의 접합이 순조롭게 새로운 남성성의 토대를 구축해가고 있는 것처럼 느껴지기도 했다. 그러나 이것은 아직 사태의 일부분이다. 직접적인 돌봄 관계에서 눈을 돌려 사회적 맥락을 들여다보면 돌봄은 이들 비혼 남성들을 주변화하는 핵심 요인이었다.

2) 돌봄자의 주변화

1990년대 이후 노동시장의 변화와 더불어 성별 질서의 재편을 요구하는 젠더 관계 내측으로부터의 압박도 커졌다. 가정과 돌봄 영역에 남성들이 더

---

55 厚生統計協会, 『保険と年金の動向』(2008).

많이 참가해야 한다는 주장은 여성뿐 아니라 남성들 사이에서도 지지를 얻기 시작했다. 저출산 대책에 부심하던 정부 또한 이에 부응하여 남성의 육아휴직을 법적으로 보장하는 육아휴업법을 비롯해 아버지의 육아 참가를 촉진하기 위한 제도 정비에 힘을 쏟았다. 1980년에 발족한 '남자에게도 여자에게도 육아시간을! 연락회(男も女も育児時間を!連絡会)'(이하 이쿠지렌)는 이러한 흐름을 대표하는 단체다. 이쿠지렌에 대한 현장 연구에 따르면, 회원들의 적극적인 육아 참가가 그들을 헤게모니적 남성적 역할들로부터 분리시키는 측면은 있지만 돌봄 때문에 그들이 사회적 위계에서 주변화되지는 않는다고 한다. 그것은 우선 이쿠지렌 회원의 대부분이 젊은 중산층으로 애초에 사회적으로 주변화된 사람들이 아니라는 점에 의해 뒷받침되고, 다른 한편으로는 그들의 적극적인 육아 활동이 사라리만 모델을 아버지 노릇을 극대화하는 방향으로 수정하려는 정부의 목표와 부합하고 있기 때문이라고 해석된다. 의도한 것은 아니었지만 그들은 새로운 남성성의 체현자로서 주류 담론에 포섭되는 것이 가능했다는 것이다.[56] 이에 비해 무스코사롱의 사례는 부모 돌봄이 비혼 남성들의 주변화를 강화하며 이들이 돌봄을 통해 새로운 남성성을 구축하고 헤게모니적 남성성에 도전하는 것이 육아하는 아버지들보다 쉽지 않다는 것을 보여준다.

연구자가 만난 부모를 돌보는 비혼 아들 중에 자신의 비혼이 부모 돌봄 때문이라고 하는 사람은 없었다. 그러나 객관적으로 볼 때 부모 돌봄이 중년 비혼자의 비혼 상태를 고착시키고 있는 것은 분명했다. 이는 무엇보다

---

56 Ishii-Kuntz, Masako, "Balancing Fatherhood and Work: Emergence of Diverse masculinities in Contemporary Japan", in *Men and Masculinities in Contemporary Japan: Dislocating the Salaryman Doxa*, (London; New York: Routledge, 2003), pp. 199~216.

이들이 마주하는 제도나 규범이 이들이 욕구가 있는 존재임을 인정하지 않기 때문이다. 가족 돌봄자는 현재의 개호보험 제도가 유지되기 위해 필수불가결한 존재다. 그러나 이들은 제도 바깥의 존재이며 이들의 노동은 비가시화된 그림자 노동이다. 돌봄자는 돌봄에 대한 보상이나 공식적인 지원을 받지 못하는 것은 물론이고 종종 욕구가 없는 무성적 존재로 간주되어 자신을 지운 채 역할 수행에 충실하라는 규범적 압력을 받는다. 예를 들어 집에서 치매 어머니를 돌보는 50대 남성이 여자친구와 데이트를 하고 싶어서 어머니를 2~3일간 시설에 맡기고 싶다고 솔직하게 이야기할 수 없는 분위기인 것이다. 연구자와의 면담에서 그 남성은 당시 케어 매니저의 노골적으로 싫어하는 표정이 무안했던지라 다시는 그런 이야기를 꺼내지 않게 되었다고 털어놓았다.

직업적인 영역에서 부모 돌봄이 아들의 생애에 미치는 영향은 더 직접적으로 드러난다. 위의 〈표 5-3〉을 보면 무직이 4명인데, 이들은 모두 요개호도가 높은 부모를 자택에서 돌보고 있는 이들로 이전에는 정규직에 취업했다가 실직 혹은 퇴직한 이들이다. 무스코사롱에는 그 외에도 부모를 돌보기 위해 자영업이나 비정규직으로 직업을 바꾼 이들도 여럿 있었다. 이렇듯 부모 돌봄이 아들의 취업 상황에 영향을 미친다는 것은 2012년에 실시된 전국국민건강보험진료시설협의회의 조사에서도 잘 드러난다. 이 조사 보고서[57]에 따르면 자녀 세대 남성의 경우 돌봄자가 되기 전에는 정사원으로 근무하는 비율이 50.0%였다가 돌봄을 시작한 이후에 21.7%로 감소하였고, 대신에 무직 비율이 13.3%에서 35.8%로 증가했다. 배우자 관계에 따른 직업 변동의 양상은 제시되고 있지 않지만 이처럼 부모 돌봄을 위해 일을 포기하는 것

---

57 全国国民健康保険診療施設協議会,『家族介護者の実態と支援方策に関する調査研究事報告(2012).

은 아들이 기혼일 때보다 비혼일 때 발생할 확률이 높다. 왜냐하면 비혼자 쪽이 일과 부모 돌봄을 양립할 때 양자택일의 상황에 몰릴 가능성이 높으며, 그런 상황일 때 일 쪽을 포기하라는 제도적·규범적 압력도 비혼자가 상대적으로 더 많이 받기 때문이다.

부모 돌봄은 비혼 남성의 인생에 심대한 변화를 초래하는 생애 사건이다. 주 돌봄자가 되면 연애나 결혼에서 인연이 멀어지는 것은 물론이고 직업을 바꿔야 하거나 아예 일을 포기해야 하는 상황에 몰리게 될 가능성도 높다. 그런데 흥미로운 점은 이러한 인과의 선후 관계가 뒤바뀐 담론이 득세한다는 것이다. 대표적인 것이 부모를 돌보는 비혼 남성의 생애를 패러사이트 싱글의 말로로 간주하는 담론이다. "변변한 직업 없이 부모에게 얹혀 살다가, 장가도 못 갔고, 나이 들어서 결국 부모를 돌보게 된 사람들"로 이들을 일반화하는 서사는 미디어뿐만 아니라 학계에서도 널리 통용된다. 그러나 무스코사롱의 사례에서 보듯이 부모를 돌보는 비혼 남성들은 다양한 연령대에 분포되어 있다. 또 주 돌봄자가 되기 이전의 이들의 직업도 공무원이나 기술 전문직이 다수 포함되어 있어서 반드시 사회적으로 주변화된 남성들이라서 부모 돌봄을 맡게 된 것이 아님을 알 수 있었다. 그럼에도 불구하고 패러사이트 싱글로 이들을 통칭하는 담론이 득세하는 것은 제대로 된 남자라면 비혼인 채로 집에서 부모 돌봄에 전념하지 않는다는 성별 분업의 논리가 작동하기 때문이다. 선후 관계가 뒤바뀐 채 확산된 통념은 비혼 남성 돌봄자의 사회적 주변화를 자기 책임으로 돌리고 이들에 대한 사회적 지원을 방기하는 강력한 근거가 된다. 그러나 무스코사롱에는 이러한 통념에 맞서는 대항 담론이 없었다. 비혼자가 다수를 차지하는 모임인데도 '비혼'의 문제는 사생활 영역에 봉인된 채 모임에서 언급되는 일조차 드물었다. 비혼 남성 돌봄 제공자는 담론상으로도 주변화된 존재였다.

이렇듯 부모 돌봄의 수행은 다층적으로 비혼 남성을 주변화한다. 그런데 왜 돌봄자가 되었을까? 애초에 당사자들이 부모 돌봄을 받아들인 배경과 이유가 궁금해진다. 만일 규범이나 상황의 강제에 따른 것이라면 그 내용은 무엇이었을까? 이런 질문들에 답하기 위해서는 시야를 확장하여 이들이 돌봄자가 된 맥락과 가족 내 돌봄의 분배 과정을 추적해볼 필요가 있다. 돌봄의 배분을 둘러싼 가족 내 역학에 접근해보자.

3) 돌봄의 배분과 비혼 아들의 남성성

돌봄의 사회화는 부모 돌봄은 자녀의 배우자가 아니라 자녀의 일이라는 인식상의 전환을 가져왔다. 그 결과 가족 내의 돌봄 관계는 크게 달라졌다. 가장 큰 변화는 주 돌봄자에서 며느리의 비중이 지속적으로 낮아지는 것이다. 노인을 돌볼 책임은 여전히 가족에게 있는데, 이처럼 준제도화된 돌봄자로서의 며느리가 사라지는 상황은 자녀가 여럿인 경우 누가 돌봄에 적합한 자식인가를 둘러싼 경합을 낳는다. 개호보험 서비스의 발달이 신체적 돌봄이나 가사 부담을 덜어준 덕분에 부모 돌봄의 분배에서 젠더 요인은 이전만큼 결정적 중요성을 갖지 않게 되었다. 그 결과 돌봄의 분배를 둘러싼 경합은 더욱 치열해졌다.

자녀 세대의 부모 돌봄의 분배를 둘러싼 갈등에 관한 논의로 들어가기 전에 형제의 배우자에 관해 짚어두겠다. 부모를 돌보는 비혼 아들에게 결혼한 형제가 있는 경우, 형제 본인에 대해서는 다양한 불만을 드러내고 있었지만 그들의 배우자에 관해서는 언급하는 일조차 드물었다. 여자 형제의 배우자에 대해서는 물론이고 남자 형제의 배우자 즉 며느리에 대한 돌봄 기대를 입밖에 내는 일도 거의 없었다. 이는 형제의 배우자에 대한 돌봄 기대나 불만이 전혀 없다는 것을 의미한다기보다는 설사 있다 해도 그것을 드러내놓고 이야기하기 어려운 분위기가 되었음을 시사한다.

먼저 비혼 남성에게 기혼의 여자 형제가 있는 경우를 보자. 이들에게 돌봄의 배분에 대해 물으면 대부분이 "그녀에게는 자기 가정이 있으니까"라고 관대한 태도를 보였다. 여자 형제가 자신의 가정을 우선하는 것을 용인하면서 자신이 주 돌봄자가 된 것에 대해 당연하다는 혹은 어쩔 수 없다는 입장을 취하는 것이었다. 이러한 태도는 특히 비혼 아들이 한 부모 사망 후 다른 부모와 장기간 동거한 경우에 일반적이었다. 다른 형제가 아닌 자신이 주 돌봄자가 되는 것에 대해 망설임이나 갈등조차 없었던 경우도 많았다. 이토 씨[58]의 사례는 이 유형의 전형을 보여준다.

> 알츠하이머병인 어머니를 4년 정도 집에서 돌봤다. 아버지가 죽고 20년간 어머니와 둘이서 살았으니 어머니 입장에서도 가끔 오는 누나보다 내가 더 의지가 되는 존재였을 것이다. 어머니는 나만 의지하고 끝까지 나만 알아봤다…… 돌보면서 점점 더 애틋한 마음이 커져서 나중에는 일을 줄이고 돌보는 데 전념하게 되었다. 나는 집도 있고 배우자나 자식도 없으니까 시설에 보낼 필요 없이 내가 하면 된다고 생각했다. 그래서 흔쾌히 받아들였고, 저항감 같은 거 없었다.
>
> **사례 1** 이토 씨, 65세 비혼 남성, 1남 1녀 중 차남

이토 씨가 주 돌봄자가 되는 데 망설임이 없었던 것은 당시 은퇴 연령에 가까운 50대 후반이었다는 점도 간과할 수 없다. 연금 수령 개시 연령인 60

---

58 이름은 모두 가명임

세가 수 년 앞으로 다가와 있었고, 몇 년간은 어머니의 연금과 자신의 저축으로 생활하는 것이 가능할 만큼의 경제적 여유도 있었다. 이토 씨 같은 유형은 돌봄과 일의 양립 문제로 번거로울 필요 없이 돌봄 역할에만 전념하는 것이 가능했다는 측면에서 남성 돌봄자 가운데 아들보다는 남편과 더 유사한 특성을 보인다. 가스가 기스요는 돌봄에 필요한 자원 중에서 돌봄자의 건강이라는 측면을 제외하면 돈, 시간, 인적 자원 등 모든 면에서 남편 돌봄자가 아들보다 형편이 낫다고 지적한다.[59]

그런데 이토 씨처럼 부모와 장기간 동거했고 아들 쪽에서 부모 돌봄을 당연한 것으로 받아들이는 유형의 경우, 돌봄의 대상은 예외 없이 어머니였다. 이것은 어머니가 아버지를 간병하고 아버지 사후, 모자가 동거하다가 어머니에게 간병이 필요하게 되면 이번에는 아들이 어머니를 돌본다는 수순이 많다는 현실의 단면을 반영한다. 하지만 비혼 아들의 경우 아버지보다는 어머니 돌봄에 더 적극적이고 높은 자발성을 보였다는 점은 짚어둘 필요가 있을 듯하다. 아버지 돌봄은 거부했지만 어머니의 주 돌봄자가 되었다는 가와무라 씨의 이야기를 들어보자.

아버지가 쓰러졌을 때, 나는 케어가 뭔지도 몰랐고 하기도 싫어서 병원에 맡겼다. 아버지는 여러 병원을 전전하다 1년 만에 돌아가셨는데, 막상 돌아가시고 나니까 뭔가 허무하다고 할까. 예상 밖의 충격이 있었다……아버지가 돌아가시고 6개월 후에 이번에는 어머니가 시력을 상실하고 거동이 불편해졌다. 그 때부터 케어가 무엇인가에 대해 진지하게 생각하게 됐고, 내가 어려서

---

59 春日キスヨ, 「男性介護者の增大と家族主義福祉レジームのパラドクス」, 『親密性の福祉社会学ーケアが織りなす関係』(東京: 東京大学出版会, 2013), pp.165~184.

공부도 안하고……부모 속도 좀 썩여서, 그 마음의 빚도 있고……그래서 어머니는 집에서 내가 돌보기 시작했다. 여동생이 결혼해서 가까운 곳에 살고 있지만 자기 집안일로 바쁘고, 본인도 여러모로 불안정해서, 정기적으로 거들러올 수 없는 상황이었다. 그냥 내가 다 했다. 난 자영업이니까 돌봄과 일을 병행해서 할 수 있을 거라고 생각했다.

사례 2 가와무라 씨, 51세 비혼 남성, 1남 1녀 중 장남

이토 씨와 가와무라 씨는 둘 다 근거리에 기혼인 여자 형제가 살고 있었지만 본인이 자발적으로 주 돌봄자가 되었다. 그리고 그 사실이 자신들의 남성성을 훼손했다고 느끼지 않았다. 오히려 이들에게 부모 돌봄은 남성성을 강화시키는 계기였다. 부모 돌봄을 계기로 재산이나 돌봄 수혜자의 처우 문제에 대해 전권을 장악한 것은 물론이고 평소 소원했던 여자 형제에게도 영향력을 행사할 수 있었다. 어떤 의미에서 일시적이나마 집안의 기둥 노릇을 했던 것이다. 이처럼 비혼 남성이 부모 돌봄을 통해 가부장적 남성성을 재구성할 수 있게 되는 배후에는 비혼의 남자 형제가 주 돌봄자일 때 여자 형제가 거들지 않는 경우가 거의 없다는 현실이 놓여 있다. 딸들은 아무리 멀리 살고 자신의 일이 바쁘더라도 어떤 형태로든 비혼 아들의 부모 돌봄을 원조했다. 에하라는 성별 분업을 이른바 남자는 일, 여자는 가정이라는 부부간의 성별 분업이 아니라 모든 사회적 영역에서 가사 육아 혹은 다른 사람을 보살피는 활동을 어느 한쪽의 성별 범주와 연결짓는 일반적인 패턴이라고 정의한다.[60] 이 성별 분업의 정의는 비혼 남성이 주 돌봄자가 되었을 때 여자 형제가 느끼는 '미안하고 불편한 마음'에 적절한 설명을 제공한다. 이

---

60 江原由美子, 『ジェンダー秩序』(東京: 勁草書房, 2001), p. 126.

마음의 작용이 있기 때문에 비혼 아들은 주 돌봄자가 되었을 때 여자 형제에 대해 확실한 우위와 주도권을 확보할 수 있는 것이다.

그러나 비혼 아들과 기혼 형제간 돌봄의 분배가 늘 원만하게 이루어지는 것은 아니었다. 형제가 여럿이고 비혼 아들의 연령이 낮아질수록 돌봄의 배분에서 갈등이 불거지는 경향이 있었고 특히 기혼의 남자 형제에 대한 불만이 커지고 있었다.

자신이 가족들에게 희생당했다고 생각하는 혼마 씨의 사례를 들어보자.

12년간 동거하면서 아버지를 돌봤다. 처음에는 가벼운 뇌경색이었는데, 회복하고 나서 두 번째로 쓰러져 반신마비가 왔다. 처음 쓰러진 것이 1996년……어머니는 140센티미터 키에 체구가 작아서, 키가 175센티미터에 거동 불편한 아버지를 혼자 감당할 수가 없었다. 일단은 내가 미혼인데다 가까운 데서 살고 있어서 간병을 거들게 되었고, 결국 내가 주 돌봄자가 되었다. 죽기 전에 아버지는 신장 투석을 3년간 했는데, 당뇨도 있었고, 성인병 백화점과 같은 상태였다. 2008년에 아버지가 사망했는데, 나는 2006년에 이미 직장을 그만 둔 상태였다. 그때 건축사 1급이었다. 2급에서 1급으로 가는 데 네 번 떨어졌는데, 1급 따고 1년 안 돼서 그만둔 것이었다. 간신히 설계일을 배우게 됐는데, 그만두고 싶지 않았지만, 어머니까지 쓰러지면 정말 끝장이라는 생각에 어쩔 수 없이 그만뒀다……후쿠시마에 사는 형은 가끔 와서 아버지를 '시설에 넣으라'는 말만 되풀이했다. 멀리 떨어져 사는 데다 자기 가족이 있으니까 이쪽을 돌볼 틈이 없는 건 알지만, 울면서 시설에 가고 싶지 않다고 하는 아버지를 어머니와 내가 억지로 보내기 어려운 상황 같은 건 알려고도 안 했고 도와주지도 않았다. 그래도 결혼해서 같은 요코하마에 사는 여동생은 한 달에 몇 번씩 아버지 병원에 갈 때는 자기가 와서 데리고 가는 식으로 도움을 주었다. 아버지 돌아가시고 '번아웃 증후군'으로 난 1년간 아무것도 할 수 없었다. 진작에 약혼자도 떠났고……케어 때문에 인생이 엉망이 돼버렸다고 생각해서 스트레스맥스 상태였다. 지금 생각해보면 좀 분산시켰으면 됐을 걸, 혼자서 다 짊어진 것이 나빴다. 내가 희생해서 아버지는 행복했을까, 알 수 없다.

사례 3 혼마 씨, 48세 비혼 남성, 2남 1녀 중 차남

혼마 씨는 현재 80세가 된 어머니와 둘이 살면서 시설에서 개호 복지사로 일하고 있다. 그는 이대로 비혼인 채로 있다가 어머니에게 돌봄이 필요해졌을 때 또 아버지 때처럼 어영부영 자신이 주 돌봄자가 되는 상황이 반복될까 봐 두렵다고 했다. 그걸 막기 위해서라도 어서 결혼하고 싶으나 현재 상태로는 수입이 적어 사귀는 사람이 있음에도 불구하고 결혼하기 어려운 상황이라 초조하다고 심경을 털어놓았다.

혼마 씨의 돌봄 상황은 앞서 소개한 두 사람과 여러모로 달랐다. 혼마 씨는 막내아들로 아버지를 돌보고 있었고, 멀리 사는 기혼인 형이 있었다. 또 앞의 두 사람과 달리 혼마 씨는 당시 형제간의 돌봄의 분배가 불공정하게 이루어졌다는 점에 대해 지금도 분노하고 있었다. 그의 분노는 여동생보다는 주로 형에게 향하고 있었다. 이것은 형이 여동생에 비해 실질적으로 돌봄에 기여한 바가 적기 때문이기도 하겠지만 그것만으로 혼마 씨의 분노를 설명하기 어려웠다. 주도권과 남성성의 측면에서 살펴볼 필요가 있었다. 먼저 주도권 측면에서 보자면, 앞서 지적한 것처럼 기혼 여자 형제는 비혼 아들이 주 돌봄자가 되었을 때 그의 가부장적 주도권을 수용하는 경향을 보인다. 이에 반해 기혼인 남자 형제의 경우 애초에 성별 분업에서 기인하는 미안한 마음이 없으므로 주 돌봄자인 형제가 자신과 가족에게 주도권을 행사하는 것을 용납하지 않는다. 따라서 혼마 씨에게는 앞의 두 사람처럼 부모 돌봄

을 통해 가부장적 남성성을 재구성할 여지가 적었다. 다음은 남성성들 간의 경합의 측면인데, 혼마 씨의 형은 혼마 씨의 돌봄에 대해 미안하다고 말 한 적이 없다고 했다. 그것은 단지 말의 부족이라기보다는 실제로 미안하지 않았을 가능성이 크다, 왜냐하면 혼마 씨 형의 입장에서 볼 때 혼마 씨는 '가능한 사람이라서' 부모를 돌본 것이기 때문이다. 다른 산업화된 사회와 마찬가지로 일본 사회의 젠더 구조는 가부장적 질서, 성별 분업, 이성애를 특징으로 하며 그것을 실현하는 핵심적인 장치가 결혼이다. 따라서 여자가 없는 비혼 아들은 헤게모니적 남성성에서 볼 때 낮은 위계에 위치하게 되고 이것은 곧 여성성과 가까워지는 것을 의미한다. 그런 까닭에 비혼 아들은 기혼 아들보다 돌봄에 더 적합한 것으로 간주될 수 있다. 이 구도에서 보면 어떤 의미에서 혼마 씨가 형에게 '여자' 노릇을 했던 셈이 되며, 바로 그 점이 혼마 씨의 남성성에 상처를 입혔을 것이고, 그것이 형에 대한 혼마 씨의 식지 않는 분노로 이어진 것이 아닐까 생각한다.

지금까지 기혼의 형제가 있는 돌봄자들의 사례를 살펴보았다. 이들은 개인적인 차이는 있지만 모두 주 돌봄자가 된 것은 자신이 '싱글'이기 때문이라고 이야기하고 있었고 돌봄의 분배에 관해 불만은 있을지라도 애당초 돌봄을 거부하지는 않았다는 점에서 공통된다. 그런데 만일 위 세 명에게 비혼의 여자 형제가 있었다면 돌봄의 배분 양상과 비혼 아들의 태도는 크게 달랐을 것이다. 비혼 아들을 중심으로 가족 내 돌봄의 배분을 살펴볼 때 흥미로운 것은 여자 형제에 대한 돌봄 기대가 결혼 여부에 따라 현저하게 달라진다는 점이었다. 남자 형제에 대해서도 달라지기는 했지만 상대가 여자인 경우는 기혼인가 비혼인가에 따라 돌봄 기대가 극적이라고 할 만큼 달랐다. 비혼 아들이 부모 돌봄 문제에 직면했을 때 만일 그에게 비혼의 여자 형제가 있으면, 비혼 남성들은 그녀가 멀리 떨어진 곳에 살거나, 정규직으로 좋은 직장에 다니고 있거나, 심지어 심신이 건강하지 못한 상태라고 해도 자신이 주 돌봄자가 되지 않으려고 했다. 그것은 무스코사롱의 회원 중에 비혼의 여자 형제가 있는 사례가 매우 드물었다는 점을 통해서도 방증된다.[61] 또 연구자가 같은 단체에서 주최하는 부모를 돌보는 딸 모임에 대한 현장연구를 통해서도 이러한 상황을 간접적으로 확인할 수 있었다. 무스코사롱에서 비혼의 여자 형제에 대한 언급 자체가 귀한 것과 달리 부모를 돌보는 딸들의 모임에서는 비협조적인 비혼 남자 형제에 대한 원망과 성토가 가장 자주 등장하는 화제 중 하나였다.

지금까지 비혼 아들이 돌봄자가 된 맥락과 가족 내 돌봄에서 나타나는 배분의 역학을 검토했다. 부모 돌봄이 비혼 아들의 남성성에 미치는 영향은 복잡하고 다면적이다. 그들의 남성성은 다방면에서 밀어닥치는 압력과 협상하면서 만들어지는 중이었다. 그 가운데 새로운 남성성의 형성이라는 관점에서 다음 두 가지 흐름을 주목할 필요가 있다.

우선 자식 중 기혼보다 비혼 자녀가 돌봄에 더 적합한 것으로 간주되는 경향이 강화되고 있다는 점이다. 딸뿐만 아니라 아들에게도 적용된다는 것이 이전과 달라진 점이다. 전후 일본에서 비혼 딸은 줄곧 부모 돌봄의 '숨겨둔 자원'이었다. 돌봄을 여성과 우선적으로 연결 짓는 성별 분업의 논리는 비혼 여성의 삶에도 관철되어왔다. 그런데 고령화의 진전과 더불어 가족 돌봄에서 친자 규범이 강조되면서 비혼 남성도 부모 돌봄자로 '적합한' 범위에 포함되게 되었다. 비혼 아들과 부모 돌봄의 결합은 그들의 남성성을 위축시키고 사회적으로 주변화하는 경향이 있다. 하지만 앞서 살펴본 바와 같이 결과는 일률적이지 않다. 시야를 넓혀서 다른 사회적 관계와의 역동 속에서

---

61 예외는 한 건 있었는데 비혼인 남매가 치매 어머니와 동거하며 돌보는 경우였다.

새로운 남성성의 형성에 접근할 필요가 있을 것이다.

다음으로, 신체를 기반으로 한 장기간의 돌봄 경험 또한 남성성 형성에서 중요한 영역으로 다루어져야 할 것이다. 돌봄 제공이란 수시로 기저귀를 갈거나 화장실에 데려가는 일, 음식을 목구멍으로 넘길 수 있도록 섬세하게 배려하는 일, 몸에 미처 눈치 채지 못한 상처가 생기거나 기능 부전이 발생하고 있는 것이 아닌지 주의 깊게 살피는 일의 끝없는 반복이다. 아들과 부모 간의 신체를 매개로 한 이와 같은 관계 맺음이 아들의 생애에서 어떻게 의미화되는지는 흥미로운 지점이다. 이는 과도하게 성애화된 남성성의 형성에 새로운 맥락을 제시할 수 있을 것으로 생각한다.

4. 남성 돌봄자와 젠더 질서의 변화

부모 돌봄의 배분에 국한해볼 때 1990년대 이후 일본에서 다음 두 가지 가족 규범의 변화가 나타났다. 첫째는 돌봄이 자녀의 배우자가 아니라 친자녀가 수행해야 할 의무로 인식 전환되었다는 것이다. 둘째는 배우자의 부모에 대한 돌봄 규범의 약화가 배우자가 있는 자녀의 부모 돌봄 규범의 약화를 동반하고 있다는 것이다.

먼저 친자 규범이 강화됨에 따라 자녀 세대 간의 부모 돌봄에서 우선순위는 다음과 같이 나타나고 있었다. 부모 돌봄에 적합도가 높은 자식 순으로 나열하자면, 1순위 비혼 딸, 2순위는 기혼 딸 혹은 비혼 아들, 3순위는 기혼 아들이다. 서열 결정의 주요 요인은 혼인 여부와 젠더다. 오랫동안 1위 며느리, 2위 딸, 어느 쪽도 없을 때는 아들이라는 구도로 돌봄의 배분이 이루어졌다는 것을 생각하면 위와 같은 순위 변동은 성별 분업의 완화를 나타내는 것으로 볼 수 있다.

그러나 위와 같은 변화를 헤게모니적 남성성의 관점에서 보자면 크게 달라진 것이 없다고 해석할 수도 있다. 며느리가 없어진 자리를 다른 여성들이 메우고, 아들 내부에서 비혼과 기혼자 간의 분화가 일어났을 뿐 돌봄에서 기혼 아들이 가장 멀리 배치되는 기본 구도는 달라지지 않았기 때문이다. 가족 돌봄자의 구성이 변화되는 속에서도 돌봄의 책임을 여성에게 우선적으로 지우는 성별 분업의 원리도 그대로 유지되고 있다. 일부 여성이 노동조직의 상층부에 진입하는 것이 성별 분업의 구도 자체를 바꾸지 못하는 것과 마찬가지로 남성 중 일부가 돌봄에 참여한다고 해서 이 성별 분업의 기본 구도가 바뀔 것이라고 기대하기는 어렵다.

그러나 젠더 구조의 기본은 그대로 유지한 채 단지 유연해지고 있을 뿐이라고 결론짓는 것은 유보하고 싶다. 왜냐하면 구조란 제도와 사회 체계의 고정된 묶음이 아니라 사람들의 성찰적 행위의 집합적 산물이기 때문이다. 구조로서의 젠더 역시 수동적으로 내면화되고 실행되는 규범의 목록이 아니라 사회적 실천을 통해 형성/재형성되는 상호작용이다. 따라서 남성성은 변화한다. 특히 다수로부터 정당성을 획득한 이상화된 남성성으로서의 헤게모니적 남성성은 다른 남성성들로부터 항상적인 도전에 직면하며 가부장제를 수호하는 조건들이 바뀌면 달라진다. 사후가 아니라 과정으로서 이러한 변화를 포착하는 것은 어려운 과제다. 이 글은 비혼과 돌봄을 지표로 삼아서 남성성의 변화의 향방을 추적했다. 두 지표에 대한 정리로 마무리를 대신하겠다.

싱글 붐을 타고 처음 부상했을 때 비혼이라는 삶의 양식은 기존의 가족 중심의 사라리만 남성성에 대한 대항적 의미를 담고 있었다. 그러나 1990년대 이후 장기불황과 인구위기론을 거치면서 비혼 남성은 가계 부양자로서의 헤게모니적 남성성에 권위를 부여하는 존재로 주변화되었다. 비혼 남성의 존재는 가족 중심 사회에 대해 성찰적 문제의식을 제기하는 의제가 아니라 비정규직이라서 결혼도 못하는 남자들의 문제로 초점이 바뀌어버렸다. 한편 같은 시기 부모 돌봄 영역을 중심으로 가족 돌봄자의 구성에도 변화가 일어났다. 이전에는 부모 돌봄을 면제 받았던 비혼 남성도 돌봄자로 호명되게 되었다. 현재로서 이러한 비혼 남성과 부모 돌봄의 결합은 주로 비혼 남성의 남성성을 주변화하는 요인으로 작용하고 있는 것으로 보인다. 이들의 부모 돌봄이 젠더화된 돌봄 영역에 긍정적 변화를 초래해 돌봄의 탈젠더화를 촉진하고 있다고 말하기는 어려운 상황인 것이다. 그러나 일본 사회의 비혼화와 고령화 추세를 볼 때 이들 비혼 남성 돌봄자는 계속 증가할 전망이다. 또 제한적이기는 하지만 무스코사롱과 같은 그룹을 중심으로 돌봄의 가치를 역설하고 남성 돌봄자의 처우 개선을 요구하는 목소리도 높아지고 있다. 따라서 이들 남성 돌봄자들이 헤게모니적 남성성에 도전하는 대안적 남성성으로 부상할 수 있는 가능성도 배제할 수는 없다.

사회적으로 볼 때 돌봄을 '여자들'에게 맡기고 생계 부양자 역할에만 전념하는 사라리만 남성성의 헤게모니는 여전히 굳건해 보인다. 하지만 변화의 징후가 없는 것은 아니다. 젊은 세대로 갈수록 생계 부양자 역할을 강조하고 집안의 대표자로 권위를 발휘하던 남성성에 대해 거리를 두려는 의식이 뚜렷하게 나타나고 있는 것이다. 더불어 돌봄과 남성 간의 거리도 확실히 좁혀지고 있는 것처럼 보인다.

1999년 후생노동성은 아이돌 가수의 남편을 내세워 대대적인 이쿠맨[62] 캠페인을 펼쳤다. 성별 분업을 완화하고 헤게모니적 남성성을 개혁하는 데

---

62 육아에 적극적인 남자를 일컫는 일본의 신조어. 육아를 의미하는 이쿠지(育児)와 맨(man)의 합성어.

정부가 직접 개입했다는 점에서 주목할 만한 변화였다. 당시 후생노동성이 내걸었던 "육아하지 않는 남자를 아버지라고 부르지 않는다"는 슬로건은 아직까지 언급될 만큼 인상적이었다. 그러나 생계 부양자로서의 남성의 부담이 줄지 않고 양육에 대한 실질적인 지원이 부족한 상황에서 돌봄을 단지 가족에게 이관하려는 한다는 비판도 있었다. 결과적으로 캠페인의 효과는 완만하게 나타나고 있다. 직접적인 변화의 지표라고 할 수 있는 남성의 육아휴직률은 이전보다 증가했다고는 하나 2012년 현재 1.89%에 머물고 있다.[63] 육아휴가를 쓰고 싶어도 가계 수입이 줄고 조직 내에서 평가가 낮아지는 것을 꺼려 실제로 쓰는 남성이 극소수에 머물고 있기 때문이다.

육아와 비교할 때 같은 기간 고령자 돌봄에서 남성 참여는 괄목할 만한 변화를 보였다. 전체 가족 돌봄자 중에서 남성의 비율이 크게 증가했고 이 쿠맨에 빗대어 고령자 돌봄을 적극적으로 하는 남성을 '케어맨(care man)'이라고 부르자는 움직임도 생겨났다.[64] 육아하는 남성은 담론상으로는 긍정적 이미지로 자리 잡았지만 현실적으로는 그 존재가 미미하다. 그러한 상황에서 백만 명 단위를 넘어선 노인을 돌보는 남성들이 대안적 남성상으로서 자신들의 존재를 제시한 것이다. 이러한 대체 시도가 어느 정도로 성과를 거둘 수 있을지는 지켜봐야 할 일이다. 그러나 남성성과 돌봄의 연결이 헤게모니적 남성성 개혁의 핵심 장소가 되고 있는 것은 분명해 보인다.

---

63 여성의 육아휴직률은 83.6%다. 厚生労働省, 『雇用均等基本調査』(2012) 참조.

64 津止政敏, 『ケアメンを生きる一男性介護者100万人へのエール』(京都: クリエイツかもがわ, 2013).

참고문헌

무연사회 프로젝트 팀. 2012.『혼자 살다 혼자 죽는 사회 무연사회』. 김범수 옮김. 서울: 용오름.

야마다 마사히로. 2004.『패러사이트 싱글의 시대』. 김주희 옮김. 서울: 성신여대출판부.

코넬(Connell, R. W.). 2013.『남성성/들』, 안상욱·현민 옮김, 서울: 이매진.

海老坂武. 1986.『シングル・ライフ一女と男の解放学』. 東京: 中央公論社.

江原由美子. 2001.『ジェンダー秩序』. 東京: 勁草書房.

_____. 2012.「社会変動と男性性」.『揺らぐ男性のジェンダー意識』. 東京: 新曜社. pp. 23~37.

春日キスヨ. 2013.「男性介護者の増大と家族主義福祉レジームのパラドクス」.『親密性の福祉社会学一ケアが織りなす関係』. 東京: 東京大学出版会. pp. 165~184.

津止政敏. 2013.『ケアメンを生きる一男性介護者100万人へのエール』. 京都: クリエイツかもがわ.

森永卓郎. 1997.『「非婚」のすすめ』. 東京: ゴマブックス.

_____. 2003.『「B」で生きる経済学』. 東京: 中公新書ラクレ.

Allison, Anne. 2013. *Precarious Japan*, Durham. nc: Duke Univ. Press. p. 24.

Connell, R. W. 1993. "The Big Picture: Masculinities in Recent World History." *Theory and Society*, 22(5), pp. 597~623.

Dasgupta, Romit. 2000. "Performing masculinities? The 'Salaryman' at Work at Play." *Japanese Studies*, 20(2), pp. 189~200.

Ishii-Kuntz, Masako. 2003. "Balancing Fatherhood and Work: Emergence of Diverse masculinities in Contemporary Japan." in *Men and Masculinities in Contemporary Japan: Dislocating the Salaryman Doxa*. London; New York: Routledge. pp. 199~216.

Meredith, Barbara·Jane Lewis. 1988. *Daughters Who Care*. London: Routledge.

Roberson, James E.·Nobue Suzuki. 2003. "Introduction" in *Men and Masculinities in Contemporary Japan: Dislocating the Salaryman Doxa*. London; New York: Routledge.

NHK放送文化研究所. 1980~2010.『現代日本人の意識構造』. 東京: NHK出版.

全国国民健康保険診療施設協議会. 2012. 『家族介護者の実態と支援方策に関する調査研
　　究事報告書』.

総務省. 1950~2010.『国勢調査報告』.

_____ . 2007.『就業構造基本調査』.

_____ . 1995~2011.『労働力調査』.

厚生労働省. 2010~2012.『国民生活基礎調査』.

_____ . 2010.『介護保険事業状況報告』.

_____ . 2012.『雇用均等基本調査』.

厚生統計協会. 2008.『保険と年金の動向2008』.

6장

금기와 미망을 넘어서

일본 남성 동성애문학세계 읽기

/

이지형

1. 터부의 실제

동성애가 화두일 때 빠질 수 없는 일본의 소설가라면 역시 미시마 유키오 (三島由紀夫)를 첫 손가락에 꼽을 수 있다. 그 문학의 동성애적 성격과 더불어 작가 자신의 동성애 성향 여부가 끊임없는 논란의 대상이기 때문이다. 노벨문학상 후보에 오른 세계적 인지도, 자위대 건물 점거에 이은 충격적 할복 자살, 사상의 극우 성향, 소설의 현란한 문체와 유미주의 등의 화려한 배경도 미시마가 논의의 중심에 있기 마련인 이유다. 더불어 이는 그가 항상 논의의 중심이면서도, 어떤 면에서는 단 한 번도 '제대로' 논의되지 못한 이유이기도 하다. 다시 말하면, 그는 직시하기 곤란한, 과잉의 '문제적 작가'인 것이다. 그리고 '문제성'은 그 화두가 '동성애'일 때 정점에 이른다. 아래의 인용문은 이러한 상황을 증명하는 알기 쉬운 하나의 예시다.

필자는 연구나 교육 영역에서 단지 동성애 문제를 다뤘다는 사실만을 이유로 아내 있는 유부남인지 여부를 확인하는 질문을 받은 경험이 있다. 이러한 일이 실제 발생하므로 동성애 연구자들은 자신에게 불이익이 초래될 가능성을 배제하기 위해 일일이 자신은 동성애 당사자가 아니라는 첨언을 하는 일이 빈번하다. 하지만 아무리 자신이 동성애자가 아니라고 해도 그러한 첨언의 태도는 동성애혐오를 부추기는 행위이기에 피해야 마땅한 것이다. 필자는 본 논문을 작성함에 있어 동성애 당사자임을 주장하지도 않지만, 또한 '당사자는 아니지만'이라는 첨언을 하고 싶지도 않다.[1]

문학연구자 아토가미 시로(跡上史郎)가 미시마 유키오의 소설 『가면의 고백(仮面の告白)』을 고찰한 자신의 논문에서 각주의 형태로 남길 수밖에 없었던 지극히 이례적인 위의 언급이 '문제성'의 실체를 환기시킨다. 동성애를 주제로 연구하는 일개 연구자의 성 정체성에 대한 확인과 자기 검열이 요구되는 실상. 일련의 의구심 어린 시선으로부터 자유로워지기 위해서는 학술 논문에 전혀 걸맞지 않는 개인적 내용을 '첨언을 하고 싶지도 않다'는 식으로라도 '첨언'하지 않으면 안 되는 현실. 그 현실의 이면에 놓인 것은 동성애에 대한 사회 일반의 뿌리 깊은 혐오와 동성애자 차별이다. 바로 이것이 '동성애' 문제를 둘러싼 터부의 실제다.

당연히 일본이 자랑하는 작가 미시마 유키오는 이러한 혐오와 차별로부터 지켜야 한다는 '보호'의 역학이 일본문학을 포함한 관련 학계에서 때로는 암암리에, 때로는 노골적으로 작동하고 있다. 그렇기에 아토가미 시로

---

1 跡上史郎,「最初の同性愛文学ー『仮面の告白』における近代の刻印」, ≪文芸研究≫, 150卷(2000), p.70의 주(11).

는 『가면의 고백』(1948) 이전까지 "일본문학 세계에서 남색 및 동성애에 관한 속설의 유포는 있어도 문학의 형태로 동성애 아이덴티티가 형성된 예는 없었다"[2]며 『가면의 고백』을 통해 비로소 동성애문학의 근대가 열렸다고 어렵사리 주장하면서 더더욱 자신의 성 정체성이 '동성애'와 무관함을 위에서와 같이 천명하지 않을 수 없었던 것이다. 분명 내키지 않음에도 실행하지 않을 수 없는 현실이야말로 동성애가 현실과 연구 양면에서 여전한 터부이자 낙인임을 역설적으로 증명한다. 이는 일본 남성 동성애문학에 대한 이 글의 논의가 현재적 터부의 실제를 확인함과 더불어 출발할 수밖에 없는 이유이기도 하다. '터부'와 '보호'라는 이율배반적인 두 가지 양상이 바로 동성애문학 연구를 둘러싼 현실적 억압의 실체다. 이 글은 이러한 동성애, 동성애문학 그리고 동성애문학 연구에 대한 '관심 어린' 시선을 다분히 의식하되, 또한 동시에 가능한 한 그것과 거리를 두면서 논의를 진행할 것이다. 더불어 이 글에서의 동성애문학이란 '동성애소설'을 의미하며, 필연적으로 페미니즘문학의 문제와 결부될 수밖에 없는 여성 동성애문학은 논의의 편의상 배제한 채 남성 동성애문학을 중심으로 고찰함을 본론에 앞서 밝혀두고자 한다.

2. 남성 동성애문학의 불확실한 경계

동성애 및 동성애문학을 둘러싼 뿌리 깊은 편견과는 달리 그것을 논하고자 할 때 맞부딪히는 실제적 곤란함은 다른 곳에 있다. 정작 그것의 실체와

---

2 跡上史郎, 「最初の同性愛文学—『仮面の告白』における近代の刻印」, ≪文芸研究≫, 150卷(2000), p.70

경계가 매우 애매모호하다는 사실이다. '동성애' 그 자체의 정의도 결코 자명하지 않지만 더욱 문제인 것은 본 논의의 핵심인 '동성애문학'이다. 즉, 과연 무엇을 '동성애문학'으로 정의할 수 있을 것인가의 문제다. '동성애문학'은 '동성애자' 작가가 쓴 문학인가? '동성애자'가 작품 내에 등장하는 문학인가? 아니면 '동성애적 요소'가 작품에 삽입된 문학인가? 혹은 동성애와 일견 무관해 보이는 작품이라도 독자가 작품에서 어떤 암시를 찾아낸다면 이것을 '동성애문학'이라 부를 수 있는가? 이처럼 '동성애문학'이라는 범주는 그 자체로 불확실성을 내포한다. 구로이와 유이치(黒岩裕市)가 "남성과 여성의 동성애문학을 일괄해 함께 논하는 것은 불가능하다"[3]고 단언한 것도 바로 '동성애문학'이라는 범주 자체의 불확실성과 모호성 때문이었다. 이 글의 논의는 이 '불확실성'을 전제한다. 그렇기에 여기에서 '동성애문학'은 '동성애적 문학'이라는 포괄적이고 유연한 범주로 정의해 사용하고자 한다.

같은 맥락에서 일본 남성 동성애문학의 영역 또한 불분명하며 그 경계는 자명하지 않다. 그 존재감 또한 일본문학 전체에서 그리 큰 비중이라 하기는 어렵다. 하지만 이는 동성애 혹은 동성애문학에 덧씌워진 편견과 주변성의 영향이 적지 않다. 나아가 시야를 섹슈얼 마이너리티 문학 전반, 이른바 일본 LGBT문학으로 확대한다면 남성 동성애문학은 그중에서는 가장 중심적인 위치에 있음에 분명하다. 물론 레즈비언(Lesbian), 게이(Gay), 양성애자(Bisexual), 트랜스젠더(Transgender)를 포괄하는 범주로서의 LGBT, 즉 섹슈얼 마이너리티 혹은 성 소수자 각각의 내실도 결코 균질하지만은 않다. 심지어 비대칭일 경우도 있다. 그럼에도 주류 사회로부터의 차별과 억압이라는 측면에서 그들은 동류이며 LGBT문학 또한 그 연장선상에 있다. 남성 동

---

3   黒岩裕市, 「ホモセクシュアル文学」, ≪昭和文学研究≫, 第58集(2009), p.78.

성애문학은 상대적으로 더 풍부한 양적 규모와 억압받는 존재로서의 대표성에 있어 LGBT문학 내에서 중심적 위치를 점한다. 이는 섹슈얼리티로서 남성 중심성이 섹슈얼 마이너리티와 그 문학의 자장 속에서도 여전히 유효한가라는 관점에서 본다면 분명 미묘한 문제이기도 하다. 하지만 섹슈얼 마이너리티 문학을 논구하는 창구로서 남성 동성애문학이 여성 동성애문학을 포함한 다른 문학에 비해 더 효율적이며 적합하다는 것은 부정하기 어렵다. 특히 그 대상이 일본 남성 동성애문학이라면 더욱 그러하다.

축적이 비록 미미한 편이지만 일본 남성 동성애문학 선행 연구를 개관하면, 동성애문학의 주변성과 남성 동성애문학의 대표성이 함께 확인된다. 먼저 주목해야 할 것은 구로이와 유이치와 아토가미 시로의 연구다. 구로이와는 「호모섹슈얼문학(ホモセクシュアル文学)」(2009)에서 기존 동성애문학 연구를 개관하며 '동성애문학' 자체의 정의 및 범주를 근본적으로 문제시한다. 더불어 오에 겐자부로(大江健三郎), 에도가와 란포(江戸川乱歩) 등의 소설을 남성 동성애 표상의 관점에서 논하고 있다.[4] 아토가미는 「최초의 동성애문학-『가면의 고백』에서의 근대의 각인(最初の同性愛文学—『仮面の告白』における近代の刻印)」(2000)에서 일본 남성 동성애문학을 논함에 있어 피해갈 수 없는 대상인 문제적 작가, 미시마 유키오의 소설에 대해 논한다. 그는 미시마와 그의 소설 『가면의 고백』(1948)을 통해 비로소 일본 동성애문학의 진정한 근대가 시작되었다고 주장한다. 이는 소설 속 동성애 주체를 애써 '모른 체'하며 작품의 주제나 구조에만 초점을 맞추면서 실제가 아니라 '상징

---

4 *黒岩裕市, 「「男色」と「変態性欲」の間 :『悪魔の弟子』と『孤島の鬼』における男性同性愛の表象」, ≪一橋論叢≫, 134(3)(2005), 一橋大学.
*黒岩裕市, 「大江健三郎『喝采』の男性同性愛表象」, 『フェリス女学院大学文学部紀要』, 47(2012), フェリス女学院大学.

레벨'에서의 동성애적 묘사 운운하며 그 해석의 가능성을 축소·차단하기에 급급했던 기존 연구의 방향과는 확연히 선을 긋는 입장이다. 이처럼 그간 일본문학 내의 '동성애'적 요소는 의식적이든 무의식적이든 부차적인 것으로 치부된 측면이 컸다. 특히 작가 자신의 동성애 지향과 맞물려 논란이 되는 경우, 그리고 그 작가가 이른바 메이저 작가일수록 작품의 '동성애' 요소에 착목하는 것은 암묵적으로 회피되는 경향이 없지 않았다. 그런 의미에서 아토가미의 논문은 미시마 자신의 커밍아웃 소설 여부로도 논란이 되었던 『가면의 고백』의 동성애 아이덴티티를 우회하지 않고 적시했다는 점에서 그 의의가 크다.

그 외에 요시카와 도요코(吉川豊子)는 「호모섹슈얼문학 개관(ホモセクシュアル文学管見)」(1992)에서 메이지, 다이쇼 시대의 '스쿨보이 동성애' 소설의 계보와 나쓰메 소세키(夏目漱石)『마음(こころ)』, 미시마 유키오『금색(禁色)』의 동성애성을 논하며 남성 동성애문학의 경계를 측정한다.[5] 또한 자연주의 문학과 섹슈얼리티를 동성애 관점에서 논했던 1990년대 후루카와 마코토(古川誠)의 일련의 성과들도 주목할 만하다.[6] 나쓰메 소세키의 『마음』(1914)을 '동성애소설의 걸작'이라 단언했던 고모리 요이치(小森陽一)의 「『마음』의 동성애와 이성애 - 「죄」와 「죄악」을 둘러싸고(『こころ』におけ

---

5 吉川豊子, 「ホモセクシュアル文学管見」, ≪日本文学≫, 1992, 日本文学協会, pp. 95~97.

6 *古川誠, 「セクシュアリティの変容:近代日本の同性愛をめぐる3つのコード」, ≪日米女性ジャーナル≫, 17(1994), 城西大学
   *古川誠, 「江戸川乱歩のひそかなる情熱−同性愛研究家としての乱歩(江戸川乱歩の魅力−生誕100年 <特集>)−(乱歩の軌跡)」, ≪国文学解釈と鑑賞≫, 59(12)(1994), 至文堂.
   *古川誠, 「自然主義と同性愛−−明治末性欲の時代(特集·近代日本とセクシュアリティ)」, ≪創文≫, 380(1996. 9.), 創文社.
   *古川誠, 「近代日本の同性愛認識の変遷 −男色文化から「変態性欲」への転落まで (特集 多様なセクシュアリティ)」, ≪季刊女子教育問題≫, 70(1997), 労働教育センター.

る同性愛と異性愛-「罪」と「罪悪」をめぐって)」(1994)의 신선한 충격도 빼놓을 수 없다.[7]

문학의 외연에서 동성애를 논한 작업으로는 가자마 고(風間孝)와 후시미 노리아키(伏見憲明)를 놓칠 수 없다. 가자마는 정치, 역사의 관점에서 동성애 및 동성애자 문제를 소환하고 있고,[8] 후시미는 문학과 현실을 넘나들며 남성 동성애의 계보를 목록화한다.[9]

하지만 이러한 일련의 결과물에도 불구하고 선행 연구의 성과들은 산발적이고 단편적인 수준에 머물러 있다. 더욱 문제적인 것은, 남성 동성애문학을 포함한 일본 LGBT문학 연구의 기저에 '억압'의 역학이 크게 작동하고 있다는 부정할 수 없는 현실이다. 억압은 LGBT 및 LGBT문학을 향한 학계 내외부로부터 의식·무의식적 금기와 외면, 그리고 그것을 내면화한 연구자 자신의 자기 검열 등이 맞물려 현실화된다. 아토가미의 말을 빌리자면, 연구자들은 "알지 못하는 것이 아니"라 "알려고 하지 않는다."[10] 이것은 "인식의 문제" 이전의 문제이다. 이로 인해 야기된 연구의 결핍은 국가, 계급, 인종, 민족, 젠더 등 뿌리 깊은 경계와 장벽을 월경하며 횡단적으로 사고하는 현재의 문학·문화연구 풍토의 개방성을 감안할 때 상대적으로 더욱 도

---

7   小森陽一, 「『こゝろ』における同性愛と異性愛-「罪」と「罪悪」をめぐって」, 小森陽一·中村三春·宮川健郎編, 『総力討論 漱石の『こゝろ』』(翰林書房: 1994)

8   *風間孝, 「エイズのゲイ化と同性愛者たちの政治化(総特集 レズビアン/ゲイ·スタディーズ) - (理論とアクティヴィズム)」, ≪現代思想≫, 25(6)(1997), 青土社.
    *風間孝, 「解釈の政治学-同性愛者の歴史と証言(特集=教科書問題-歴史をどうとらえるか)」, ≪現代思想≫, 25(10)(1997), 青土社.

9   *伏見憲明, 『性のミステリー——越境する心とからだ』(講談社, 1997)
    *柿沼英子×西野浩司×伏見憲明, 「三島由起夫からゲイ文学へ」, ≪クィア·ジャパン≫, Vol.2(2000).
    *伏見憲明, 『ゲイという経験』(ポット出版, 2004)

10 跡上史郎, 前掲書, p. 70.

드러져 보인다. 중심과 주변 관계의 전복, 혼종성 등 현실의 문제의식을 투영한 문화이론이 연구 작업에 적극적으로 도입·전유되는 이 시점에서도 남성 동성애문학을 포함한 LGBT문학은 철저히 주변적 위치에 내몰려 있다. 이것은 근대 이전의 '남색(男色)'적 문화를 포함해 근현대문학을 통해서 미미하지 않은 존재감을 발하는 남성 동성애문학의 수맥을 감안할 때도 분명 문제적이고 예외적이다.

그러면, 넓은 의미에서 남성 동성애문학으로 분류할 수 있는 일본 소설에는 어떠한 것들이 있는가? 앞에서 밝혔듯이 그 영역은 불확실하며 경계는 모호하기에 명확한 분류가 곤란하다는 것을 전제로 제시하자면, 〈표 6-1〉과 같은 소설들이 일본 남성 동성애문학의 예시가 될 수 있을 것이다.[11]

〈표 6-1〉의 목록은 일본 근현대문학 중 20세기 이후 소설을 대상으로, 가능한 한 유연한 범주에서 '순문학'에 가깝다고 평가되는 텍스트를 중심으로 선정한 것이다.[12] 그 속에는 동성애소설과 동성애적 소설, 동성애 성향의 작가의 소설과 그렇지 않은 작가의 소설, 순문학적 소설과 통속문학적 소설 등

---

11 이 〈표 6-1〉 목록은 '남성 동성애'를 키워드로 선행 논문에서 거론된 작가 및 작품들을 가능한 망라하고, 웹사이트 http://kenko321.web.fc2.com/gay/list-gay.html을 참고한 것을 토대로 작성되었다.

12 물론 '순문학'이라는 카테고리 또한 지극히 불명료한 것이지만, 이른바 '통속문학', '대중문학'까지 그 영역을 확장할 경우에는 그 대상의 방대함과 모호함으로 인해 선별 작업이 한층 곤란해질 것이 분명하기에 고육지책으로 '순문학'이라는 애매한 경계를 설정해 제한적으로 선별하였다. 다만 위 목록의 텍스트 중 이 기준에서 다소 예외적인 작가가 있다. 바로 모리 마리(森茉莉)와 이시카와 다이가(石川大我)이다. 모리 오가이의 딸이기도 한 모리 마리의 소설은 이른바 '야오이 소설'로 불리는 BL(Boy's Love)문학 장르의 효시로 평가되기도 하지만 여기에서는 목록에 포함시켰다. 또한 이시카와 다이가 『내 그대는 어디에 있나?(ボクの彼氏はどこにいる？)』는 남성 동성애자인 작가 자신의 자전적 커밍아웃(coming-out) 소설로서 이른바 현대 일본 '게이소설'의 대표 격으로 일컬어진다. 순문학보다는 통속문학적 성격이 더 짙지만, 그 상징성을 감안해 목록에 함께 포함시켰다.

표 6-1 일본 남성 동성애문학 작품 예시

작가명	책명(출간 연도)	번역 여부	내용
하마오 시로 (浜尾四郞)	『악마의 제자(悪魔の弟子)』 (1929)	미번역	내연녀를 살해한 혐의로 수감된 주인공 시마우라가 과거 동성애 관계에 있었던 담당 검사에게 편지를 보내 고백 형태로 자신의 결백을 주장하는 내용의 소설. 아내를 살해하는 완전범죄를 꾀했으나 뜻하지 않게 내연녀가 죽게 되었다는 결말의 미스터리 소설.
에도가와 란포 (江戸川乱歩)	『외딴섬 악마(孤島の鬼)』 (1929~1930)	번역. [김문운 역, 『외딴섬 악마』(동서문 화사, 2004)].	25세 청년 미노우라는 혼약자 하쓰요의 의문의 죽음을 파헤치기 위해 자신을 흠모하는 동성애자 친구 모로토와 함께 모로토의 고향인 외딴섬으로 향한다. 그 곳에서 그가 목도한 것은 아이를 감금해 인공적인 신체 기형자를 만드는 지옥 같은 세계였다. 그로테스크한 분위기 속에 동성애, 우생학 등의 요소가 망라된 미스터리 추리 소설.
호리 다쓰오 (堀辰雄)	『불타는 뺨(燃ゆる頰)』 (1932)	번역. [eBook 형태로 번역, 『장밋빛 뺨』(아지사이, 2015)].	결핵으로 요양원 생활을 하는 20대의 주인공이 고교시절 기숙사 생활을 함께 하며 우정을 넘어 동성애적 정서를 나눴던 동급생 친구와의 추억을 회상하는 단편소설.
가와바타 야스나리 (川端康成)	『소년(少年)』 (1948~49)	미번역	가와바타의 자전적 소설. 중학생 시절 기숙사 방을 함께 쓴 동급생 기요노와의 정신적 연애를 당시 일기를 바탕으로 쓴 소설.
	『가을비(しぐれ)』 (1949)	미번역	주인공 유키히라가 친구 스야마와의 이별 이후 우정과 동성애 감정 사이를 넘나들었던 과거를 추억하는 내용의 소설.
미시마 유키오 (三島由紀夫)	『가면의 고백(仮面の告白)』 (1949)	[양윤옥 역, 『가면의 고백』(동방미 디어, 1996)], [양윤옥 역, 『가면의 고백』(문학동 네, 2009)]	작품을 통한 작가 자신의 커밍아웃 여부로 화제를 모은 대표적 남성 동성애 소설. 성장하며 자신의 동성애 정체성을 자각하게 된 주인공이 전쟁 시기를 거치며 친구 여동생 소노코와의 혼담을 거절한 다음 자신의 길을 걷게 된다는 내용의 고백체 소설
	『금색(禁色)』 (1951)	미번역	전후 도쿄를 배경으로 저명한 노작가 슌스케가 미청년 유이치를 통해 자신에게 상처를 준 세 명의 여자에게 복수를 꾀하다가 정작 자신이 유이치에게 매혹된 나머지 자살로 생을 마감한다는 내용의 장편소설. 설정 및 묘사가 압도적.

작가명	책명(출간 연도)	번역 여부	내용
후쿠나가 다케히코 (福永武彦)	『풀꽃(草の花)』 (1956)	미번역	결핵 요양원에서 만난 시오미라는 남자가 유서처럼 남긴 두 권의 노트를 통해 고백되는 비밀. 후배 후지키에 대한 동성애적 사랑과 좌절, 후지키의 여동생 지에코와의 이성애적 사랑과 좌절을 담은 슬픈 청춘의 기록.
오에 겐자부로 (大江健三郎)	『갈채(喝采)』 (1958)	미번역	도쿄대 재학생으로 추정되는 주인공 나쓰오는 프랑스 대사관에 근무하는 40세 프랑스 남성과 동성애 관계이다. 그는 굴욕적 관계를 청산하기 위해 외국인 상대의 창부 야스코와 이성애적 일탈을 꾀하지만 결국 좌절하고 다시 프랑스인 파트너의 집으로 돌아오게 된다는 내용의 소설.
나카가미 겐지 (中上健次)	『찬가(讃歌)』 (1990)	미번역	양성애자인 남창을 주인공으로 한 소설.
미즈가미 쓰토무 (水上勉)	『남색(男色)』 (1969)	미번역	작가가 게이 바에서 만난 마사미라는 미모의 게이 보이와의 교류를 통해 자신이 소년 시절 동승 생활을 했던 교토의 절에서 겪었던 강요된 남색의 경험을 회상하는 소설.
가가 오토히코 (加賀乙彦)	『돌아오지 않는 여름(帰らざる夏)』 (1973)	미번역	14세의 쇼지가 아시아태평양 전쟁이 한창이던 시기, 육군소년학교에 입교해 경험한 선배로부터의 성추행과 미소년 동급생과의 동성애적 관계를 그린 소설.
모리 마리 (森茉莉)	『연인들의 숲(恋人たちの森)』 (1975)	미번역	소년을 사랑하는 남자와 소년, 그들을 질투하면서도 소년을 어머니 마냥 안아주는 소녀, 그리고 연인을 미소년의 품으로부터 되돌리려 하는 여성의 파멸적인 사랑의 이야기. 사랑하는 소년을 빼앗기기 전 남자가 소년을 죽이고 자신도 자살한다는 충격적인 결말의 소설.
	『고엽의 침상(枯葉の寝床)』 (1975)	미번역	기란은 프랑스인 아버지와 일본인 어머니 사이에서 태어난 38세의 프랑스문학과 교수이자 이른바 '침대소설' 작가. 기란과 10대 후반의 미소년 레오 사이의 동성애를 순수한 관능적 세계로 승화시킨 탐미적 소설.
히루마 히사오 (比留間久夫)	『예스, 예스, 예스(YES · YES · YES)』 (1989)	미번역	주인공은 자기 파멸을 지향하듯 게이 전용 호스트클럽에서 남자에게 몸을 파는 10대의 청년. 하지만 정작 그는 남성을 사랑하는 동성애자가 아니라 여성을 욕망하는 이성애자다. 남자들 간 성행위 묘사는 넘치지만 정작 감정의 교류는 찾기 어렵다는 점이 소설의 특징.

작가명	책명(출간 연도)	번역 여부	내용
	『해피 버스데이(ハッピー・バースデイ)』(1990)	미번역	여자에 흥미도 없고 여자 같은 남자도 싫어하는 게이 주인공과 여성으로 다시 태어나길 원해 남성성을 점차 없애가는 한 남자 간의 연애를 그린 소설.
하시모토 오사무 (橋本治)	『사랑의 돛단배(愛の帆掛舟)』(1989)	미번역	비일상적인 설정의 사랑을 묘사한 4편의 단편소설집. 그중 한 편인 「사랑의 백만불(愛の百万弗)」이 동성애 소설. 여장을 한 주인공 게이 보이는 손님으로 만난 재벌가 도련님에게 옛 애인의 느낌을 받고 둘은 플라토닉한 동거 생활을 시작한다. 하지만 매사 우물쭈물하는 성격의 파트너에 답답함을 느낀 나머지 게이 보이가 점차 일반적인 기혼 남성의 남성성을 발휘하게 된다는 내용의, 의외로 상쾌한 분위기의 소설.
	『제비 오는 날(つばめの来る日)』(1999)	미번역	다양한 남자들의 이야기 9편을 엮은 단편소설집. 그중 「전갱이튀김(あじフライ)」에서 동성애를 자각하는 청년의 고독을, 「한산습득(寒山拾得)」에서 중년 요리사의 동성애 성애를 그리고 있다.
하나무라 만게쓰 (花村萬月)	『블루스(ブルース)』(1992)	미번역	요코하마, 남지나해 등을 배경으로 기타리스트 무라카미, 독특한 성격의 여가수 아야, 동성애자인 야쿠자 도쿠야마가 펼치는 애잔, 농밀하고 폭력적인 사랑의 이야기.
요시다 슈이치 (吉田修一)	『최후의 아들(最後の息子)』(1997)	번역. [오유리 역, 『최후의 아들』(북스토리, 2007)]	중학교 시절 알게 된 게이 친구를 따라 도쿄로 상경한 주인공이 번화한 도시에서 자신을 받아준 또 다른 게이와 동거하는 과정에서 겪는 정체성 혼란과 성 소수자의 애환을 그린 소설.
후지노 지야 (藤野千夜)	『여름의 약속(夏の約束)』(1999)	미번역	게이 커플인 회사원 마루오와 편집자 히카루. 히카루와 오랜 친구인 뜨지 못한 여소설가 기쿠에, 남자에서 여자로 성전환한 트랜스젠더 미용사 다마요가 엮어내는 소소한 일상을 따뜻한 시선으로 묘사한 소설로 2000년, 제122회 아쿠타가와 문학상 수상 작품.
이시카와 다이가 (石川大我)	『내 그대는 어디에 있나?(ボクの彼氏はどこにいる?)』(2002)	미번역	작가 자신의 자전적 소설이자 커밍아웃 소설. 현재 도쿄도 도시마(豊島)구 구의원으로 재직 중인 작가는 2013년 일본 사민당 당수 경선에 출마해 화제를 모으기도 했다.

이 혼재되어 있다. 다만, 소설 내용에서 '동성애 관계'가 정신의 교류 및 신체적 교섭 묘사 등을 통해 실제적으로 드러나는 텍스트에 한해 선정하였음을 명확히 밝혀두고자 한다. 따라서 스토리 라인에서는 드러나 있지 않으나 해석 및 분석을 통해 상징 레벨에서의 '동성애적 관계'가 추론될 여지가 있는 텍스트 등은 모두 배제하였다. 나쓰메 소세키의 『마음』 등이 제외된 것은 그 때문이다. 물론 이렇게 좁힌다 해도 리스트의 엄정성을 명확히 담보하기는 어렵다. 그렇지만 그 명확한 영역 획정이 근원적으로 지난함을 피할 수 없다면, 이러한 불확실성이야말로 역설적으로 일본 남성 동성애문학의 가능성이라 볼 수도 있을 것이다. 위 목록에서도 보듯이, 불확실성은 한편으로 확장성과 월경성(越境性)이라는 이면을 지니고 있기 때문이다. 그뿐 아니라 어떻게든 연구의 장으로 끌어들여 논의를 시작하는 것 자체야말로, 이러한 연구의 경우 특히 중요하다고 할 수 있다. 다음 절에서는 위 목록 중 1920~1950년대에 발표된 20세기 초중반의 소설 검토를 통해 일본 남성 동성애문학의 세계, 그 안으로 들어가 보자.

3. 커밍아웃과 은폐 사이, 혹은 동성애와 이성애 사이

현대에 들어 사회 및 경제의 분화 · 고도화에 따라 소수자들의 양상이 점차 다중화되고 있다. 그 숫자도 점차 증가하는 추세다. 이에 젠더, 인종, 계층, 연령, 장애 등의 다양한 기준에서 사회적 약자인 소수자들의 권리와 자존을 확보하려는 운동과 소통이 점차 가시화되고 있다. 이 중 섹슈얼 마이너리티, 즉 성 소수자는 조금 특별한 위치를 점한다. 다른 마이너리티와는 달리 그들의 존재는 잠재적이다. 흔히 '커밍아웃(coming-out)'이라 불리는 성 정체성의 자기 고백 없이는 그들의 존재는 여전히 은폐된 채 드러나지 않기 때문이다. 은폐의 이유, 그것은 잠재된 차별로부터 자신을 보호하기 위해서이다. 은폐된 비밀을 고백할 것인가 아니면 그대로 은폐할 것인가의 여부는 온전히 당사자의 주체적 선택에 맡겨진다. 비밀이 고백을 통해 더 이상 비밀이 아니게 된 순간, 그들은 비로소 '소수자'의 일원이 된다. 이 '잠재성' 혹은 '잠재적 소수자성'이야말로 성 소수자가 다른 마이너리티와 구별되는 큰 특징이다. 커밍아웃에는 당연히 주류 사회의 가혹한 차별과 멸시를 감내할 만한 각오와 용기가 요구된다. 그렇기에 커밍아웃은 "동성애자의 게이 아이덴티티 확립을 목표로 동성애상을 '수치'에서 '긍지'로 전환해 차별을 철폐하고 동성애자의 존재를 항상 공공연한 비밀로 몰아넣어 무시해 왔던 이성애 체제에 대한 문제제기를 실행"[13]하는 의지적 행동이다.

문학은 전통적으로 LGBT가 커밍아웃하는 그나마 가장 제도적인 통로였다. 이른바 '고백 소설'을 통해서였으며 그 주체는 주로 남성 동성애자였다. 하지만 그 고백의 대가는 참혹했다. 천재적 작가로 한창 이름 떨치던 오스카 와일드(Oscar Wilde)는 1895년 동성애 혐의로 정죄되어 2년간의 옥살이 끝에 비참하게 이국땅에서 죽어갔다. 그는 실제 커밍아웃하지 않았지만 『도리안 그레이의 초상』(1891)을 포함한 그의 작품들은 커밍아웃 텍스트로서 읽혔다.[14] 자신의 의지와 무관하게 그는 '커밍아웃의 선구자'가 되었다. 동시에 마땅히 은폐해야 할 은밀한 비밀이 탄로되었을 때 동성애자가 감당해야 할 고초와 비참한 말로를 상징하는 본보기가 되어 버렸다.

일본문학도 예외일 수 없다. '커밍아웃'은 작가로서의 기득권과 사회 구

---

13 大橋洋一, 「解説」, Oscar Wilde外 著·大橋洋一 監訳, 『ゲイ短編小説集』(平凡社, 1999), p. 356.
14 플로랑스 타마뉴, 『동성애의 역사』, 이상빈 옮김(이마고, 2007), 94쪽.

성원으로서의 삶을 포함한 존재의 모든 것을 포기할 각오가 아니라면 감히 넘을 수 없는 사선(死線)이었다. 최근 활동하는 극소수의 이른바 '게이 소설' 작가를 제외하고는 일본 근현대문학 작가 중 공식적으로 자신의 '남다른' 성 정체성을 커밍아웃한 이는, 알려진 바로는 없다. 그렇기에 더욱 주목된 것이 바로 그들이 쓴 작품이었다. 작가는 '허구'라는 안전창이 있는 소설 창작을 통해 그들의 은밀한 비밀을 고백하고, 독자는 작품에 투영된 동성애 요소를 읽어내 작가의 동성애자 여부를 가늠하는 것이다. 예를 들면, 미시마 유키오와 그의 소설 『가면의 고백』이 그러하다.

> 나는 뭔가에 얻어맞은 기분이었다. 그인 줄만 알았는데 **그녀**인 것이다. 이 아름다운 기사가 남자가 아니라 여자라니, 도무지 말이 되지 않았다. (지금도 내게는 여자의 남장에 대한 뿌리 깊은, 설명하기 어려운 혐오증이 있다) 그것은 특히 **그**의 죽음에 대해 내가 품었던 달콤한 환상에 대한 잔혹한 복수, 인생에서 내가 만난 최초의 '현실이 떠안긴 복수'와도 같았다.[15]
> — 미시마 유키오, 『가면의 고백』(* 본문의 강조는 작가 미시마에 의한 것임)

주인공인 소년 '나'는 어릴 적 본 그림책 속의 잔다르크가 '그'가 아니고 '그녀'임을 알게 되자 큰 충격에 빠진다. 당연히 '남자'라 믿어 의심치 않고 동경했던 '그'가 실은 '여자'였던 것이다. '나'가 자신의 성 정체성에 눈뜨는 계기가 되는 중요한 장면이다. 여기서 '나'는 여자의 남장에 대한 혐오도 언급하는데 정작 그런 자신은 어릴 적 클레오파트라로 꾸미며 여장 놀이를 즐겨한 장본인이었다. 여기서는 "남성의 여장은 아름답고, 여성의 남장은 혐

---

15 三島由紀夫, 『가면의 고백』, 양윤옥 옮김, 문학동네, 2010, p.21.

오스럽다"라는 식의 동성애 내부의 여성 소외 구도도 엿볼 수 있다. 『가면의 고백』 속 주인공 '나'는 성장과 더불어 이처럼 자신의 동성애 아이덴티티에 점차 눈뜬다. 소설 속에서 '나'는 커밍아웃하지 않지만 『가면의 고백』은 작가 미시마 자신의 커밍아웃 텍스트로 평가되기도 한다.[16] 아니, 평가되어야 마땅하다는 것이 필자의 견해다. 이와 같이 동성애 작가는 '커밍아웃'과 '은폐'의 경계에서 끊임없이 갈등하며, 작품은 그들의 숨겨진 진실을 투사하는 거울의 역할을 한다.

경계선에서의 갈등은 비단 작가에 한하지 않는다. 작가의 분신으로 읽히는 작품 속 등장인물들 또한 좀체 넘기 어려운 그 선상에서 주저하고 고뇌한다. 미시마 유키오의 다른 소설 『금색(禁色)』(1951)에서는 절대미를 상징하는 미청년 유이치(悠一)가 성 정체성의 고뇌 끝에 여행지에서 우연히 처음 만난 노년의 유명 소설가 슌스케(俊輔)에게 '커밍아웃'한다. 정작 결혼을 앞둔 자신의 약혼자에게는 비밀을 숨긴 채. 유이치는 비밀의 보안과 경제적 지원을 전제로 슌스케의 지시에 따른다는 계약을 맺게 되고, 슌스케는 유이치를 통해 자신을 배신한 여성들에 대한 복수를 도모한다. 그런데 소설의 결말은 실로 뜻밖이다. 복수의 도구로만 여겼던 유이치에게 매혹됨으로써 동성애에 눈뜨게 된 슌스케는 고뇌 끝에 자살로 생을 마감한다. 노작가의 쓸쓸한 최후와 더불어 그의 새로운 비밀도 영원히 '은폐'되고 만다.

오에 겐자부로 소설 『갈채(喝采)』(1958)의 주인공, 대학생 나쓰오(夏男)는 40대를 바라보는 연상의 프랑스인 동성 연인과의 특별한 관계가 주변에 알려질까 두려워하며 은폐하기에 급급해한다. 후쿠나가 다케히코(福永武彦)

---

16 이지형, "일본LGBT(문학) 엿보기-그 불가능한 가능성" ≪일본비평≫ 8호(2012), 서울대학교 일본 연구소, 207~208쪽 참조.

의 『풀꽃(草の花)』(1956)에서 후배 후지키(藤木)를 향하는 선배 시오미(汐見)의 흠모는 우정과 동성애 사이에서 맴돌다 결국 '커밍아웃'다운 고백을 하지 못한 채 후지키의 죽음이라는 비극으로 끝맺게 된다.

> **비밀**, 그러나 그건 누구든 알고 있는 것일지도 모른다. 그럼에도 나는 그것을 소중히 간직하고 싶었다. 후지키를 향한 이 **비밀스런 마음**을. 누구에게도 간섭 받지 않고 몰래 간직하고 싶었다.[17]
>
> ― 후쿠나가 다케히코, 『풀꽃』(강조는 논문 작성자에 의함, 이하 동일)

이처럼 흠모, 욕망 등을 포함한 동성애적 관계는 당사자에게 있어 '비밀' 이다. 그렇기에 필연적으로 '은폐'의 대상이 된다. 『갈채』의 주인공처럼 비밀의 누설을 두려워해서든, 『풀꽃』의 주인공처럼 비밀을 독점하고픈 욕망 에서이든, '은폐'의 대상이라는 점에서는 매한가지이다.

> 그 눈은 시뻘겋게 충혈되어 있었다. 그리고 입 주변에는 하염없이 소녀와 같은 가냘픈 미소를 띠우고 있었다. 나는 불현듯 방금 막 접한 한 마리 꿀벌과 이름 모를 흰 꽃을 떠올렸다. 그의 뜨거운 호흡이 내 **뺨**에 전해져 왔다. (중략) 어느새 우오즈미는 교묘히 새 **가면**을 쓰고 있었다.[18]
>
> ― 호리 다쓰오, 『불타는 뺨』

유이치는 견문이 넓어짐에 따라 이 사회의 뜻밖의 광대함에 놀랐다. 이 사회

---

17 福永武彦, 『草の花』(新潮社, 2013), p. 73.
18 堀辰雄, 『燃ゆる頬·聖家族』(新潮社, 1987), pp. 4~5.

는 낮 시간에는 정체를 은폐하는 **위장**을 하고 멈춰 서 있었다. 우정, 동지애, 박애, 사제 간의 정, 공동경영, 조수, 매니저, 서생, 상사와 부하, 형제, 사촌형제, 삼촌과 조카, 비서, 수행원, 운전수 등등. (중략) 남성 세계의 온갖 **위장**을 한 채 머물러 있었다.[19]

— 미시마 유키오,『금색』

그렇기에 동성애 주체들은 그 비밀을 은폐하기 위해 '가면'을 쓰거나 '위장'을 한다. 호리 다쓰오의『불타는 뺨』에서 고교 선배 우오즈미는 갓 17세가 된 '나'와의 둘만의 시간이 되면 '가면'을 벗고 미소를 띤 '소녀'의 모습이 된다. 선후배를 아우르는 기숙사 생활에서 '가면'은 비밀 은폐를 위한 필수품이다. 미시마 유키오의『금색』에서 유이치는 점차 '낮'의 세계와는 다른 밤의 세계의 실체를 알아가게 된다. 수많은 남성들이 다양한 사회적 관념과 사회적 관계로 '위장'한 채 자신의 '정체'를 '은폐'하며 살아가는, 자신의 '동지'적 존재임을 목도하고 그는 놀란다. 우정, 동지애, 사제 관계, 비서 등등은 그러한 '위장'의 면면들이다. 이와 같이 그들의 비밀은 '가면'과 '위장'을 통해 은폐되며, 때로는 무의식의 심연 속에 '무자각'의 형태로 가라앉아 있다. 비밀을 그 누군가에게는 '고백'하고 싶은 욕망과 사회적 편견을 내면화한 자기 검열과 자기 보호로서의 '은폐' 의식은 서로 길항한다. 동성애 주체의 실존은 이렇게 '커밍아웃'과 '은폐' 사이에서 항상 기로에 서 있다.

한편, 남성 동성애문학에서 동성애적 정체성은 태생적인 것만은 아니다. 『금색』의 노작가 슌스케에게 볼 수 있듯이 그것은 후천적으로 촉발되고 견인되기도 한다. 심지어『풀꽃』의 주인공 시오미는 후배 후지키를 흠모하다

---

19 三島由紀夫,『禁色』(新潮社, 2013), p. 157.

가, 후지키의 사후에는 그의 여동생 지에코(千枝子)와 연인 관계가 된다. 여전히 후지키의 잔영이 시오미의 무의식을 지배하지만, 그에게 동성애와 이성애는 결코 넘나들 수 없는 장벽은 아니다.

이처럼 동성애의 동기와 그 경계는 반드시 명확하지 않다. 자연히 소설 속에서 이성애와 동성애, 양자의 관계 또한 '정상/비정상'·'건전/퇴폐'라는 일반적인 이항 대립적 관념으로 수렴되지 않는, 경계의 모호함을 드러낸다.

> 그리고 모로토와 나 사이는 단순히 친구라는 말로는 표현할 수 없는 종류의 것이었다. 모로토는 나에게 이상한 연애 감정을 갖고 있었고, 나는 그 마음을 깊이 이해하지는 못했으나 기분상으로는 알고 있었다. 그리고 그의 그런 감정이 보통 때처럼 싫지가 않았다. 그와 같이 있으면 그나 나나 어느 한쪽이 이성이라도 된 듯 달콤한 기분을 느꼈다. 어쩌면 그 기분이 우리의 탐정 일을 더 유쾌하게 했는지도 모른다.[20]
>
> — 에도가와 란포, 『외딴섬 악마』

> 「내가 정신과 의사에게 물어봤는데, 자네 같은 경우는 유전성인지 아닌지 아직 판단할 수 없다고 하더군. 그렇게 두려워할 필요는 없다네.」 (중략) 이 공포로부터 유이치는 자신을 해방시키고 싶다. 이를 위해서는 우선 아내를 해방시켜야 한다. 임신은, 출산은 얽매이게 하는 것이다. 해방을 단념하는 것이다.[21]
>
> — 미시마 유키오, 『금색』

---

20 江戸川乱歩, 『孤島の鬼』(角川書店, 2013), p. 136.

21 三島由紀夫, 『禁色』, p. 230.

위에 인용된 에도가와 란포의『외딴섬 악마』에서 주인공 미노우라(箕浦)는 친구 모로토(諸戶)의 동성애적 호감에 자각적일 뿐만 아니라 혐오감마저 드러내면서도, 때론 '단순히 친구라는 말로는 표현할 수 없는' 서로 '이성이라도 된 듯 달콤한 기분', 즉 동성애 감정을 스스로 느끼기도 한다. 여기에서도 동성애와 이성애 심리의 경계는 불명확하며 양자는 뒤엉켜 있다.

미시마 유키오『금색』의 동성애 주체 유이치는 동성애자이면서도 이를 아내에게 비밀로 한 채 결혼한다. 그의 '마음'은 동성애자이지만 '몸'은 이성애자다. 그뿐만 아니라 그는 가정의 안과 밖에서, 하루 중 낮과 밤에서 그 정체를 달리 하는 양성애자이기도 하다. 위 인용문에서, 아내의 임신 사실을 알게 된 유이치는 큰 '공포'에 사로잡힌다. 동성애자인 자신에게 아이가 태어나는 것 이상으로 그가 두려워하는 것은 자신의 동성애적 정체성이 자식에게 유전되지는 않을까 하는 우려이다. 그가 내심 진지하게 낙태를 고심한 이유이다. 그는 자신의 동성애적 성향이 선천성인지 후천성인지에 대한 확신이 없기에 더욱 불안하다. 동성애 정체성이라는 자신의 '비밀'과 더불어 이로부터 필연적으로 야기될 처절한 '고뇌'마저 자식에게 대물림되는 것을 그는 두려워하는 것이다. 물론 위 인용문에서 슌스케가 유이치를 위로하는 것처럼 동성애는 유전성이 아니다. 기실 이 부분에 함의된 또 다른 의미는 동성애와 이성애가 구별되는 명확한 분절점, 즉 공동체의 재생산 여부이다. 이성애적 관계와는 달리 동성애적 관계에서 출산은 기본적으로 불가능하다. 여기서 뜻하지 않게 아내를 임신시켜 버린 동성애자 유이치의 낙태 욕망은 동성애 관계에 수반될 수밖에 없는 공동체 재생산 불가능성을 암시적으로 드러낸다고도 볼 수 있다.

문제는 임신 가능 여부라는 이성애와 동성애 구현 사이의 명확한 차이에도 불구하고 양자의 심리적 경계가 반드시 명확하지는 않다는 사실이다. 더욱이 현실에서 동성애 주체들은 마지못해 동성애와 이성애를 넘나드는 경계적 존재로 살아갈 수밖에 없는 경우가 허다하다. 동성애와 이성애 사이의 불확실한 심리선과 경계를 살아갈 수밖에 없는 동성애자의 실존적 삶이라는 현실은 그들이 '커밍아웃'과 '은폐' 사이에서 끊임없이 갈등, 고뇌할 수밖에 없는 결정적 이유이다. 이와 같이 일본 남성 동성애문학은 현실에서는 여전히 잠재적으로 존재하는 경우가 많은 동성애 주체의 '경계성'을 여실히 표상하고 있다. 이는 다시 말하면 동성애 주체가 현실적 장벽과 그들의 동성애 아이덴티티 사이에서 표류하고 있음을 의미하기도 한다. 동성애문학 텍스트는 동성애 주체를 둘러싼 척박한 현실과 동성애 아이덴티티가 연계되는 교차점인 동시에 표류하는 동성애 주체가 잠시 쉬어 갈 수 있는, 그리고 때론 그대로 머물게 되는 정박항이기도 하다.

4. 다르면서 다르지 않은

동성애를 인식하는 사회의 평균적 시선은 '혐오'의 감정으로 수렴되기 십상이다. 하지만 흔히 그러하듯 혐오감의 이면에는 강한 '호기심'이 존재하는 것도 사실이다. 그만큼 동성애는 '정상인'을 자처하는 이들에게 있어 '타자'의 영역인 동시에 '비밀'의 세계인 것이다. 이번 장에서는 남성 동성애문학 고찰을 통해 동성애를 바라보는 외부의 시선과 동성애 아이덴티티를 자각하는 내부의 정서가 교차하는 지점을 살펴보고자 한다. 비동성애자는 어떤 시선을 동성애자에게 던짐으로써 사회의 평균적 인식을 표상하고, 동성애자는 외부의 따가운 시선 속에서 어떻게 자신의 특별한 성 정체성을 수용해 동성애 아이덴티티를 구축하는가? '그들'은 과연 특별한 존재인가?

『금색』의 다음 장면은 동성애를 향하는 시선을 사고함에 있어 매우 시사적이다.

> 남자끼리의 입맞춤을 보고 만 미망인은 구역질이 나서 고개를 돌렸다. "교양이 있다면 저런 흉내 따위 낼 수 있을 턱이 없어." '변태성욕'이라는 말의 우스꽝스러움과 뭐라 할 수 없을 만큼 우스꽝스러운 이 '교양'이라는 말이 떠오르자 미나미 미망인은 오랫동안 잠들어 있던 긍지가 눈을 떴다.[22]
>
> — 미시마 유키오, 『금색』

누군가의 밀고로 아들 유이치를 찾아 동성애자 카페를 방문한 미나미 미망인은 충격에 빠진다. '남자끼리의 입맞춤' 장면이 좌석 여기저기에서 목도되는 카페는 그녀의 상상 밖 세계이다. 그녀는 '구역질'과 함께 그 장면을 외면한다. '교양' 있음을 자처하는 여성, 그것도 미망인에게 남성 동성애의 현장은 충격 그 이상이다. '구역질'은 그녀의 내부로부터 솟구치는 '혐오감'을 상징한다. 그녀에게 동성애는 '변태성욕'이자 '비교양'이다.

매우 흥미로운 것은, 동성애에 대한 '혐오'의 감정이 오랜 기간 억눌려왔던 그녀의 '긍지'를 일깨우는 동인으로 작용한다는 점이다. 한마디로 그녀의 '긍지'는 '정상인'을 자부하는 긍지이다. 또한 여성으로서 남성에게 억압되어온, 그리고 미망인의 일거수일투족을 주시하는 사회의 시선을 의식하며 자기 단속을 감내해온 세월의 굴레로부터 일시적이나마 해방된 감정을 맛본 데서 비롯된 긍지이다. 그녀의 '긍지'는 동성애자에 대한 그녀의 '혐오감'과 교환 가치이다. 그녀에게 남성 동성애자는, 자신보다 아래에 위치한 하위

---

22 三島由紀夫, 『禁色』, p.570.

존재이다. 그들에 대한 강한 혐오를 바탕으로 그녀는 오랫동안 '잠들어 있던' 자존감을 회복한다. 하지만 정작 미망인은 자신의 아들 유이치가 그녀가 그토록 혐오해마지않는 동성애자임을 전혀 알지 못한다.

흥미롭게도, '정상인' 여성은 위에서처럼 남성 동성애를 혐오하고 있지만, 남성 동성애의 전통적 근거의 하나는 반대로 '여성 혐오'였다.

> 나는 10살이 지나서부터 끊임없이 어머니로부터 괴로움을 당했어. (중략) 어떤 간지러운 불쾌감으로 눈을 뜨면 어느 사이엔가 어머니는 내 잠자리에서 같이 자고 있었어. (중략) 내가 가정을 떠나고 싶다고 생각한 제일 큰 이유는 바로 그것이었어. 나는 여자라는 것의 더러움을 너무나 많이 보았어. 그래서 어머니와 모든 여성을 더럽게 느끼고 증오하게 된 거야. 너도 알고 있는 나의 도착적인 애정은 이런 데서 오지 않았는가 싶어.[23]
>
> — 에도가와 란포, 『외딴섬 악마』

에도가와 란포의 소설 『외딴섬 악마』(1929~1930) 속 동성애자 모로토는 세상의 모든 여성들을 '증오'한다. 그가 여성을 증오하게 된 동인은 어릴 적 겪은 어머니로부터의 성 학대이다. 자애를 통해 희생·헌신하는 '모성'의 존재로 기억되어야 할 어머니가 아들에게는 트라우마 그 자체다. 여성 중의 여성이라 할 수 있는 '어머니'로 인한 깊은 상처로 인해 모로토는 여성을 '불쾌감', '불결함', 즉 '혐오'의 대상으로 인식하고 '증오'하게 된다. 스스로 '도착적인 애정'이라 칭하는 그의 동성애 성향의 기저에는 유소년기의 트라우마로부터 야기된 뿌리 깊은 '여성 혐오'가 자리 잡고 있다. 그런 관점에서 모로

---

23 江戸川乱歩, 『孤島の鬼』 p.192.

토의 동성애 아이덴티티는 선천성 요인 못지않게 후천적 경험의 산물이라고 할 수 있다.

> '쳇, 여자 따위' 지나가는 여학생 무리에 미노루는 침을 뱉었다. 그리고 피상적인 성적 이야기를 매도라도 하듯 내뱉었다. "……여자 따위가 뭐야. 가랑이 사이에 불결한 주머니를 차고 있을 뿐이잖아. 주머니에 쌓이는 것은 먼지뿐이야." 아내가 있다는 사실을 미노루에게 물론 숨기고 있는 유이치는 미소 지으며 여성을 매도하는 그의 말을 듣고 있었다.[24]
>
> — 미시마 유키오, 『금색』

소설 『금색』에서 유이치의 동성애 애인, 미노루는 아직 10대 소년에 불과하다. 길을 지나가는 동년배 여학생 무리를 보고 그는 느닷없이 신랄히 '매도'한다. 유이치는 '미소 지으며' 침묵을 가장해 그의 말에 수긍한다. 여기서 미노루와 유이치, 두 남성 동성애자가 여성을 대하는 시선은 '불결'이란 단어로 집약된다. 특별한 이유도 근거도 없다. 다만 여성에 대한 매도를 통해 남성 동성애 관계의 연대감을 확인하고자 하는 의지만이 명확할 뿐이다. 그들의 동성애 성향이 특별한 후천적 경험에 토대한 것이 아닐 경우에도 남성 동성애자는 위에서처럼 타자로서 여성에 대한 혐오감을 공유함으로써 그들 관계의 정당성을 확인하고 연대의 견고함을 다지고자 노력한다.

이와 같이 '혐오'의 감정은 이처럼 남성 동성애자로부터 여성을 향하기도 한다. '여성 혐오'는 남성 동성애의 근거인 동시에 남성 동성애자가 '긍지'를 품는 바탕이 된다.[25] 여성과 남성 동성애자 간의 '혐오'는 이렇게 쌍방향적

---

24 三島由紀夫, 『禁色』, p.543.

으로 작동한다. 사회적 마이너리티라는 측면에서는 실은 동류인 여성과 남성 동성애자는 서로의 '혐오'와 '긍지'를 이렇게 맞바꾼다. 여기서 벌어지는 양상의 본질은 바로 '주변적 존재' 혹은 '주변성' 간의 교환이자 거래이다. 동시에 이러한 등식은 남성 중심 사회가 유지되기 위해 필수적인 두 가지 형태의 억압, 즉 '동성애 혐오증'과 '여성 혐오증'을 그대로 증명하는 것이기도 하다. 남성들의 가부장적 동맹은 이 두 형태의 억압을 통해 조절된다.[26] 남성 동성애문학 텍스트는 이렇게 근대국가의 남성 중심 구조의 논리를 철저히 내면화하고도 있는 것이다.

한편 여성을 혐오하고, 그렇기에 남녀 간의 이성애 관계 또한 혐오할 수밖에 없는 남성 동성애자들은 그 대신 남성의 정신과 신체에 집착한다.

> 그렇습니다. 제가 생각하는 것도 그런 것입니다. 아름다운 정신(魂)이 있고, 그 정신을 인식하는 방법이 있지요. 글쎄 당사자는 자신이 아름다운 정신의 소유자라고 생각도 못하고 있으니까요. 저는 후지키(藤木)의 그런 겸허한 부분을 정말 좋아합니다. 후지키의 정신을 이해하는 것은 저뿐입니다. 저는 인간 내부의 그런 아름다운 것, 순수한 것을 한번 발견한 이상, 저 자신의 정신, 이 불결한 정신을 아름답게 하고 또 타인을 아름다운 눈으로 볼 수 있게 되리라 생각합니다.[27]
>
> — 후쿠나가 다케히코, 『풀꽃』

---

25 여기서 서양 고대 그리스 철학자들을 위시해 역사상 남성 동성애와 이성애에 대해 차별적으로 인식해왔던 문화적 계보를 떠올리는 것도 당연한 수순이다. 남성 동성애는 청결, 순수, 미, 교양 등의 긍정성을, 이성애는 불결, 불순, 추, 저속 등의 부정성을 각각 의미했다. 이 때 남성 동성애는 여성 배제의 선민의식의 발로 그 자체였다. 플라톤의 저작 『향연』 등에서 그 자취를 확인할 수 있다.
26 조지프 브리스토, 『섹슈얼리티』, 이연정·공선희 옮김(한나래, 2000), 275쪽.
27 福永武彦, 『草の花』, p.105.

후쿠나가 다케히코의 소설 『풀꽃』의 주인공 시오미는 고교 후배 후지키에게 동성애적 호감을 갖고 있다. 하지만 후지키는 선후배의 관계를 넘어선 동성애적 심정의 교류에는 미온적이다. 시오미는 후지키를 '아름다운 정신의 소유자'라 칭한다. 후지키의 아름답고 순수한 정신은 시오미 자신의 '불결'한 정신과 대비된다고 그는 말한다. 여기서 시오미의 '불결'이 앞서의 여성 혐오 및 이성애 혐오를 상징하는 키워드 '불결'과 동일한 연장선상에 있음을 발견하는 것은 어려운 일이 아니다. '불결'한 시오미는 아름답고 순수한 존재, 즉 '순결'한 후지키에게 다가가 동성애 관계를 형성했을 때 비로소 이성애적 불결을 정화하고 동성애적 순수의 세계에 편입될 수 있다는 것이다. 주목해야 할 것은, 동성애 주체 시오미가 "후지키의 정신을 이해하는 것은 저뿐입니다"라는 확신에 차 있다는 점이다. 심지어 당사자 후지키조차도 자각하지 못한 순수와 미를 이해할 수 있는 이는 자신뿐이라고 믿어 의심치 않는다. 동성애 감정에 사로잡힌 시오미는 동성애 상대에 대한 이해에서만큼은 유일자로서의 독보적 위치에 있다고 자신한다. 이는 분명히 '결벽'적 확신이다.

> "자네의 눈썹은 이 얼마나 늠름하고 상쾌한 눈썹인가. 나에게 자네의 눈썹은 무언가……뭐랄까, 젊디젊은 청결한 결심과 같은 것을 나타내고 있다네. (중략) 거울을 들여다보게. 자네가 타인에게 발견한 아름다움은 전부 자네의 오해와 무지에서 비롯된 것이라네. 자네가 타인에게 발견했다고 믿는 아름다움은 이미 자네 자신에게 구비되어 있기에 발견의 여지는 아무 곳에도 없다네." (중략) "자네에겐 이름 따윈 필요 없네." 백작은 단정적으로 말했다. "이름을 지닌 아름다움 따윈 별 대단할 게 없는 것이라네. 유이치라든가 타로, 지로와 같은 이름에 기대어 겨우 환기될 뿐인 환영 따위에 속아 넘어갈 내가 아니라

네. 자네가 인생에서 담당할 역할에는 이름이 필요 없어. 왜냐고? 바로 자네
는 전형이기 때문이야."[28]

— 미시마 유키오, 『금색』

결벽적인 확신은 『금색』에서도 예외가 아니다. 유이치에게 매혹된 나머
지 그를 유혹하고자 하는 가부라기(鏑木) 백작은 유이치 스스로도 '무지'해
'오해'하고 있다는 궁극의 '아름다움'의 가치를 당사자 앞에서 역설한다. 그
에게 '늠름하고 상쾌한 눈썹'으로 대표되는 유이치의 신체는 '이름' 따위로
규정될 수 없는 '청결한 결심'이자 '전형'이다. 전형(典型), 즉 기준이자 본보
기라는 것이다. 그 자신이 미의 기준이기에 '이름' 따윈 불필요한 유이치에
게 부여될 수 있는 유일한 이름이 있다면 그것은 바로 '아름다움'이나 '청결'
그 자체일 것이다. 하지만 그것조차도 '미(美)', '청결', 혹은 '순수'로 이름 붙
여지는 순간 그 완전무결한 대상의 본질은 되레 변질, 퇴색되고 희석되고 만
다는 것이 가부라기 백작이 말하고픈 주장의 요체로 보인다.

남성 동성애 주체는 동성애 상대의 진정한 아름다움을 간파할 수 있는 유
일자(唯一者)이다. 그에게 있어 동성애적 정신과 신체는 여성 및 이성애(異
性愛)의 '불결함'에 대치되는 '순수'와 '청결'로 표상된다. 그는 여성 혐오 및
이성애 혐오 대신에 동성애적 찬미와 '결벽'에 가까운 확신으로 충만하게 된
다. 동시에 절대미에 대한 남성 동성애 주체의 결벽적인 헌사는 동성애적
욕망의 궁극의 양태를 보여주는 것이기도 하다.

그렇기에 결벽과 궁극을 추구하는 동성애 주체는 필연적으로 '전율(戰慄)'
을 경험하게 된다. 그것은 미지의 새로운 세계로 진입하는 것에서 비롯되는

28 三島由紀夫, 『禁色』, pp. 264~265.

피할 수 없는 통과의례의 과정이다.

> "나를 경멸하지 말아 줘, 넌 내가 비열하다고 생각하겠지. 나는 별종이야. 모든 의미에서 별종이야. 그렇지만 왜 그런지 설명할 수가 없어. 나는 가끔 혼자 무서워서 떨곤 해."[29]
>
> — 에도가와 란포, 『외딴섬 악마』

> 슌스케를 맞이하러 자리에서 일어서는 유이치의 모습을 창 앞에서 마주한 순간, 노예술가는 거의 전율했다. 그의 마음이 지금 분명히 이 미청년을 사랑하고 있다고 느꼈기 때문이다.[30]
>
> — 미시마 유키오, 『금색』

동성애 주체는 이질적인 두 가지 전율을 동시에 절감한다. 하나는 '두려움'의 전율이며, 다른 하나는 '환희'의 전율이다. 『외딴섬 악마』에서 동성애자 모로토는 스스로를 '별종'이라 부르며 '두려움'에 전율하는 자신의 속내를 고백한다. 그가 두려운 것은 동성애를 바라보는 사회 일반의 시선, 즉 '경멸'을 동성애 주체인 자신조차 내면화하고 있기 때문이다. 그는 자신이 보기에도 '별종'일뿐만 아니라 왜 '별종'이 되었는지에 대한 명확한 답 또한 갖고 있지 못하다. 이것이 '별종'으로서 사회의 '경멸'을 감수해야 할 입장의 동성애 주체가 두려움에 전율할 수밖에 없는 이유이다.

허나 '두려움'에 떨면서도 동성애 주체가 주저앉지 않는 것은, 미지의 세계

---

29 江戸川乱歩, 『孤島の鬼』, p. 28.
30 三島由紀夫, 『禁色』, p. 228.

와 마주하는 순간 맞이하게 될 또 다른 전율을 예감하기 때문이다. 『금색』의 노작가 슌스케는 어느 순간 자신이 유이치를 사랑하고 있음을 자각하게 된다. 인생의 온갖 풍파와 굴곡을 겪으며 희로애락이라는 희로애락은 모두 맛본 그는 삶에 대한 새로운 기대 한 점 없이 여성 혐오와 인간 불신에 사로잡힌 존재였다. 남은 인생과 일상의 모든 것이 예측 가능한 노작가에게 '놀라움', '두근거림', '기대'와 같은 단어는 전혀 접점을 찾을 수 없는 영역이었다. 오로지 권태와 무료함만이 남겨진 시간을 채우고 있을 뿐이었다. 그런 그에게 유이치의 존재는 부정할 수 없는 '사랑'이라는 충일감을 불러일으킨다. 삶의 종연을 얼마 남기지 않은 그가 '전율'할 수밖에 없는 이유가 바로 여기에 있다. 박제화되어 이제는 자신과 무연(無緣)의 세계라 믿어 의심치 않았던 감정을 삶의 끝자락에서 새로이 대면하게 된 것이다. 이는 분명 '두려움'과는 다른 기원에서 연유한 전율이다. 노작가 슌스케에게 그것은 '환희'라는 이름의 전율이었다.

두려움의 전율은 동성애 주체의 외부와 대치하며, 환희의 전율은 동성애 주체의 내부를 파고든다. 두려움과 환희, 둘은 한편으로 대비되지만 한편으론 마냥 서로 이질적인 것으로 치부될 수 없는 양가적 감정이기도 하다. 둘의 기저에는 새롭고 낯선 것과 조우할 때 파생되는 '경이로움', '놀라움', '위화감' 등의 감정이 공통적으로 존재하기 때문이다. 일본 남성 동성애소설에서 '전율'을 의미하는 일련의 단어들(예: おののく, 慄える)을 흔히 발견할 수 있는 것은 이와 밀접히 관련되어 있다. 동성애 주체는 다르면서 마냥 다르지 않은 두 가지 전율을 온몸으로 껴안는다.

그러므로 그들은 필연적으로 '고독'한 존재다. 남성 동성애문학의 세계를 상징하는 키워드를 굳이 하나만 들자면 필시 '고독'을 첫손에 꼽을 것이다. 동성애 주체는 소수자로서 사회의 주변인으로서 '고독'을 감내하기도 하지만, 그 이상으로 고독을 사랑한다. 고독으로 인한 아픔과 기쁨은 하나다. 고독은 그들의 동반자이며 존재 이유다. 고독은 궁극으로 치달을 때 필시 '죽음'과 맞닿게 된다. 때론 남성 동성애 주체는 스스로 죽음을 기꺼이 선택하기도 한다. 『금색』의 노작가 슌스케는 손자뻘인 유이치를 사랑하고 만 데서 비롯된 고독의 끝에서 죽음을 택하고, 폐결핵으로 요양소 생활을 하던 『풀꽃』의 시오미는 성공을 담보할 수 없는 폐 적출 수술을 감행함으로써 자신의 의지로 최후를 맞이한다.

> 나는 말일세, 진정한 고독은 그 어떤 것으로부터도 상처받지 않는 극한의 무엇, 어떤 괴로운 사랑에도 견딜 수 있는 것이라고 생각하네. 그건 굳건한 정신의, 적극적인 상태라고 생각한다네. (중략) 누군가로부터 사랑받는다는 건 양지의 미지근한 물에 잠겨있는 것 같은 것이기에 거기엔 어떤 고독도 없지. 하지만 누군가를 힘껏 사랑한다는 것은 자신의 고독을 거는 일일세. 설사 상처받을 우려가 있다 해도 그렇게 하는 것이 진정한 삶의 자세가 아니겠나.[31]
> — 후쿠나가 다케히코, 『풀꽃』

예술가는 만능이 아니며 표현 또한 만능은 아니다. 표현은 언제나 양자택일을 강요당한다. 표현인가, 행위인가? (중략) 그러나 진정 중요한 문제는 표현과 행위의 동시성이 가능한가라는 점이다. 그것에 대해 인간은 한 가지만은 알고 있다. 그것은 죽음이다. 죽음은 행위이지만 이만큼 일회적이며 궁극적인 행위는 없다. (중략) 죽음은 사실에 지나지 않는다. 행위의 죽음은 자살이라고 바꿔 불러야 할 것이다. 인간은 자신의 의지로 태어날 수는 없지만, 자

---

31 福永武彦, 『草の花』, pp.102~103.

신의 의지로 죽을 수는 있다. 이것이 모든 자살 철학의 근본 명제이다. 그러나 죽음에 있어, 자살이라는 행위와 생의 온전한 표현의 동시성이 가능함은 의심의 여지가 없다.[32]

　　　　　　　　　　　　　　　　　　　— 미시마 유키오, 『금색』

모름지기 사랑이란 고독한 법이다. 누군가를 사랑하는 마음과 그 누군가로부터 사랑받는 마음은 영원히 같아질 수 없기 때문이다. 그런 의미에서 고독은 '사랑받는 것'이 아니라 누군가를 '사랑하는 것'에서 비롯된다. 어긋남은 필시 '상처'를 수반한다. 어긋남으로 인한 고독과 상처는 동성애뿐 아니라 '사랑' 일반에도 예외가 아닌 자연 법칙이다. 물론 동성애적 사랑은 사회로부터의 소외로 인해 더욱 '고독'하기에 더 많은 '상처'와 함께 하기 마련이다. 『풀꽃』에서 후배 후지키로부터 응답받지 못하는 시오미의 외사랑은 그렇기에 실로 '괴로운 사랑'이다. 자신의 '사랑하는 마음'뿐만 아니라 동성애적 호감이라는 사랑의 본질마저 외면당한 까닭이다. 시오미의 사랑은 이중의 '외사랑'이다. 하지만 '그 어떤 것으로부터도 상처받지 않는 극한의 무엇', 즉 '진정한 고독'의 경지에 다다르는 것은 그 상처와 장애를 넘어설 때 비로소 실현된다. 죽음을 감수한 시오미의 수술 선택은 상처를 넘어서 '진정한 고독'에 이르기 위한 의지적 실천이다. 그는 자신의 모든 고독을 걸고 '진정한 고독'에 다다르려 하는 것이다. 그는 자신을 던져 후지키를 '힘껏 사랑하고', 후지키를 향하는 자신의 삶을 오롯이 '힘껏 사랑하고' 있는 것이다.

　그리고 이 때 고독은 곧 죽음이자 예술이다. 『금색』의 슌스케는 유이치를 사랑하고 만 고뇌의 끝에서 그의 사랑과 예술을 함께 사유한다. '죽음' 혹

32　三島由紀夫, 『禁色』, p.681.

은 '죽음에 가장 가까운 것'으로서의 진정한 고독을 통해서만이 '예술'은 표현과 행위의 동시성을 구현함으로써 완성될 수 있다. 이는 예술과 죽음을 동일시하는 명백한 '사의 찬미'이다. 하지만 예술과 사랑 혹은 예술과 죽음 모두 동성애 주체의 의지적 선택이라는 점이 여기서 실로 중요하다. 시오미와 슌스케는 '자살'이라는 의지적 행위를 통해 동성애 주체의 삶을 온전히 체현한다. 그리고 그럼으로써 '고독'과 '사랑'은 마침내 조우하고, '죽음'과 '예술'은 비로소 하나가 된다.

군이 자살이 아니더라도 남성 동성애문학은 동성애 주체의 육체적 사망이나 사회적 사망으로 귀결되는 경우가 많다. 『외딴섬 악마』의 모로토는 원인 모를 병에 걸린 후 사랑하는 그의 편지를 끌어안고 그의 이름을 절규하다가 요절한다. 『불타는 뺨』의 동성애 선배 우오즈미는 사랑하는 후배가 다른 동급생과 친밀해진 것을 알게 되자 학교를 자퇴하고 사라진다. 하마오 시로(浜尾四郎)의 소설 『악마의 제자(悪魔の弟子)』(1929) 속 동성애자 시마우라(島浦)는 아내를 살해했다는 누명을 쓴 채 투옥된 상태다. 또한 오에 겐자부로 소설 『갈채(喝采)』(1958) 속 대학생 나쓰오(夏男)는 40세 프랑스 남성과의 동성애 관계가 주변에 알려져 '굴욕'을 경험한다. 그는 이성애적 일탈을 욕망하지만 그것이 불가함을 확인하고 좌절한 채 결국 프랑스인 연인의 품으로 회귀한다. '갈채'는 동성애 주체가 자기 자신에게 보내는 조소와 자기 비하의 표현이다.

이와 같이 남성 동성애문학 속 동성애 주체는 다양한 국면에서 다양한 양상의 힘겨움에 직면한다. 그 힘겨움으로 인해 그들은 고뇌하기도 하지만 동시에 그것을 매개로 자신의 동성애 주체성을 다져나가기도 한다. 동성애자의 현실을 담은 동성애문학이든, 동성애를 상징 레벨에서 묘사한 동성애문학이든, 양자 모두에서 '동성애'를 둘러싼 구조의 본질은 양의적이다. 그들

은 사회적 '혐오' 등 감수해야 할 수난 속에서 되레 선민(選民)으로서의 '긍지'
를 키워가며, '결벽'적인 감수성으로 두려움과 환희의 '전율'을 대면한다. 그
들의 삶은 '고독'하며 그렇기에 '죽음'과 무척 가깝지만 결코 그것은 '끝'이 아
니다. 그 '끝'은 동성애 아이덴티티가 텍스트화된 동성애문학을 둘러싼 자장
으로 이어져 새로운 '시작'으로 거듭난다. 그리고 동성애문학 텍스트의 여정
은 동성애 주체의 그것과 매우 유사하다. 역설적으로 일본 남성 동성애문학
이 작지만 오롯한 하나의 의미를 획득한 지점은 바로 여기이다. 동성애문
학. 그것과 우리의 거리는 실은 그다지 멀지만은 않으며, 우리는 동성애 주
체 그들과 다르지만 또한 결코 다르지 않다.

5. 미망 그 너머

새삼스러운 이야기지만 본 글의 논의가 일본 남성 동성애문학 전체를 대
변할 수 있는 것은 당연히 아니다. 동성애 및 동성애자의 현실을 얼마만큼
담아내고 있는지는 더더욱 미지수이다. 그저 1920~1950년대 일본 근현대소
설을 중심으로 남성 동성애문학세계의 일단을 조망해보았을 따름이다. 그
렇다고 이 시기의 남성 동성애소설이 몇 개의 동류항으로 묶을 수 있는 균질
한 양상으로 표상된다고 단언하기도 조심스럽다. 개인 존재의 수, 관계의
경우의 수만큼이나 다양하고 개별적인 양상이 풍부히 존재하기 때문이다.
'정상'이나 '보편'의 규범으로부터 벗어나 있다 하더라도 자신의 소중한 실존
을 지향해가는 동성애 주체이기에 그 각각의 관계의 내실은 더욱 개별적이
고 독립적이라고 보는 것이 타당할 것이다. 하지만 동성애 주체의 개별성이
동성애를 바라보는 우리 사회의 엄숙주의의 이유가 될 수는 없다. 그들과

우리는 한편으로 다르지만, 그 관계의 본질에서는 결코 다르지만은 않다.

마지막으로, 이 글의 주요 논의 대상이 된 1920~1950년대가 바로 일본에서 전쟁이 본격화되는 시기 그리고 패전 이후의 이른바 전후 시대를 아우르고 있음에 유념할 필요가 있다. 근대 일본의 전전(戰前)과 전후(戰後)가 여기서 망라되고 있기 때문이다. 전후 발표된 남성 동성애문학에는 뭔가 이질적이면서도 일관된 공통의 색조가 있다. 바로 전후의 음울함, 무력감, 데카당스의 분위기이다. 전전의 기억은 전후의 퇴영적 분위기 속에서 여전히 현재를 지배한다. 이렇게 전후 남성 동성애문학은 전전과 전후 사이의 연속성과 단절성을 양의적으로 표상하는 텍스트이기도 하다. 따라서 동성애문학을 대상으로 전전 및 전후 일본의 '성과 정치'의 문제를 논하지 못한 것은 이 글의 아쉬움이자 향후 과제다. 미흡함이 크지만, 이 글의 논의가 '동성애문학'이라는 소외 영역을 그 어느 곳에도 귀속되지 않는 미망(迷妄)의 단계로부터 보편적 사유의 장으로 견인하는 데 작은 매개 역할을 할 수 있었으면 하는 소박한 바람을 지닐 따름이다.

참고문헌

김학이. 2013. 『나치즘과 동성애』. 문학과지성사.

신지연. 2006. 「1920~30년대 '동성(연)애' 관련 기사의 수사적 맥락」, ≪民族文化硏究≫. 제45호(2006. 12). 고려대학교 민족문화연구원.

이승신. 2007. 「야마자키 도시오 '크리스마스이브(耶蘇聖誕祭前夜)'론-동성애문학이라는 관점에서」. ≪아시아문화연구≫, 제13집. 경원대학교 아시아문화연구소.

조지프 브리스토. 2000. 『섹슈얼리티』. 이연정 · 공선희 옮김. 한나래.

플로랑스 타마뉴. 2007. 『동성애의 역사』. 이상빈 옮김. 이마고.

허호. 2004. 「미시마 유키오의 문학과 나르시시즘-『금색』을 중심으로」. ≪世界文學比較研究≫, 11권. 세계문학비교학회.

跡上史郎. 2000. 「最初の同性愛文学―『仮面の告白』における近代の刻印」, ≪文芸研究≫, 150卷.

飯野由里子. 2008. 『レズビアンである〈わたしたち〉のストーリー』. 生活書院.

大橋洋一. 1999. 「解説」. Oscar Wilde外 著 · 大橋洋一 監訳. 『ゲイ短編小説集』. 平凡社.

風間孝 · 河口和也. 2010. 『同性愛と異性愛』. 岩波書店.

菅聡子. 2006. 「女性同士の絆-近代日本の女性同性愛」, 『国文』, 第106集. お茶の水女子大学国語国文学会.

黒岩裕市. 2005. 「「男色」と「変態性欲」の間:『悪魔の弟子』と『孤島の鬼』における男性同性愛表象」, ≪一橋論叢≫, 134(3). 一橋大学.

_____. 2009. 「ホモセクシュアル文学」, ≪昭和文学研究≫, 第58集.

_____. 2012. 「大江健三郎『喝采』の男性同性愛表象」, ≪フェリス女学院大学文学部紀要≫, 47.

小森陽一. 1994. 「『こゝろ』における同性愛と異性愛ー「罪」と「罪悪」をめぐって」. 小森陽一 · 中村三春 · 宮川健郎編. 『総力討論　漱石の『こゝろ』』. 翰林書房.

ジェームス · キース · ヴィンセント. 1998. 「大江健三郎と三島由起夫の作品におけるホモファシズムとその不満」, ≪批評空間≫, 2期(16). 太田出版.

田中玲. 2006. 『トランスジェンダー · フェミニズム』. インパクト出版会.

伏見憲明. 1997. 『性のミステリー-越境する心とからだ』. 講談社.

_____. 2004. 『ゲイという経験』, ポット出版.

古川誠. 1994. 「セクシュアリティの変容:近代日本の同性愛をめぐる3つのコード」, ≪日米女性ジャーナル≫(17), 城西大学.

_____. 1994. 「江戸川乱歩のひそかなる情熱-同性愛研究家としての乱歩(江戸川乱歩の魅力-生誕100年〈特集〉)-(乱歩の軌跡)」, ≪国文学解釈と鑑賞≫, 59(12). 至文堂.

_____. 1996. 「自然主義と同性愛-明治末性欲の時代(特集・近代日本とセクシュアリティ)」. ≪創文≫, 380. 創文社.

_____. 1997. 「近代日本の同性愛認識の変遷 -男色文化から「変態性欲」への転落まで(特集 多様なセクシュアリティ)」. ≪季刊女子教育問題≫, 70. 労働教育センタ-.

吉川豊子. 1992. 「ホモセクシュアル文学管見」. ≪日本文学≫. 日本文学協会.

http://kenko321.web.fc2.com/gay/list-gay.html (검색일:2013년 10월 12일)

7장

2000년대 이후 지방 공동화와 젊은 여성들

핸드폰소설, ≪소악마아게하≫, 그리고 '불황문화'

/

김효진

고등학교를 졸업했지만 취직할 곳은 없으며 장래에 어떤 꿈도 가질 수 없다. 주변의 동급생과 선배, 후배의 대부분이 후리타(フリーター)[1]고, 사귀고 있는 남자친구도 역시 후리타인 상황에서는 자신이 본받을 롤모델은커녕 존경할 수 있는 인물도 없다. 주위에는 논밭과 황폐한 공장, 대로변에 하나둘 서 있는 편의점 밖에 없고, 티비에 나오는 것 같은 화려한 도시의 생활과는 전혀 인연이 없는—버블 붕괴 후의 혼돈스러운 풍경 속에서 나는 그런 젊은이들을 수없이 만났다.[2]

---

1 정규직에 취직하는 대신 아르바이트만 지속하여 생활하는 사람을 가리키는 신조어.

2 佐々木俊尚. 2007 "ソーシャルメディアとしてのケータイ小説" http://japan.cnet.com/blog/sasaki/2007/12/20/entry_25003250/(검색일: 2011년 5월 1일)

1. 핸드폰과 소녀들: 1990년대, 그리고 2000년대

2008년 1월 20일 ≪뉴욕타임스≫는 "Thumbs Race as Japan's Best Sellers Go Celluar"라는 제목의 기사에서 핸드폰소설(ケ-タイ小説)[3]이 일본의 독서계에서 주목을 받고 있다고 보도했다. 그러나 핸드폰소설이 주목받은 것은 이 당시가 처음은 아니었다. 2002년부터 2003년에 걸쳐 요시(Yoshi)라는 신인작가가 쓴 〈딥 러브(Deep Love)〉 시리즈가 폭발적인 인기를 얻었던 '제 1차 핸드폰소설 붐' 이후, 다시 2007년의 연간 베스트셀러 랭킹 1위부터 3위가 모두 핸드폰소설로 채워졌다는 사실('제 2차 핸드폰소설 붐')은 일본의 문학계에 강한 충격을 주었고, 왜 핸드폰소설이 이렇게 인기를 끌게 되었는가, 그리고 핸드폰소설을 과연 문학이라 부를 수 있는가를 둘러싸고 치열한 논쟁이 전개되었다.

특히 이와 관련하여 가장 문제로 부각되었던 것은 핸드폰소설의 작가 및 독자층이 젊은 여성(중고생 포함)이 많은 데 반해 다루는 내용이 섹스, 폭력, 성폭행, 죽음 등 선정적인 요소가 많다는 점이었다. 심지어 평론가 중에서는 핸드폰소설의 이런 내용을 "핸드폰소설의 7대 죄(매춘, 성폭행, 임신, 약물, 불치병, 자살, 진실된 사랑)"로 명명하기도 했다.[4] 핸드폰의 가장 열성적인 이용자로 간주되는 여중생, 여고생들이 이런 소설의 주된 독자라는 점을 지적하면서 이들에게 끼치는 악영향을 비판하는 논조 또한 흔히 발견되었다.[5]

---

3 모바일소설로 불리기도 하지만, 이 글에서는 일본어의 어감을 살리기 위해 핸드폰소설이라는 용어를 사용한다. 이때 핸드폰은 우리가 익숙한 스마트폰이 아니라 이전 세대에 주류였던 폴더폰을 가리킨다.

4 本田透, 『なぜケ-タイ小説は売れるのか?』(東京 : ソフトバンククリエイティブ, 2008)

5 박영경, "핸드폰소설에 열광하는 일본 여중고생들: 부모 몰래 이불속에서도 꾹꾹", ≪일요신문≫,

흥미로운 것은, 핸드폰과 소녀들의 관계가 문제시된 것은 핸드폰소설이 처음이 아니라는 점이다. 이미 1990년대, 핸드폰(이 당시는 PHS[6]가 일반적이었음)이 급속도로 젊은이들에게 보급되면서, 이를 이용한 여중고생들의 원조교제(援助交際, 중년 남성을 상대로 하는 매매춘)가 사회적 문제가 된 적이 있었다. 도쿄의 시부야(渋谷)는 갸루(ギャル)로 불리던 이런 소녀들이 모여드는 장소로, 이런 소녀들이 즐겨입는 옷으로 채워진 시부야의 109(이치마루큐) 백화점 앞은 특히 이들 소녀들이 즐겨 찾는 장소였다고 한다.[7]

원조교제도, 핸드폰소설도 사회적으로 핸드폰과 소녀들의 관계가 문제가 되었다고 할 수 있다. 그러나 1990년대의 원조교제와 2000년대의 핸드폰소설은 각각 다른 사회적 배경, 각각 다른 서브컬처(하위문화)와의 관계 속에서 탄생한 문화 현상이라는 점은 잘 알려져 있지 않다. 핸드폰이라는 매체가 공통되며, 원조교제가 핸드폰소설에서 잘 다루는 소재라는 점에서 이 두 가지 문화 현상을 마치 하나의 뿌리에서 나온 것으로 판단하기 쉽지만 실제로는 그렇지 않다.

이 글에서는 2000년대 이후 일본 사회의 변동에 초점을 맞춰, 핸드폰소설의 인기를 뒷받침한 것으로 알려진 교외와 지방의 젊은 여성들 그리고 그들이 살아가는 모습을 살펴보고자 한다. 필자의 이런 관점은 하야미즈 겐로(速水健朗)가 그의 저서 『핸드폰소설적: '재양키화'시대의 소녀들(ケータイ小

2007년 7월 1일 자, http://www.ilyo.co.kr/news/articleView.html?idxno=62973 (검색일: 2016년 4월 11일).

6 PHS는 Personal Handy-phone System의 약자로 1994년부터 서비스가 본격적으로 시작되었다. 한국의 PCS와 유사한 서비스이다.

7 사실 20여 년이 지난 지금에도 이는 심각한 사회문제로 간주된다. "「ブロフ」で売春誘う書き込み 少女のケータイ「援交」急増" 2008년 http://www.j-cast.com/2008/11/10030074.html (접속일: 2016년 4월 11일)

説的. : '再ヤンキー化' 時代の少女たち)』(2008)에서 시도하는 분석에 힘입은 바가 크다.

하야미즈는 핸드폰소설을 2000년대 교외와 지방에 사는 젊은이들, 특히 여성들의 삶을 표현하는 매체로 자리매김하면서 이를 이전 시대 하위문화와의 관계, 그리고 젊은이들의 연애와 커뮤니케이션에서 드러나는 양상과 연결 짓고 있다. 기존의 핸드폰소설에 대한 논의가 대부분 문학 분야에서 이루어진 결과, 새로운 문학 장르로서 핸드폰소설에 대한 텍스트분석이나 형식 분석 등은 많이 있었지만 실제 이 핸드폰소설이 반영하는 사회적 현실이나 이를 지지한 사회집단 등에 대해서 다룬 연구는 아직 드문 상황에서, 하야미즈의 분석은 보다 주목할 가치가 있다.

이와 같은 하야미즈의 분석에 기대어 이 글은 핸드폰소설 자체의 텍스트 분석에서 시작하여 핸드폰소설이 묘사하는 풍경이 현대 일본 사회의 어떤 모습을 반영하는가를 추적한다. 또, 핸드폰소설을 즐겨 읽는 독자층인 교외와 지방의 소녀들이 계승하고 있는 이전 세대의 하위문화 중 1980년대에 발생한 양키문화(ヤンキー文化)[8]에 대해 간략하게 살펴본다. 마지막으로 2005년 창간, 2014년 5월 휴간, 2015년 4월 복간이라는 복잡한 행보에도 불구하고 그 파격적인 스타일과 내용으로 인해 여전히 많은 여성 독자들의 지지를 받고 있는 잡지 ≪소악마아게하(小悪魔AGEHA)≫에서 빈번하게 등장하는 지방에서 살아가는 젊은 여성들의 어두움과 아픔을 통해, 2000년대 이후 일본 사회의 병리를 살펴보고자 한다.

---

8   난바 고지(難波功士)에 따르면, 〈양키(ヤンキー)〉는 영어의 Yankee로부터 유래한 용어로 미군들이 외출복으로 입었던 화려하고 거친 패션을 입은 청소년 집단을 의미했다. 1980년대에 처음으로 나타났으며, 현재 양키는 '불량(不良, 날라리)청소년'과 동의어로 사용된다. 보다 자세한 것은 후술하겠다. 『族の系譜学』(東京 : 青弓社, 2007), pp. 211~212.

2. 2000년대 일본의 인터넷 사정: PC 중심의 도심부, 핸드폰 중심의 주변부

현대 일본 사회에서 핸드폰은 과연 얼마나 중요한 매체일까? 이를 이해하기 위해서는 핸드폰 자체의 보급 및 활용뿐만 아니라, 1990년대 이후 세계화 및 정보화를 이끌어냈다고 알려진 인터넷과 핸드폰의 관계를 살펴볼 필요가 있다.

우선, 일본 사회에서 인터넷 이용을 위한 미디어로서 핸드폰이 차지하는 비중이 매우 높다는 점은 매우 중요하다. 고네나가 사토시에 따르면, 이는 핸드폰의 압도적인 보급률과 함께 기기 자체가 고기능의 디지털 기기라는 점에서 기인하는데, 2006년 일본의 인터넷 이용 인구 8400만 명 중에서 핸드폰으로 인터넷을 이용하는 인구는 7000만 명 정도로 전체 이용자의 80% 이상을 차지하고 있다.[9] 일견 핸드폰을 통한 인터넷 이용이라는 말을 들었을 때 한국인이라면 최근 보급이 활발한 스마트폰을 이용한 인터넷 보급을 생각하기 쉽지만, 2006년 일본에서는 아직 스마트폰이 대중화되지 않았으며, 단말기 대부분이 스마트폰 이전의 구형 단말기였다.

한국의 경우, 1990년대 후반 컴퓨터 통신이 인터넷으로 바뀌던 시기에 고속인터넷 통신망의 보급이 빠른 속도로 이루어진 반면, 일본의 경우 상대적으로 느렸던 고속인터넷 통신망의 보급 대신 이미 압도적으로 보급되어

---

9 고네나가 사토시, 「Web2.0 미디어로서의 휴대전화: 인터넷의 저연령층에의 확장과 "환경화"」 한국언론학회 제13회 한일언론학 심포지엄 발표문 2007. 가장 최근 통계인 2014년의 현황을 살펴보면 인터넷 이용률은 84.8%, 컴퓨터를 이용한 접속이 58.4%, 스마트폰이 42.4%, 핸드폰이 24.5%의 비율이다.
(http://www.soumu.go.jp/johotsusintokei/whitepaper/ja/h26/html/nc253120.html)

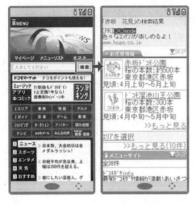

그림 7-1 i모드 사용 예시

있던 핸드폰을 이용한 인터넷 이용이 핸드폰 회사의 기술 개발에 뒷받침되어 급속도로 증가하였다. 심지어 2002년 이후 핸드폰만으로 인터넷에 접속하는 비율이 증가하는 데 비해, 2005년까지 컴퓨터를 통해서만 인터넷에 접속하는 비율은 감소 추세를 보인다.[10]

이와 관련하여 중요한 것은 'i모드(iモード)'로 대표되는, 핸드폰을 위한 인터넷 서비스의 등장(2000년 전후) 및 데이터 정액제의 시행(2004년~2005년)에 기인한 핸드폰 인터넷 시장의 급속한 확장이다. "문자나 음성통화 등 '일대일' 커뮤니케이션의 도구"였던 핸드폰은 이때부터 "'다대다'의 커뮤니케이션 수단으로 변하기 시작했다."[11]

그렇다면 i모드란 무엇인가? i모드는 핸드폰 서비스 회사인 'NTT도코모(NTT docomo)'가 제공하는 전용 휴대전화를 사용하여 이메일의 송수신과 인터넷의 웹페이지를 열람할 수 있는 서비스를 말하는데[12] 일본만의 독자적

---

10 고네나가 같은 글.

11 사사키 도시나오, 『전자책의 충격』(커뮤니케이션북스, 2010), 132쪽.

인 시스템이기도 하다. 〈그림 7-1〉의 가장 큰 특징으로는, 핸드폰의 작은 화면에 대응할 수 있도록 HTML을 개량한 독자적 개발 언어 cHTML의 도입 및 핸드폰 서비스 회사에 의한 공식 서비스—여기서 '공식 서비스'란 핸드폰 서비스 회사가 자신이 허가한 인터넷 서비스만 제공하는 시스템을 가리키는 것이다. 즉 특정 핸드폰 회사의 고객만이 접속 가능한 인터넷 망이 별도로 존재한다는 것이다. 일반 인터넷에는 공식 서비스는 존재할 수 없다—라는 점에 기반을 둔 과금제형 서비스의 발달, 그리고 과거에 비해서는 쉬워졌다고 하지만 여전히 외부로부터의 접속이 어렵다는 점 등을 들 수 있다.

NTT도코모는 i모드에 대해 "핸드폰으로 인터넷을 즐길 수 있습니다. (오리지널) 메뉴 사이트와 i모드 대응 홈페이지를 열람하거나, 메일을 하거나, 뉴스 등의 정보를 얻거나, 음악과 게임 등의 콘텐츠를 다운로드할 수 있습니다"[13]라고 설명하는데, 대중들이 인터넷을 하는 목적의 대부분이 i모드로도 충분히 충족이 된다는 사실을 알 수 있다.

사노 마사히로(佐野正弘)는 1999년 서비스 개시 이후 2001~2002년 일어난 공전의 i모드 붐 이후, PC 세대와 핸드폰 세대가 갈라졌다고 본다. 그에 따르면, 이 붐 이후에 브로드밴드의 보급, 웹 서비스의 대두 등에 힘입어 PC 세대가 정보 발신에 적극적으로 나서면서 2005년의 전차남붐, 위키피디아의 충실화 등으로 이어지는 한편, 핸드폰 세대는 '마법의 i랜드(魔法のiらんど)'를 대표로 하는 쉬운 홈페이지 작성 서비스가 초기부터 제공되었고 이를 이용한 자기 어필과 커뮤니케이션이 활발하게 이루어졌다는 것이다.[14]

---

12 일본어 위키피디아 imode 항목에서 인용, http://ja.wikipedia.org/wiki/I%E3%83%A2%E3%83% BC%E3%83%89(접속일: 2011년 5월 4일)

13 https://www.nttdocomo.co.jp/service/imode/index.html, (접속일: 2016년 3월 6일)

14 佐野正弘, 『大人が知らない携帯サイトの世界：PCとは全く違うもう一つのネット文化』(東京:朝

특히 핸드폰을 통한 인터넷 이용이 중요한 의미를 차지하게 된 것은 젊은 세대, 그리고 더 나아가 브로드밴드의 보급이 활발했던 도심부가 아니라 지방의 젊은이였다는 점은 매우 중요하다. 이와 관련해 도이 다카요시(土井隆義)는 "핸드폰은 더 이상 전화기가 아니다"라고 단언하면서, 10대 후반을 정점으로 해서 젊은 세대일수록 일반적으로 핸드폰과 밀접한 생활을 보내고 있고, 주된 이용 형태는 주로 메일(한국의 문자 메시지)이라고 분석한다.[15]

특히 인터넷 사용과 관련해서는 총무성의 조사에 따르면 13세에서 19세의 64%가 매일 이용하는 인터넷 기기로 핸드폰을 들고 있다는 점은 한국과의 차이를 포함해서 주목할 만하다. 이와 같이 특징적인 젊은 세대의 커뮤니케이션에서 핸드폰이 차지하는 비중 및 그로 인한 변화는 도심부와 지방이라는 구분과는 별도로 독자적인 고찰을 필요로 한다. 그러나 인터넷 이용이 기술 환경의 뒷받침 없이는 불가능하다는 사실 및 일본 사회에 중심·주변부의 격차 문제가 실제 존재한다는 사실을 고려한다면, 인터넷 인프라의 이런 차이는 결코 무시할 수 있는 문제가 아니다.

이렇게 지방에서 개인용 컴퓨터 보급 및 인터넷 환경의 충실도가 낮다는 점은 전국에서 거의 동일한 서비스 이용이 가능한 핸드폰을 이용한 인터넷 이용이 많다는 점과 연결된다. 사노는 실제 통계를 이용하여 핸드폰 사이트인 '마법의 i란도'의 이용자를 지역별로 보았을 때, 일반적인 PC 인터넷 사이트인 '믹시(ミクシィ)'에 비해 지방의 이용자 비율이 높다는 점을 통계를 통해 증명하고 있다. 특히 핸드폰의 이용자는 10대와 20대 젊은이들이 많은데, 이런 젊은이들은 자신들이 거주하는 지방에 대한 정보를 원하고 있으며

日コミュニケーションズ, 2007), pp. 162~163.

15 土井隆義, 『友だち地獄 : 「空気を読む」世代のサバイバル』(東京 : 筑摩書房, 2008, pp. 140~141.

핸드폰의 홈페이지 작성 서비스를 이용해서 적극적으로 정보를 발신하고 커뮤니케이션을 시도한다.[16]

핸드폰을 통한 인터넷 이용이 이렇게 중요한 역할을 하고 있음에도 불구하고, 이에 대한 일본 내부의 시각은 결코 호의적이지만은 않다. 이와 관련되어 중요한 키워드가 바로 '모바일 디바이드(mobile divide)'로, 핸드폰을 통한 인터넷 이용이 극도로 집중된 결과 초래되는 정보 환경의 한정성 및 커뮤니케이션 능력의 저하를 가리킨다.[17]

앞에서 살펴본 바와 같이, 핸드폰을 통한 인터넷 이용이 도심부보다 지방에서 더 활발하다는 점에 대해 몇몇 학자들은 학력에 따른 인터넷 이용에서 대졸 이상의 70% 이상이 PC를 통해 인터넷을 이용하는 데 반해, 중졸 이상의 57%가 핸드폰을 통해 인터넷을 이용한다는 점 등을 들어 인터넷 이용에서도 일본의 '하류사회화'가 진전되고 있다고 우려한다.

그러나 지방 젊은이들의 핸드폰을 통한 인터넷 이용에 대해 긍정적인 시각도 다수 존재한다. 특히 이와 관련하여 사사키는 지방의 젊은이들이 핸드폰을 통해 인터넷의 세계에 몰입하게 된 결과, 활자 세계로 흘러들어오게 되었다고 긍정적으로 평가하고 있다.[18]

그의 표현을 빌리면 "양키문화와 활자문화의 충돌"로 묘사되는 이런 변화는 과연 왜 일어났는가? 이때 양키문화, 다시 말해 지방 젊은이들의 문화는 과연 무엇인가? 이하에서는 핸드폰에서 묘사되는 관계성과 풍경을 통해 현재 일본 사회에서 진행되고 있는 지방 사회의 공동화 및 지방 젊은이들의

---

16 佐野正弘, 같은 책, p. 80.
17 고네나가, 같은 글 80쪽.
18 사사키, 같은 책 132쪽.

어려움을 분석하고자 한다.

3. 핸드폰소설이 묘사하는 풍경

1) 핸드폰으로 매개되는 관계성: 소설 『연공』의 사례를 중심으로

사노에 따르면, 핸드폰소설의 주요한 특징은 다음과 같이 정리될 수 있다. 내용적으로는 연애물이 압도적 다수를 차지하고, 실제 체험을 근거로 한 경우가 많으며, 충격적 전개 및 성 묘사가 많다는 것을 들 수 있고 형식적으로는 정경 묘사가 적으며, 한 문장이 극히 짧고, 항상 주인공의 주관적 시점으로 이야기가 진행되며, 가로쓰기[19]라는 점을 들 수 있다.[20] 수많은 핸드폰소설 중에서도 인기뿐만 아니라 플롯이나 주인공 등이 전형적인 『연공(恋空)』을 사례로 들어 이를 살펴보자.

『연공』의 전체적인 줄거리를 요약하면 다음과 같다. 여주인공 미카는 고등학교에 들어가면서 핸드폰을 통해 남주인공 히로를 만나 사귀게 된다. 그러나 히로의 전 여자친구인 사키의 보복으로 성폭행을 당하게 되나 그를 극복하고 명실상부한 연인이 되었고, 이 과정에서 미카는 히로의 아기를 임신한다. 이 사실을 안 사키의 폭행으로 인해 미카는 유산을 하게 되고 그 과정에서 오해가 생겨 히로와 헤어진다. 그 후 시간이 흘러 미카는 새로운 남자

---

19 일본의 서적은 세로쓰기가 일반적이다. 그러나 인터넷의 보급은 가로쓰기가 확산되는 효과를 가져왔는데, 핸드폰소설의 경우는 서적으로 출판되는 경우도 원문을 존중하여 가로쓰기를 택하고 있다.

20 佐野正弘, 같은 책, pp. 88~92참조.

친구인 유와 사귀면서 히로와 헤어진 상처를 극복하기 위해 노력하고, 이 과정에서 유가 다니는 대학에 진학한다. 그리고 미카는 유로부터 직접 히로가 자신과 헤어진 이유가 불치의 병인 암에 걸렸기 때문이라는 사실을 전해듣는다. 고민하던 미카는 결국 유와 헤어지고 병상의 히로에게 돌아가 히로를 간호하면서 시간을 보낸다. 그러나 미카의 간호와 히로의 살고자 하는 의지도 소용없이 히로는 곧 죽음을 맞이하고, 히로의 아이를 임신한 미카는 히로가 그동안 써왔던 일기장을 받아 읽으면서 처음 만났을 때부터 변함없었던 히로의 사랑을 깨닫게 된다는 결말로 이 이야기는 끝을 맺는다.

이와 같은 줄거리를 짧게 끊어지는 문장으로 서술하고 있는 이 핸드폰소설에 대해 기성 문단이나 대중의 반응은 대체적으로 부정적이다. 우선 기성 문단에서는 핸드폰소설이 내용적으로 황당무계하고 진부한 내용으로 구성되어 있으며, 작가와 화자를 구분하지 않고 마치 작자가 실제로 경험한 사실처럼 서술하는 것이 근대문학이 중시하는 성찰의 기회와는 거리가 먼, "마음대로 행동하는 주인공들의 방종을 그럴듯한 명분으로 포장함으로써 대리만족의 극대화를 꾀"하는 것이라고 비판한다.[21] 또, 일본어 인터넷에서는 핸드폰소설의 작가와 화자의 일치 및 작가 개인의 경험을 기술하는 형식을 문제 삼아, 핸드폰소설에 묘사되는 사건들과 배경을 현실에서 찾아내 그것이 실제로는 불가능하거나[22] 시간 순서가 틀렸다는 점을 찾아내 저자의 체험을 기반으로 했다고 주장하는 핸드폰소설이 사실은 '리얼'하지 않다고 비판하는 논지를 쉽게 찾아볼 수 있다.

---

21 이정준, 「휴대폰 소설- 새 매체 속의 새로운 문학 장르」, ≪독일문학≫, 116집, 198쪽.
22 그 대표적인 사례가 항암제 투여 중인 히로의 아기를 미카가 임신했다는 부분이다. 항암제 투여 중에는 생식 능력이 저하되어 실제로는 임신이 불가능하다.

한편, 이에 대해 핸드폰소설을 새로운 문학 장르로 규정하면서 이를 분석하는 입장이 있다. 예를 들어 새로운 문학 장르로서 핸드폰소설을 고찰하면서 강현구는 핸드폰이라는 매체가 갖는 특성에 보다 주목하여, 핸드폰 화면을 통해 마치 누군가가 메일로 자신의 경험을 고백하는 것을 읽는 것 같은 은밀하고 사적인 정서가 핸드폰소설에서 중심적이며, 그로 인해 '가장 울림이 큰 문학'[23]이라고 분석한다. 이로 인해 핸드폰소설은 저자와 작품이 엄연히 분리된 근대 이후의 문학과는 달리 자전적 작품이 대부분이며, 또 바로 그런 체험에 근거한다는 사실이 오히려 강점이 되는 문학인 것이다. 그리고 바로 이런 고백의 효과를 높이기 위해 내용은 보다 충격적일 것이 기대된다. 즉, 황당무계한 내용은 핸드폰소설에서 필수불가결한 조건이라고 할 수 있다.

핸드폰소설의 내용과 형식에 대한 이와 같은 비평들이 기본적으로는 문학비평에 기반을 두는 데 반해, 핸드폰을 통한 커뮤니케이션이라는 측면에 초점을 맞추는 연구들은 핸드폰소설을 핸드폰이 매개하는 현대 일본 젊은이들의 관계성을 살펴볼 수 있는 텍스트로 간주하고 접근한다. 다른 소설들과 비교하면 핸드폰소설은 플롯이 진부하고 문체가 치졸하지만 핸드폰이라는 매체에 특화된 장르로서 의미가 있다. 또 현대 일본의 젊은이들에게 핸드폰을 통한 지속적인 접속(고가네이의 용어를 빌자면 핸드폰의 '환경화')의 중요성을 고려한다면 핸드폰소설을 "핸드폰에 관련된 '조작로그(操作ログ)'적 기술이 집적된 텍스트"[24]로서 분석할 수 있는 새로운 가능성이 열린다.

그렇다면 핸드폰이라는 정보 환경이 가져온 지속적인 접속과 관계성은

23 강현구, 「뉴미디어 시대의 핸드폰소설- 일본 핸드폰소설의 서사적 특성을 중심으로」, 《대중서사연구》, 제14권 제2호(2008), 80쪽

24 濱野智史, 『アーキテクチャの生態系 : 情報環境はいかに設計されてきたか』(東京: NTT出版, 2008), p. 288.

『연공』에서 어떻게 묘사되고 있을까? 우선 남주인공인 히로와의 만남을 비롯한 대부분의 등장인물들과 만나고 관계를 유지하는 것은 바로 핸드폰을 통해서이고, 핸드폰의 기기나 번호 변경은 그 이전의 관계를 정리하는 데 가장 효과적인 수단으로 묘사된다는 점을 들 수 있다. 이와 관련되어, 하마노 사토시(濱野智史)는 『연공』에서는 등장인물들의 행동과 심리의 변화를 가져오는 데 핸드폰(PHS)이 너무나 중요하고 결정적인 역할을 한다는 점을 주목해야 한다고 본다.[25] 핸드폰소설의 '리얼리즘'에 대해서 내용적인 측면에서는 일견 황당무계할 수도 있지만, 핸드폰이라는 정보 환경이라는 측면에서 본다면 이들의 행동은 장면 장면 매우 정합적이라는 것이다. 특히 핸드폰의 기종 변경, 번호 디스플레이 기능에 의한 통화 선택 여부 등은 단순한 그때의 기분에 의한 것이 아니라, 그를 통해 상대방과 지속적으로 관계를 유지할지 아닌지를 등장인물들은 엄밀하게 계산, 선택하고 있다는 것이다.

이를 잘 보여주는 사례로 하마노가 분석하는 것은 여주인공인 미카와 남주인공인 히로가 서로 알게 되어 서로 만나기 전까지 과정에서 등장하는 PHS에 대한 자세한 묘사이다. 소설의 도입부에서 미카에게 PHS 번호를 알려달라고 접근하는 것은 남주인공인 히로가 아니라, 그의 친구인 노조무이다. 자신의 친구인 아야가 스스럼없이 노조무에게 핸드폰 번호를 알려주는 광경을 보고 미카는 믿을 수 없는 광경이라고 생각하면서 아야에게 차갑게 "왜 저런 가벼워 보이는 애한테 전화번호를 알려줬니? 나중에 안 좋아"라고 경고한다. 그러나 이를 계기로 노조무는 아야를 통해 미카의 PHS 번호를 알아내 계속 연락을 취하는데, 그 과정에서 미카는 노조무를 처음에 생각했던 대로 '가벼운 애'라고 확신하게 된다. 이때 그 확신의 계기는 다음과 같이 묘사된다.

---

25 濱野智史, 같은 책, p. 269.

이후로 거의 매일 노조무에게서 전화나 메일이 왔다.

당시 내가 다니던 학교에서는 아직 핸드폰을 가진 사람이 많지 않았고 대부분이 PHS를 사용했다. PHS는 P메일과 P메일DX라는 기능이 있다.

P메일은 문자를 15자 정도 보낼 수 있는 기능이고 P메일DX는 지금의 핸드폰과 같이 긴 메일을 보낼 수 있는 기능이다. 중요한 내용이 아니면 P메일DX는 사용하지 않고 대부분 P메일을 사용했다.

노조무가 보내는 메일은 매번이라고 해도 될 정도로 똑같은 내용이다.

_잘 있어?_

_지금 뭐해?_

뻔한 이 두 통의 메일.

처음에는 짧게라도 답장을 했지만 점점 귀찮아져서 전화도 안 받고 메일 답장도 안 하게 되었다. 노조무는 옆 반이기 때문에 복도에서 딱 마주치는 일도 있었지만 피했다.[26] (강조는 필자)

본문에서도 서술되지만, 미카가 노조무에 대해 좋지 않은 인상을 갖게 된 것은 학교 안의 나쁜 소문도 있지만 무엇보다 ① 처음 만난 자신에게 PHS 번호를 쉽게 묻고 알려달라고 조른 일과 ② 이후 PHS로 메일을 보내지만 언제나 '뻔한 두 통의 메일'만을 보냈기 때문이다. 전자의 경우는 과거 고정된 장소에 놓여 있으며 누가 언제 전화를 걸지, 혹은 응대할지 예측할 수 없었던 고정 전화에 반해[27] 확장된 신체의 일부처럼 개개인이 항상 소지하는 핸

---

26 『연공』 상 18쪽에서 발췌. 이 부분에 대한 필자의 시각은 하마노(같은 책)가 시도한 핸드폰소설 분석에 힘입은 바 크다.

27 이를 마쓰다 미사(松田美佐)는 '고정전화의 폭력성'으로 이름붙이면서, 걸려온 전화의 번호를 확인하고 받을지 말지를 선택하거나 최소한 마음의 준비를 할 수 있는 핸드폰은 이런 폭력성이 완

드폰의 특성을 고려했을 때, 노조무는 상대방인 미카가 원하지 않는 관계의 확장을 핸드폰 번호를 취득함으로서 강제적으로 시도한 것이 된다. 후자의 경우 문자수 및 '중요한 내용이 아니면 (중략) 대부분 P메일을 사용했다'라는 서술을 봤을 때, 노조무는 언제나 P메일만을 미카에게 보냈고, 그 사실이 미카에게는 노조무의 나쁜 인상을 결정한 계기가 된 것으로 추측할 수 있다. 즉, 노조무와 미카의 관계는 노조무가 처음 미카의 핸드폰 번호를 친구를 통해 취득하여 P메일만 반복적으로 보내는 순간 이미 그 이상의 관계로 발전될 가능성을 잃은 상태로 묘사된다.

그러나 노조무의 입장에서 볼 때, 미카와 가까워지기 위해 그의 행동은 지극히 합리적인 것이다. 왜냐하면 핸드폰으로 매개되는 인간관계가 이미 지배적인 젊은 세대에게 그 수단은 어떠하든 간에 핸드폰 번호를 취득하는 것은 관계의 시작을 의미하며, 15자 이내의 메시지만을 보낼 수 있는 P메일이 일반적으로 사용되는 상황은 메일의 내용보다는 메일의 발신과 답신을 통해 상호 연결되고 접촉하고 있다는 감각을 더 중요한 것으로 만드는 효과를 지니기 때문이다. 나아가 이런 감각이 일상적인 것이 되면 될수록 서로 연결되어 있지 않은 상태에 대한 불안감도 증폭된다. 실제로 핸드폰 메일을 주고받는 과정에서 언제 끝을 내야 할지 몰라 계속 메일을 보내는 일이 자주 있다는 청소년들은 남자와 여자 각각 60%, 70%에 달하는 것으로 보고되고 있다.[28] 이런 상황에서, 노조무의 지속되는 메일과 전화는 자신이 미카와

화되어 있다고 분석한다. 松田美佐, 「若者の友人関係と携帯電話利用－関係希薄化論から選択的関係論へ」, ≪社会情報学研究≫, 4호, 2000.

28 矢嶋正見 등의 연구 『청소년의 의식·행동과 핸드폰에 관한 조사연구보고서(青少年の意識·行動と携帯電話に関する調査研究報告書, 警察庁生活安全局少年課, 2004)』의 내용을 土井義隆, 같은 책, pp. 146~147에서 재인용.

"연결되어 있다"는 감각을 확인하기 위한 행동으로 해석할 수 있을 것이다.

핸드폰 자체가 새로운 인간관계의 계기가 되는 경우도 있다. 다음 사례를 살펴보자.

> 지정된 좌석에 얌전히 앉아 있는데 옆 좌석에서 짙은 향수 냄새가 났다. 옆에는 엄청난 갸루가 앉아 있다. 머리는 금발이라기보다 은발에 커다란 핑크색 꽃을 달고 있다. 얼굴은 선탠을 해서 까무잡잡하고 눈주변은 완전 검은색. 입술은 하얗게 발랐고 반짝거리는 손톱 장식이 빛을 내고 있다.
>
> "아! 그거 나랑 같은 기종이다~!"
>
> 옆에 앉아 있던 엄청난 갸루가 그 이미지에 어울리는 특이한 말투로 긴 손톱을 뻗어 나의 휴대폰을 가리키며 말했다.
>
> **"우리 같은 기종을 가진 기념으로 친구하지 않을래~?"**
>
> 혼자 흥분하는 그녀를 보며 어쩔 수 없이 미소를 지었다.
>
> "이름은~? 난 우타~ 특이한 이름이지? 한문으로는 시의 시를 쓰고 우타라고 해. 그쪽은?"
>
> 어쩐지 나쁜 애가 아니라는 느낌이 든다. **나와 비슷한 듯한 뭔가 통할 것 같은 그런 느낌이 들었다.**
>
> "예쁜 이름이구나. 난 미카. 앞으로 잘 지내자."
>
> 우타는 하얀 이를 드러내며 빙긋 웃었다.
>
> "OK 미카! 오늘부터 우린 친구다~ 전화번호 알려줘!!"
>
> — 하권 107~108쪽

대학 입학식에서 외모에서 드러나는 큰 차이에도 불구하고 두 사람이 서로 이야기를 하게 된 직접적인 계기는 '핸드폰이 같은 기종'이었기 때문이다. 각각의 핸드폰 서비스 회사마다 특정한 기종을 출시하고, 한 달에도 몇 종씩 새로운 기종이 나오며 그만큼 예전 기종이 빠른 속도로 사라지는 일본의 핸드폰 시장에서 같은 기종의 핸드폰을 소유하고 있다는 것은 그만큼의 공통성을 보여주는 것이기도 하다. 특히 젊은 세대에서 최신 기종으로 핸드폰을 바꾸는 것은 유행에 민감한 자기 자신을 연출하기 위한 과시적 소비로서 세계적으로 관찰되는 현상이기도 하다. 이는 여성들이 핸드폰을 화려하게 장식하거나 액세서리를 붙임으로서 핸드폰을 단순히 기기가 아닌 그 이상의 것으로 만들고자 하는 경향과도 연결되는데, 처음에는 우타의 특이한 외모에 거리감을 느꼈던 미카가 금방 공통점을 인식하게 되는데 같은 기종의 핸드폰이 결정적인 역할을 한 것은 명확하다.

핸드폰을 통한 커뮤니케이션의 양상이 잘 드러난 또 다른 사례를 살펴보자. 미카와 남주인공인 히로가 서로 핸드폰을 통해 대화를 하게 되면서 미카는 히로에게 점점 더 호감을 가지게 된다. 그 와중에 히로는 미카에게 사귀자고 제안하는데, 여자친구가 있냐는 미카의 질문에 히로는 헤어진다고만 대답하고 지나친다. 히로에게 점점 더 마음이 끌리게 된 미카가 히로의 진심을 확인하기 위해 선택한 행동은, 바로 핸드폰 메일을 통해 히로의 진심을 묻는 것이었다.

> 이런 마음을 깨닫고 나는 어떻게 하면 좋을지 아야와 유카에게 상담을 했다.
> 두 사람이 내린 결론은,
> "히로가 여자친구와 헤어질 마음이 정말로 있는지 물어보고 만약 헤어질 마음이 없다면 포기한다."
> 두 사람의 격려를 받고 **용기를 내서 히로에게 메일을 보냈다.**
> _여친과 헤어질 마음 있어?_

없으면 이제 안 만날 거야

♪ 삐삐삐

메일을 보낸 지 1분도 안 지났다. **히로의 답장은 항상 무척 빨랐고 짧았다.**

이미 끝냈어

"미카 잘 됐다. 찬스!"

메일을 보고 통통 튀며 마치 자기 자신의 일인 양 기뻐해주는 아야.

"정말 잘 됐다."

유카도 활짝 웃으며 손가락으로 V를 만들었다.

—『연공』상 28~29쪽에서 발췌

사귀고 있는 상대방의 진심을 확인하기 위해 주인공이 '용기를 내서' 택한 행동이 직접 만나는 것도 아니고, 직접 통화를 하는 것도 아닌, 메일을 보내는 것이라는 점은 많은 것을 시사한다. 물론 이것만으로 미카가 히로의 진심을 완전히 믿게 되는 것은 아니며 여전히 불안을 안고 있다. 그러나 상대방에게 직접 묻는 방식대신 메일이라는 간접적인 매체를 통해서만 진심을 표현할 수 있고, 반대로 자신에게 온 메일을 인간관계의 유지 혹은 단절의 결정적인 계기로 삼는다는 점은 이전 세대에서는 쉽게 찾아볼 수 없는 태도이며, 이에 대해 직접적인 접촉을 회피하는 표피적인 인간관계라는 비판도 있다.

그러나 이것은 핸드폰이라는 매체의 특성을 이해하지 못하는 기성세대의 감각이다. 오히려 핸드폰이야말로 기존의 매체와는 달리 '극한의 직접성'을 지니고 있다.[29] 미카가 군이 핸드폰 메일로 히로에게 물어본 이유는 그

---

29 大澤真幸, 「メディアの再身体化と公的な知の不在」, ≪環≫, 20호, 藤原書店 2005, 土井義隆, 같은

것이 오히려 장소와 시간에 구애받지 않고 상대방에게 가장 직접적으로 도달할 수 있는 가장 은밀한 수단이기 때문이고[30] 그러면서도 직접적인 갈등이나 거절을 회피할 수 있는 부드러운 커뮤니케이션의 수단이기 때문이다. 핸드폰 이전의 개인 커뮤니케이션 미디어로 한때 인기를 끌었던 포켓벨[ポケットベール, 한국에서는 무선호출기(삐삐)]에 대해 와카바야시 미키오가 평한 다음의 내용은 핸드폰의 시대인 지금 더욱 더 많은 것을 시사한다.

> 서로 얼굴을 마주하고 모습을 드러내는 것이 때때로 커뮤니케이션에 여러 마음의 준비와 긴장을 낳는 것을 생각하면 신체적으로는 결코 만날 일 없이 함께 있는 관계를 가능하게 하는 전기적인 미디어는 어떤 의미에서는 이상적인 커뮤니케이션 미디어이다. 전화와 포켓벨을 통해 나타나는 타자는 결코 모습을 드러내지도, 시선을 던지는 일도 없지만 물리적인 신체를 가진 타인보다도 훨씬 가까이에서 말을 걸어온다. 실제로 전화와 포켓벨만큼 신체에 밀착한 위치에서 친밀하게 말을 걸어오는 타자는 미디어 외부의 세계에서는 거의 존재하지 않는다.[31]

그리고 이는 단순히 핸드폰 메일이 가장 직접적이고 사적인 매체라는 사실에서만 확인되는 것은 아니다. 내용뿐만이 아니라, '히로의 답장은 항상 무척 빨랐고 짧았다'라는 짧은 언술은 이 두 사람의 관계를 생각하는 데 있

책에서 재인용.

30 이는 앞에서 다룬 강현구의 논문에서 핸드폰소설이 핸드폰이라는 매체가 갖는 특성으로 인해 누군가가 메일로 자신의 경험을 고백하는 것을 읽는 것 같은 은밀하고 사적인 정서가 핸드폰소설에 있어 중심적이라고 지적하는 것과 상통한다.

31 若林幹夫, 「ポケットの中の＜他者＞」, ≪每日新聞≫ 朝刊, 1997년 3월 9일 자.

어 매우 중요한데, 일본의 경우 핸드폰 메일을 주고받는 사람들 사이의 관계는 핸드폰 메일의 내용뿐만이 아니라 상대방이 그 메일에 얼마나 빨리 답하는가를 통해 측정될 수 있기 때문이다. '즉답(即レス)'으로 불리는 이 관행은 일본의 핸드폰 커뮤니케이션에서 기본적인 매너로 기대되는 것으로, 메일에 답하는 시간이 짧으면 짧을수록 두 사람의 거리는 가까운 것으로 해석된다.[32] 그러므로 이 장면에서 히로의 메일 내용이 동일하다 하더라도, 메일의 답이 언제 왔는가에 따라서 그 메일 내용의 신뢰성이 좌지우지된다고 할 수 있다. 미카의 메일에 1분도 지나지 않아서 바로 온 히로의 답장은 히로가 미카를 그만큼 자신에게 중요한 존재로 인식하고 있음을 가장 확실하게 보여주는 것이다.

이렇게 핸드폰은 작가와 작품, 독자를 매개하는 새로운 매체로서 기능할 뿐만 아니라, 등장인물들의 관계를 만들고, 규정지으며 더 나아가 확인하는 미디어로서 소설의 전개에 핵심적인 역할을 하고 있다. 그렇다면, 이렇게 핸드폰을 통해 매개되는 관계가 단절되는 경우는 어떻게 묘사되는가? 『연공』의 본문에서 주인공 미카는 사귀기 시작한 초반, 여러 가지 오해와 히로의 전 여자친구의 질투로 인해 히로와 만나고 헤어지기를 반복한다. 우여곡절 끝에 히로가 일방적으로 이별을 선언하여 두 사람이 결정적인 파국을 맞이해도, 미카는 PHS를 통해 히로와 메일을 주고받으며 관계를 유지하고자 한다. 그 과정에서 히로의 새 여자친구와 미카는 싸움을 하게 되고, 미카는 히로와의 관계가 끝났다고 생각하게 된다.

---

32 이와 관련해서 어떤 중학생의 고백은 많은 것을 시사한다. "결국 뭘 이야기하느냐가 아니라 얼마나 빨리 답(레스)이 오느냐 아니냐가 문제예요. 상대도 그럴 거라고 생각하고. 서로, 상대방이 자기를 얼마나 신경을 쓰고 있는가 언제까지나 살피고 있는 것뿐이죠. 그것도 피곤하지만 그만두면 불안해요." 香山リカ・森健, 『ネット王子とケータイ姫』, 中公新書ラクレ, 2004에서 재인용.

히로와 헤어지고 히로에게 여자가 생겼는데도 마음 어디에선가는 히로가 돌아올지 모른다는 기대감을 가지고 있었다. 행복했던 시간들은 거짓이 아니었다고 그렇게 믿고 있었다.

그런데 이젠 아니다.

이젠 정말로, 정말로 우리는 끝났다고 생각했다. 이 날을 계기로 나는 변하기 시작했다.

PHS의 시대가 끝나고 휴대폰이 유행했기 때문에 나는 쓰던 PHS를 해약하고 휴대폰으로 바꿨다. 새로운 주소록에 히로의 전화번호를 등록했지만 곧 마음을 바꿔 지워버렸다. 등록해두면 분명 연락할 것 같아서.[33]

히로의 이별 선언, 그리고 새 여자친구와 미카의 싸움은 미카가 히로에 대한 믿음을 버리는 데 결정적인 역할을 했다. 그러나 여전히 관계에 대한 미련을 버리지 못한 채 히로와 핸드폰 메일을 통해 연락을 주고받던 미카가 히로와의 관계를 완전히 포기하면서 '변하기 시작'한 것을 단적으로 보여주는 첫 행동이 PHS를 해약하고 휴대폰으로 바꾸는 과정에서 히로의 전화번호를 주소록에서 지워버린 것이라는 사실은 시사적이다. PHS와 휴대폰은 번호가 달라지므로 미카가 히로에게 연락을 취하지 않는 한, 히로는 미카의 바뀐 전화번호를 알 수 없으므로 연락이 올 가능성은 없어지게 된다. 술에 취해 미카의 핸드폰에 전화를 걸어온 노조무를 통해 서로 처음으로 접촉한 이래, 강간, 유산, 자살 시도, 폭행, 이지메 등의 사건을 겪어온 미카와 히로의 관계는 처음 시작과 같이 핸드폰을 통해 종결되는 것이다.

---

33 『연공』상 208쪽.

흥미로운 것은 문제 해결의 수단으로 PHS/핸드폰 기종 변경[34]이 흔히 등장한다는 사실이다. 예를 들면 미카는 히로와 사귀기 시작하면서, 손목을 긋고 자살을 시도하는데, 이것은 강간의 기억과 함께 히로의 전 여자친구인 사키가 핸드폰 메일을 통해 계속 괴롭혔기 때문이었다. 결국 미카는 자살을 시도했지만 친구에게 발견되어 자살 시도는 실패하고, "유일하게 마음을 나누는 이성 친구"였던 다쓰야의 제안으로 미카는 PHS를 바꾸게 된다.

> 그 후로 다쓰야와 급속히 친하게 되었고 다쓰야의 제안으로 PHS를 새로운 기종으로 바꾸기로 했다. **PHS의 번호를 바꾼 덕에 사키의 괴롭힘이 없어졌고** 다쓰야는 쉬는 시간마다 마치 히로에게 보여주기라도 하듯 기운 없는 나를 즐겁게 해주고 격려해주었다.[35]

이 부분만 떼어놓고 보면, 다쓰야의 제안으로 PHS를 바꿀 때까지 괴롭힘을 당하고 있을 뿐 스스로 PHS를 바꾸지 못하는 미카의 행동이 우유부단하고 어리석은 것으로 보인다. 그러나 이는 그렇게 간단한 문제가 아니다. 관계의 시작도 종말도 PHS를 매개로 하고 있고 주소록에서 핸드폰 번호를 지우는 것이 관계의 종말을 알리는 가장 중요한 계기가 되고 있다는 점이 중요하다. 친구들의 PHS에 새로운 자신의 번호를 알리고 그들이 자신의 번호를 등록하는 과정에서 자신이 누락될 수도 있고, 또는 미처 연락하지 못한 사람들과 관계가 끊길 수 있다는 것이다.

---

34 현재와는 달리 과거 일본에서는 핸드폰 서비스 회사에 따라 부여받는 앞자리 번호가 달랐다. 따라서 기종을 변경하면 번호가 바뀌게 되곤 했다.
35 『연공』 상, 66~67쪽.

환언하자면 핸드폰을 바꾸는 것은 지금까지의 인간관계를 전부 백지장으로 돌려서 다시 시작한다는 의미를 담고 있다. 이를 고려한다면 PHS를 바꾼다는 선택(=새로운 번호를 부여받아 이를 친구들에게 알리고, 친구들이 그 번호를 다시 각자의 휴대폰에 등록하는 과정 전체를 포함한)이 얼마나 무게가 있는 것인지 미루어 짐작할 수 있다. 다쓰야라는 친구가 생기고 그의 따뜻한 격려가, 지속되는 괴롭힘으로 인해 정신적으로 소모되어 버린 미카가 새로운 선택을 할 수 있도록 도운 것이다.

이와 관련하여 핸드폰과 관련된 소녀들의 문제로 흔히 지적되는 것은 핸드폰을 통한 지속적인 '연결(つながり)'에 대한 갈구 및 분위기를 깨지 않는 것이 가장 중요한 목적이 되어 버린 '다정한 관계(やさしい関係)'가 지적된다. 『연공』에서 반복적으로 묘사되는 것처럼 핸드폰은 젊은 세대들에게 이미 신체의 일부이며, 핸드폰을 통한 연결에서 소외되는 것은 그 어떤 것보다 절망적인 사건이다.[36] 나아가 이런 경향은 일본 사회 전반에 걸쳐 나타나고 있지만 그중에서도 가장 강하게 영향을 받는 집단은 바로 여중고생들인데, 이는 목적지향적인 경향이 뚜렷한 남학생들에 비해 상대적으로 사회적 관계성을 더 중시하는 여성들의 특성에서 기인한다는 것이 도이의 분석이다. 그리고 이는 뒤에서 다시 살펴보겠지만, 연인이나 부부와 같이 친밀한 관계에서 반복되는 데이트 폭력(Dating Violence)을 비롯한 가정 내 폭력(Domestic Violence) 등의 부당한 처우를 받으면서도 그 관계가 깨지는 것을 피하기 위해 참아내는 젊은 여성들의 모습과도 오버랩된다.

---

36 土井隆義, 『友だち地獄―「空気を読む」世代のサバイバル』.

2) 영화 〈연공〉에 담긴 풍경: 공동화된 교외·지방과 양키문화의 소멸

지금까지는 핸드폰을 매개로 한 현대 일본 젊은이들의 커뮤니케이션 양태가 핸드폰소설에서 어떻게 '리얼'하게 그려지는지에 대해 논했다. 그렇다면 이번에는 이 젊은이들이 발을 딛고 살아가는 현대 일본의 풍경이 소설『연공』을 영화화한 〈연공〉에서 어떻게 그려지고 있는지 살펴보자.

2008년 일본에서 제작되어 한국에서도 개봉된 영화 〈연공〉은 2006년 출판된 동명의 핸드폰소설을 원작으로 한 미디어믹스 작품이다. 영화의 도입부, 역의 플랫폼에서 핸드폰으로 누군가와 통화를 하는 여주인공 미카의 모습이 잠시 비친 후, 화면은 맑은 하늘과 갈대밭 사이를 지나가는 전차로 바뀐다. 이어지는 풍경은 넓은 논밭 사이로 지나가는 전차를 비추고 있고, 그 위로 여주인공의 독백과 함께 장면은 보통열차(普通列車)의 내부를 비춘다. 창밖을 흘러가는 풍경은 드넓게 펼쳐져 있는 논밭과 드문드문 보이는 집들에서 유추해보건대 일본 어디에서나 찾아볼 수 있는 한적한 농촌. 객차의 내부에는 주인공을 제외하고는 거의 사람이 보이지 않는다. 그리고 이어지는 푸른 하늘과 하얀 구름, 그 위로 떠오르는 〈연공〉의 두 글자로 이 영화는 시작된다.

시청자로 하여금 여주인공과 함께 전차역으로 상징되는 번잡한 도시를 떠나 어딘가로 함께 여행을 하는 듯한 느낌을 주는 영화의 도입부 이후에도, 영화 속에서 등장하는 배경은 논밭과 들판, 미카가 히로에게 임신한 사실을 처음 알리는 패밀리 레스토랑, 대로변을 따라 서 있는 체인점 등, 도심부가 아니라는 사실을 제외하고는 명확한 지역적 특색을 보여주기보다는 일본 어디에서도 볼 수 있는 흔한 교외의 풍경에 더 가깝다. 실제로 이 영화를 찍은 로케 장소를 살펴보면, 규슈 지방의 오이타 현(大分県) 오이타(大分) 시,

우사(宇佐) 시, 벳부(別府) 시, 나카쓰(中津) 시 및 관동 지방의 도치키 현(栃木県) 시카누마(鹿沼) 시, 치바 현(千葉県) 기사라즈(木更津) 시 등으로 나와 있는데, 지역명을 보면 알 수 있듯이 모두 지방 소도시이며, 특히 관동 지방의 경우 도쿄의 주변 지역, 특히 교외 지역으로 불리는 장소들이다.[37]

이 중에서도 영화 초반부, 히로와 사귀기 시작한 미카가 자신을 쫓아오는 정체불명의 남자들을 피하기 위해 갈대 들판을 가로질러 뛰어가다 결국 잡혀 성폭행을 당하는 장면은 평화롭던 미카의 일상이 운명에 휩쓸리게 되는 첫 계기라는 점에서 매우 인상적인데, 이 장면이 촬영된 곳이 치바 현의 기사라즈 시 외곽이라는 점은 흥미롭다. 기사라즈 시는 1997년 도쿄만 아쿠아라인(東京湾アクアライン)이 개통하면서 가와사키(川崎) 시와 10여 분 정도 거리로 연결되었지만 고액의 고속도로 통행료로 인해 수도권의 베드타운도 되지 못하고, 휴일의 쇼핑객은 게이힌(京浜) 지구로 유출되어 지역의 상점가가 쇠퇴하게 되었다.[38] 2002년경 방영되었던 드라마 시리즈 〈기사라즈 캐츠아이(木更津キャッツアイ)〉에 대해 평론가 오쓰카 에이지(大塚英志)가 '기사라즈 현상(木更津現象)'이라고 불렀던, 대도시 주변부의 '시골(田舎)'에서 사는, 또는 살 수밖에 없는 젊은이들의 우울과 울분을 소재로 하여 일본뿐만 아니라 한국에서도 컬트적인 인기를 모으기도 했다.

이 드라마에서 등장인물들은 실력이 있으면 도쿄로 진출하지만 그럴 수도 없어서 결국 지방에 남은 젊은이들로, 열등감과 지역에 대한 애착, 협소

---

37 보다 자세한 정보는 다음의 홈페이지를 참조하라. 〈연공 로케지 가이드(恋空 ロケ地ガイド)〉 http://loca.ash.jp/show/2007/m2007_koizora.htm (접속일: 2011년 6월 28일)

38 일본어 위키피디아의 관련 페이지를 참조하라.
    http://ja.wikipedia.org/wiki/%E6%9C%A8%E6%9B%B4%E6%B4%A5%E3%82%AD%E3%83%A3%E3%83%83%E3%83%84%E3%82%A2%E3%82%A4(접속일: 2011년 6월 28일)

한 지인 공동체 안에서 반복되는 인간관계로 인한 굴절된 욕망, 그리고 지방 젊은이들의 하위문화로 뒤에서 살펴볼 양키문화(ヤンキー文化)의 양상을 숨김없이 보여준다. 현재 기사라즈 지역은 이 드라마의 인기로 인해 관광의 대상으로 부상했지만, 기사라즈가 다른 교외 지역과는 구분되는 그 지역 고유의 문제를 안고 있다기보다는 일본 사회의 중심과 주변이라는 문제를 단적으로 대표하는 장소로 보는 것이 적절할 것이다.[39]

홍미로운 것은, 이 영화의 원작인 소설 『연공』 또한 비슷한 특징을 지닌다는 점이다. 하야미즈는 『연공』뿐만 아니라 대부분의 핸드폰소설에 고유명사가 거의 등장하지 않는다는 점을 이 장르의 주요한 특징으로 지적한다.[40] 구체적으로는 지명, 상품명, 브랜드명, 예능인 등 여러 범주의 고유명사가 누락되어 있고 무대로서 쇼핑센터, 전차역 등이 등장해도 특정한 지명이 부여되는 대신 일개 쇼핑센터, 전차역으로만 간주된다. 또, 무엇보다 이야기의 무대가 어느 지역인지 명확하게 나오지 않는다. 이것은 영화에서 보여주는 풍경이 일본 어디에서나 볼 수 있는 시골, 혹은 도시 배후지로서 교외 지역으로 그려질 뿐 구체적으로 어딘지를 알 수 없다는 점과 연결된다.

이와 관련하여 현대 일본 사회에서 농산어촌의 노령화와 공동화, 그로 인한 지역 경제의 붕괴가 지적된 것은 이미 오래된 일이다. 고도성장과 함께 도시화의 물결 속에서 농산어촌으로 대표되는 지방은 젊은이의 지속적인 유출로 인해 그 활기를 잃어갔다. 일반적으로 전후 일본 사회에서 지역사회

---

39 실제로 이 드라마를 기획한 초창기, 기사라즈뿐만이 아니라 니시후나바시(西船橋)나 가와구치(川口)도 로케지로 물망에 올랐다고 한다. 즉, 드라마의 제목과는 달리 무대가 기사라즈가 아니면 안 되는 적극적인 이유는 없었다는 것이다. 그런 의미에서 이 드라마는 공동화한 지방 도시를 무대로 하는 이야기이기도 하다. 土井隆義, 「地方の空洞化と若者の地元志向－フラット化する日常空間のアイロニー」, 筑波大学社会学研究室, 『社会学ジャーナル』, 35(2010), pp. 100~101.

40 速水健朗, 같은 책, p. 18.

의 문제를 논할 때 가장 일반적인 것은 바로 이런 지역의 문제로, 1980년대와 1990년대 '마을만들기(まちづくり)'의 주요한 대상이 되었던 것도 이러한 지역이며, 2011년 3·11 동일본대지진(東日本大震災)에서도 많은 수의 사망자가 인구의 과소화(過少化)가 문제시되고 있는 해안가에 거주하는 노령자였다는 사실이 밝혀지기도 했다.

그러나 이런 인식이 광범위하게 공유되는데 반해, 버블 경제 붕괴 이후 최근 20여 년 동안 지방소도시 및 대도시 권역 주변의 교외 지역에서 일어나고 있는 공동화 현상에 대해서는 상대적으로 주목하는 연구가 드물다. 2000년대에 들어와서야 지리학을 중심으로 하여 이 문제를 본격적으로 논의하기 시작했는데, 그중 가장 대표적인 논의가 미우라 아쓰시(三浦展)의 '패스트풍토(ファスト風土)'론이다. 그에 따르면 '패스트풍토화'란 최근 대형체인점의 출점 규제가 완화된 결과, 일본 전국 교외 지역의 대로변에 대형 상점 시설의 출점이 증가하여 본래 고유의 역사와 자연을 가지고 있었던 지방의 풍토가 마치 패스트푸드처럼 전국 일률의 균질적인 것이 된 현상을 가리킨다.[41]

자동차를 이용한 이동을 전제로 한, 교외 지역의 대형 쇼핑몰로 대표되는 이런 패스트풍토화의 가장 심각한 문제점은 그것이 공간의 균질화를 가져온다는 것이라기보다는 오히려 역 앞의 상점가와 같은 역사성을 지닌 공간을 붕괴시킨다는 점에 있다. "역전은 황폐한데 국도변이 번성한다는 지방 도시가 정말 많"은 이런 상황[42]은 실제 다양한 지방 도시 및 교외 지역에서

---

41 三浦展, 「ファスト風土が日本を壊す！」, 洋泉社編集部編, 『地方を殺すな！』(東京: 洋泉社 MOOK, 2008), p. 3.
42 東浩紀·北田暁大, 『東京から考える』(東京 : 日本放送出版協会, 2007), p. 95.

목격되고 있다. 이는 과거처럼 농산어촌뿐만이 아니라 가나가와(神奈川) 현, 치바 현, 이바라키(茨城) 현 등 소위 수도권이나 대도시의 베드타운 기능을 하는 교외 지역에서도 발견되는 현상이라는 점이 특징적이다.

흥미로운 것은 사노가 밝혔듯이 인터넷 이용을 위한 매체로 컴퓨터와 핸드폰 사용 비율이 도심부와 지방에서 차이가 나는 것처럼, 핸드폰소설의 판매와 관련해서 도심권의 서점과 이런 교외나 지방 도시의 대형 쇼핑몰이나 간선도로변에 세워진 대형 서점 체인 간 매상에 차이가 나타난다는 점이다. 하야미즈가 소개하는 통계에 따르면, 남녀노소를 불문하고 폭넓게 지지받고 있는 대중소설 작가의 지역별 판매고가 도쿄에 현저하게 치우쳐 있는 (20%) 반면, 한 핸드폰소설의 지역 판매고는 아이치 현(愛知県)을 최고(8%)로, 후쿠오카(福岡) 현과 홋카이도(北海道)(각각 6% 정도)가 그 뒤를 따르고 있다. 이는 외곽에 점차 점포를 늘려가고 있는 쓰타야(TSUTAYA)로 대표되는, 대형 렌탈 전문점 겸 서적·CD판매점에서 취급하는 책들이 잘 팔리는 잡지, 베스트셀러, 코믹 등으로 구성되어 있다는 점에서도 기인한다. 도심의 대형 서점들이 서적만을 취급하는 전문점의 형태를 취하고 있는 반면, 일본 전국의 어디에 가도 동일한 책 구성으로 짜여 있는 이런 복합점(複合店)의 확산이야말로 핸드폰소설의 베스트셀러화에 중요한 요인이었다.[43]

그리고 대형 쇼핑몰로 대표되는 이런 점포들의 확산은 역전 상점가로 대표되는 지역 경제권의 붕괴와 연결되어 지방을 준거점으로 하는 젊은이들의 고용 기회가 점차 줄어드는 효과를 가져왔다. 오래된 인간관계를 기반으로 지역 경제를 지탱하는 소매점들이 붕괴하고 이를 대신한 대형 점포들은 경영 합리화를 통해 인건비를 최소한으로 줄이는 방식을 택함으로써 안정

---

43 速水, 같은 책, pp. 155~158.

적인 고용처를 제공하지 못하는 것이다. 이런 지역 경제의 침체의 영향을 가장 많이 받는 것은 대학 진학을 꿈꾸는 우등생들보다는 고등학교에서 중도 퇴학하거나, 졸업 후에 지역에 남고자 하는 일반 학생들이나 소위 '불량' 학생, 즉 양키(ヤンキー)들이다.

역전 상점가의 쇠퇴로 대표되는 지역 경제의 침체는 직접적으로 1970년대 폭주족으로부터 시작하여 1990년대 초반까지 지방의 대표적인 하위문화로서 발달해온 '양키문화'의 쇠락에 결정적인 영향을 미쳤다. 양키는 영어의 yankee로부터 온 조어로, 진학을 포기한 낙오생들로 구성된 하위문화를 일컫는다. 가장 잘 알려진 사례는 1970년대에 등장한 폭주족으로 지방에 토대를 두고 있으며 도쿄를 지향하기 보다는 지역사회에 남고자 하는 것이 특징이다. 일부는 야쿠자가 되기도 하지만 보통 청소년기의 일탈 행위를 성인식과 함께 '졸업'하고 지역사회의 성실한 일원으로 변모하는 경우가 많으며, 매년 성인식을 전후해서 일본의 매스미디어에 보도되는 성인식장에서의 소란이나 행패 또한 이들이 주역일 때가 많다.

로리타[44] 소녀와 양키 소녀의 우정을 그려내 인기를 모았던 다케모토 노바라(嶽本 野ばら)의 『시모쓰마 이야기(下妻物語)』에서는 양키들의 지역사회 지향을 다음과 같이 표현한다. "주민의 대부분은 양키이거나 전에 양키였던 사람들입니다. 아마가사키[尼ヶ崎, 여주인공 모모코의 고향] 시민의 대

---

44 여기서 로리타는 소설 『로리타』를 말하는 것이 아니라 일본의 로리타패션을 의미한다. 로리타 패션(ロリータ・ファッション)은 "소녀의 티 없는 귀여움, 소악마적인 아름다움을 표현하는 스타일로 서구 문화에 대한 동경과 상상력을 동력으로 하여 회고적이지만 또 완전히 새로운 일본 독자적인 해석을 가미한 청소년을 중심으로 한 스트리트 패션"을 의미한다. 일본어 위키피디아 해당항목에서 인용. https://ja.wikipedia.org/wiki/%E3%83%AD%E3%83%AA%E3 %83%BC%E3%82%BF%E3%83%BB%E3%83%95%E3%82%A1%E3%83%83%E3%82%B7%E3%83%A7%E3%83%B3(접속일: 2016년 4월 11일).

다수가 아마가사키에서 태어나 역시 아마가사키에서 태어나고 자란 양키 출신 부모에 의해 당연하다는 듯이 양키로 키워집니다. (중략) 상점가를 오가는 사람들은 대부분 아래 위 모두 추리닝 차림입니다. 이건 아마가사키에서는 지극히 당연한 일입니다. 아마가사키에서 태어난 사람들은 아마가사키에서 자라고 결혼해서 아이를 낳고, 아마가사키에서 그렇게 살다 그렇게 가는 겁니다."[45]

오야마 마사히코(大山雅彦)가 1997년 이바라키 현 A시의 축제에서 실시되는 '보행자천국(步行者天國)'에 폭주족 그룹인 '쇼군(将軍)'이 행하는 스트리트 댄스를 조사한 결과 또한 이와 일치한다. 지역 축제의 정식 프로그램으로는 인정받지 못한 채 '불량한 녀석들의 소란' 정도로 받아들여지는 이 스트리트 댄스는 10대 후반이 대부분인 쇼군의 정식 멤버만이 참가할 수 있고, 20세가 되는 순간 이를 졸업하여 OB로서 지역과 경찰에 대해 이들의 행동을 무마하면서 한편으로는 후배들의 소란을 보호해주는 역할을 부여받는다. 20세가 넘어서까지 함께 소란을 피우는 것은 꼴불견으로 간주되는 한편 오직 10대 후반일 때만 이런 행동이 허용되어 후배들은 선배들에게 자신들이 폭주족으로서 제대로 하고 있다는 것을 보이기 위해 더욱 소란을 피운다. 한때 정식 멤버로서 축제를 소란스럽게 했던 이들도 일단 은퇴하면 지역에서 취직하여 지역공동체의 당당한 일원으로서 축제의 미코시(御輿)를 짊어지는 동시에, 후배들의 소란을 '그때는 그럴 수 있다'는 따뜻한 시선으로 바라본다.[46]

---

45 다케모토 노바라, 『시모쓰마 이야기』, (두드림, 2005), 25~27쪽.

46 阿部真大, 「ヤンキーたちは地域に戻ることができるのか」, 五十嵐太郎編, 『ヤンキー文化論序説』 (東京 : 河出書房新社, 2009), pp. 175~180에서 재인용.

그리고 이런 OB들은 대학에 진학한 고등학교 동창들이 학생으로서 상대적으로 경제적 여유를 지니지 못한 데 반해 자신들의 직업에서 번 돈으로 자동차를 구입하고 일찍 결혼하여 가정을 꾸린다는 점에서 오히려 우위성을 지니게 된다. 이는 폴 윌리스가 그의 저서 『학교와 계급재생산』에서 다룬 영국 노동자 계급의 자녀들이 학교 교육에서 일탈하여 최종적으로는 부모처럼 지역에 기반을 둔 노동자 계급이 되는 과정을 연상시킨다.[47] 그러나 오야마의 '쇼군' OB들과 해머타운의 '싸나이'들이 학교에서 일탈할 수 있는 것은 그들을 고용해줄 직장과 그들의 말썽을 받아들여주는 지역이 있었기 때문이라는 사실, 그리고 이는 1990년대 이후 전 세계적으로 급속도로 사라져 갔다는 사실을 잊어서는 안 된다.

1990년대 중반 이후 버블 경기의 붕괴와 함께 점차 일본 경제의 침체는 피할 수 없는 것이 되었고, 도심부에 비해 지방이 그 타격을 보다 크게 입었다. 실제로 아베 마사히로(阿部真大)에 따르면, 1990년대 전반에 걸쳐 고졸 취업자의 취업률은 1990년의 98.3%에서 2000년의 89.2%로 급격히 감소하였다.[48] 2000년대의 상황도 그리 크게 바뀌지 않아서, 지역적 편차는 있으나 가장 낮은 경우 80%에도 미치지 못하는 상황이다. 이런 상황을 생각해보면 오야마의 조사가 1997년에 이루어졌음에도 불구하고 여전히 지역 경제가 원활하게 돌아가고 있는 것처럼 보이는 것이 오히려 예외적인 상황일 것이다.

전후 일본 사회가 입시[受験]를 중심으로 한 상승 지향 및 도쿄 지향을 강하게 지니고 있었지만, 다른 한편에서는 학교에서 이탈하여 지역사회에 남고자 하는 젊은이들이 존재했으며, 이들을 대표하는 것이 바로 양키문화였

---

47 폴 윌리스, 『학교와 계급재생산』(이매진, 2004)
48 阿部真大, 같은 책, p. 181.

던 것이다. 이들에 대해 이가라시 다로(五十嵐太郞)는 "침묵하는 다수(silent majority)라고 부를 만한 존재"이며 "말을 하지 않는 대중"이자 "일본의 지방을 아래서 지탱하는 문화"로서 "그들은 상경하기보다는 지방에 뿌리내리"고 "좋은 아버지, 어머니가 된다"고 지적한다.[49] 그렇기 때문에 이들의 문화를 논하는 것은 지금까지 문화론이 무의식적으로 상정했던 도쿄 지향에서 벗어난 새로운 문화론의 가능성을 열어준다는 것에 의의가 있다는 것이 그의 주장이다.

1980년대와 1990년대가 양키문화의 전성기였고, 1990년대 말 이후 현저해진 지방 경제의 침체 속에서 양키문화가 그 토대를 잃고 점차 힘을 잃어갔다면, 왜 2010년대도 이미 중반을 지난 지금 양키문화가 다시 주목받게 되었는가? 일본 무료주간지 ≪L25≫ 6월 12일 자는, 현재 일본 젊은이들 사이에서는 '무리해서 이상적인 삶을 사는 것보다 분수에 맞는 생활이 편하다'는 의식이 퍼져나가고 있기 때문이라고 진단한다. 구체적으로 이는 경제 불황과 사회 격차가 심해지는 사회에서 불안을 느낀 젊은이들이 도시 지향이 아닌 자기 지역에서 머무는 경향이 늘어났고, 빨리 결혼해서 빨리 아기를 낳고, 어느 정도 수준에서 만족하자는 의식이 퍼지고 있기 때문이기도 하다는 것이다.[50]

그러나 이는 결코 최근의 젊은이들이 양키문화의 주체들처럼 능동적으로 지역을 지향하는 것도, 과거의 공동체로서 지역성이 유지되어 이들을 붙잡고 있기 때문은 아니다. 오히려 그보다는 일본 전국 어디에 가도 흔히 발

---

49 五十嵐太郞, 「前書き」, 五十嵐太郞 編, 같은 책, 2009, p. 4.

50 안민정, "일본에서 지금 '양키'가 대세인 이유?"에서 재인용, ≪JPNEWS≫ 2009년 7월 15일 자, http://www.jpnews.kr/sub_read.html?uid=922, (검색일: 2011년 6월 28일)

견할 수 있는 교외의 풍경과 그 속의 체인점, 체인점에 진열된 상품을 통해 매개되는 동질화된 소비로 인한 표준화와 균질화로 인해 도쿄 등 도심부에 굳이 나가지 않아도 지역 수준에서 이들을 향유할 수 있게 되었기 때문이다. 이와 더불어 아마도 양키문화가 이미 소실되어 과거의 것으로서 향수의 대상이 되어 버렸기 때문이고, 침체된 사회적 분위기 속에서 양키문화 특유의 화려함과 과장된 장식성[51]이 좋았던 1980년대를 떠올리게 하기 때문이라는 지적도 있다.

이처럼 지역 고유의 특성이 사라진 공간을 채운 것은 교외의 풍경과 표준화된 소비이며 지역에 남고자하는 젊은이들의 새로운 지향성은 지역을 지킨다, 혹은 발전시킨다는 적극적 의미라기보다는 어디에도 갈 곳이 없어진 이 세대의 선택인 것이다.[52] 『연공』에서도 이는 잘 드러나는데, 미카는 도심부가 아닌, 지방 소도시 혹은 농촌부의 학교를 다니며, 그곳에서 만난 사람들과 대학에 진학한 이후에도 지속적인 관계를 맺는다. 대학 또한 고등학교에 다닐 당시 소개받았던 새로운 남자친구가 다니는 대학에 진학했다는 점에서 지역의 관계성은 꾸준히 이어지며 이는 히로와의 재회로 다시 강화된다. 그러나 이때의 관계성은 양키문화가 그러했던 것처럼, 우리가 흔히

---

51 폭주족 패션으로 대표되는 양키패션은 전후 일본 사회에서도 유례를 찾아볼 수 없을 정도로 강렬하고 독특하다. 나루미 히로시(成美弘至)는 양키패션의 요소를 '일탈문화의 혼종'으로 정의하고, 미국문화, 개조 학생복문화, 작업복 등의 노동자문화, 특공복, 일장기의 우익 스타일에 차이나 드레스 등의 무국적 민족문화 등을 혼합한 이 패션에서 전후 일본 사회 불량문화의 계보를 읽어낼 수 있다고 분석한다. 成美弘至,「ヤンキーファッション 過剰さのなかの創造性」, 五十嵐太郎 編, 같은 책, 2009, pp. 80~81.

52 또, 호리 유키에(堀有喜衣) 에 따르면 최근 일본의 젊은이들은 지역의 생활권 내에 취직하려고 하다가 결국 직장을 찾지 못하고 결국 무직이 되거나, 일단 취직해도 지역에서 떨어지는 것이 싫어서 전근을 거부하고 퇴사하는 경우가 늘어나고 있다고 한다. 土井隆義,『地方の空洞化と若者の地元志向―フラット化する日常空間のアイロニー』에서 재인용.

지방이라고 했을 때 떠올리는 끈끈한 인간관계와 정이라기보다는 핸드폰을 통해 끊임없이 연결되어 있음을 확인하고자 하는 느슨하고 부드러운 관계로 "핸드폰은 이질적인 사람들과 관계를 넓혀가는 장치가 아니라 오히려 지역에서의 연결(地元つながり)에 전형적으로 볼 수 있는, 동질적인 인간관계를 잘 영위해 나가기 위한 장치로서 쓸모가 있다. 여기서 중요한 포인트는 동질적인 지역에서의 연결을 유지하기 위해 핸드폰이 사용된다기 보다는 핸드폰이라는 장치로 매개됨으로써 지역에서의 연결이 가진 동질성이 의사적으로 유지되고 있다는 점이다."[53]

4. ≪소악마아게하≫를 통해 보는 교외의 젊은 여성들과 '불황문화'

지금까지 공동화된 지방과 양키문화의 성쇠라는 두 개의 키워드를 통해 핸드폰소설이 그려내는 풍경을 살펴보았다. 이 두 현상 모두 1990년대 버블 경제 붕괴 이후 일본 경제의 침체, 그리고 지방 경제의 붕괴로 인한 지역사회의 해체를 단적으로 드러내는 사례로 해석할 수 있으며, 최근 나타나는 젊은 이들의 지역 지향은 지역성의 부활이라는 적극적인 의미보다는 소비의 표준화와 문화의 균질화를 반영하는 소극적인 의미가 더 크다고 볼 수 있다.

더 나아가 지방의 젊은 남성들에게만 이런 경제적 변화가 큰 영향을 준 것은 아니다. 오히려 지방의 고용이 줄면서 가장 큰 타격을 입은 것은 저학력의 여성들이고, 이런 여성들의 새로운 고용처로 등장한 것이 바로 '갸바쿠

53 土井隆義, 『友だち地獄ー「空気を読む」世代のサバイバル』, p. 162.

라(キャバクラ, 호스티스 클럽)'였다.[54] 그리고 이런 여성들은 상승, 사치 지향
보다는 오히려 생활을 꾸려나가기 위해서 어쩔 수 없이 클럽에 나가는 경우
가 대부분이며, 이런 경향은 일본 대중문화에서 2000년대 이후 적극적으로
다루기 시작한 호스티스 및 호스트 클럽에 대한 드라마(〈양왕(孃王)〉〈야왕
(夜王)〉, 〈미사키 넘버원!(美咲ナンバーワン！)〉 등)와 호스티스가 주인공인 핸
드폰 연애게임(〈사랑하는 호스티스(恋してキャバ孃)〉 등)과 〈모모에리(ももえ
り, 桃華絵里)〉로 대표되는 호스티스 출신 싱글맘 카리스마 모델의 등장 등
에서도 유추할 수 있다. 실제 앞에서 다룬 『연공』에서도 미카의 친구가 밤
일에 종사하고 있다는 묘사가 나온다.

> 그 페이지를 본 나는 입을 다물 수가 없었다. 드레스를 입고 화장을 한…… 우
> 타의 모습.
> "우우……우타가 있어! 연예계에 진출했어?"
> 동요를 감추지 못하고 큰 목소리로 외치자 우타는 낄낄거리며 웃는다.
> "그래! 연예계 진출……이라! 우타, 지금 밤일하고 있어~! 클럽에서 일하고
> 있어!"
> 잡지 안의 우타는 내추럴 메이크업에 검은 드레스가 굉장히 잘 어울렸다.
> "어? 왜 밤일을 하는데?"
> 손에 든 잡지를 내려놓고서 차분한 목소리로 우타에게 물어본다.
> "우타, 가게를 내는 게 꿈이야."
> "……가게?"

---

54 速水健朗, 「デフレカルチャー 第一回「生まれたときから不況の世代」」, ≪講談社メーマガジン≫,
　　2010年 6月 18日号, http://eq.kds.jp/kmail/bn/?r=c&m=8&c=8(접속일: 2011년 5월 1일)

"응, 보석상 경영을 하고 싶어."

"그건 대학 다니면서도 할 수 있잖아?"

"빨리 자금을 모아야지! 지금까지는 남자친구가 있어서 밤일을 할 수 없었지만 지금은 괜찮아."[55]

우타는 아기를 원하지 않는 남자친구 때문에 임신중절을 두 번이나 경험한 과거가 있다. 두 번째 아기를 중절하고서야 미련을 버리고 그와 헤어진 우타가 선택한 길은 학교를 그만두고 밤일(호스티스 클럽에서 호스티스로 일하는 것)을 하는 것이다. 이는 보석상 경영이라는 자신의 꿈을 위해 빨리 돈을 모으기 위해서라는 건실한 이유이다. 그리고 무엇보다, 남자친구가 있는 동안은 밤일을 하지 않았다는 말, 그리고 인용 부분에서는 나오지 않으나 원래는 남자친구의 아기를 낳고 싶어 했다는 언급에서 그녀가 가정을 중시하는 보수적인 도덕적 기준을 가지고 있다는 점을 알 수 있다. 더불어 여주인공 미카는 이런 우타의 모습에 대해 조금 놀라지만, 그녀는 꿈을 좇아가고 있다고 생각하고 오히려 자신을 뒤돌아본다. 이런 여성들에 대해서 경멸하거나 거부감을 갖는 것이 아니라 이를 하나의 삶의 방식이자 목적을 달성하기 위한 수단으로서 가능하다고 생각하는 것이다.

호스티스 등 밤일에 종사하는 여성에 대한 스테레오타입(사치와 도덕적 문란)과는 동떨어진 이런 모습, 그리고 미카의 태도에 대해 어떻게 볼 것인가? 도덕관념의 추락에서 원인을 찾는 것은 지나치게 단순화된 시각이다. 오히려 2000년대 일본 사회의 경제적 곤란이 낳은 문화 현상이라고 보는 것이 적절할 것이다. 그리고 이런 여성들—고등학교 중퇴나 고졸 정도의 학력을 가지고

---

55 『연공』, 하권 220~221쪽.

어린 나이에 결혼해서 생계를 유지하기 위해 노력하거나, 혹은 (사실상 대부분이) 남자친구·남편에게 배신당하고 홀몸으로, 또는 싱글맘으로서 아이를 키우기 위해 지방에서 밤일에 종사하는 여성들—은 더 이상 일본에서 소수에 머무르지 않는다는 사실을 잘 보여주는 것이 바로 잡지 ≪소악마아게하(小悪魔ageha)≫이다.

2005년 창간되어 편집장의 사퇴(2011년)와 모회사의 도산으로 인한 2014년 휴간을 거쳐 1년 후인 2015년 격월간으로 복간된 ≪소악마아게하≫는 '밤일(夜のお仕事)'을 하는 여성을 위한 잡지, 즉 밤에 클럽(キャバクラ, 갸바쿠라)에서 일하는 호스티스(キャバ嬢, 갸바조)를 위한 정보지이다. 다른 일반 여성 패션지와는 달리 호스티스라는 특수한 직업을 가진 여성들을 위한 정보에 특화된 이 잡지는 2008년 판매고가 30만 부에 이르렀는데, 이는 젊은 여성을 위한 패션 잡지의 대명사인 ≪안안(anan)≫, ≪논노(nonno)≫와 맞먹는 탑클래스에 들어가는 것이었다.[56] 스스로가 대학생 시절 아르바이트로 호스티스를 했고 오랜 기간 편집장으로서 잡지 제작을 진두지휘했던 나카조 히사코(中條寿子)에 따르면, 이 잡지가 나오기 전에는 "남성이 보고 밤업소를 고르는" 식의 잡지는 있었지만 "밤일을 하고 있는 여성들이 같은 업종에서 일하는 전국 여성들의 화장법, 헤어스타일, 드레스 등을 보고 참고할 수 있는" 잡지는 없었으며, 밤에 활동하고 음주를 할 수밖에 없는 환경에서 일하고 있기 때문에 항상 피곤하고 점점 더 병들어가는 이런 여성들이 기분전환을 할 수 있는 잡지로서 ≪소악마아게하≫는 창간되었다고 한다.[57]

특수한 독자층과 함께 ≪소악마아게하≫를 다른 패션잡지와 한눈에 구

---

56 ≪小悪魔ageha≫編集長にインタビュー, 世の中には「かわいい」か「かわいくない」の2つしか無い」≪GIGAZINE≫ http://gigazine.net/news/20090714_koakuma_ageha/ 2009年7月14日, (접속일: 2011년 5월 3일)

57 같은 기사에서 인용.

분 짓는 것은 특징적인 표지 및 본문의 내용이다. 크리스털·금색·은색·핑크색을 과감하게 사용하고 반짝이는 효과를 과용한 배경에, 물들여 머리를 높이 올리고(盛り〜ア) 진한 눈 화장을 한 모델을 클로즈업한 모습 위로 강렬한 표제와 부제의 문구가 고딕체로 과감하게 배치된 표지 디자인은 그 과장된 장식성으로 인해 악취미라는 비판도 많이 받지만, 그로 인해 강렬한 인상을 남기는 효과가 있다. 표제 문구의 내용 또한 노골적이고 직선적이다.

2009년 3월 호

표제: 태어날 때부터 일본은 이랬으니까, 새삼 불황이다 어떻다 해도 잘 모르겠어. 그리고 이 2월, 우리들이 좋아하는 것, 샀던 것, 입었던 것 전부 40개!

부제: 세트 살롱에 최근 모두 이런 주문을 한다! "옆머리는 바깥쪽으로 말아주세요"

2009년 8월 호

표제: 우리가 머리를 높게 올리는 것은 얼굴을 귀엽게 보이려는 것이 아니라 바깥의 적으로부터 나를 지키기 위한 무장이었다. 그것이 지금, 무장이 하나 벗겨졌다. 거리에 올림머리가 넘쳐 풍경에 녹아들어 우리는 높게 높게 크게 크게 하지 않아도 몸을 지킬 수 있다. 그 후는 그저, 마음에 갑옷을―(반전) 더 이상 상처 입는 것을 막기 위해서

부제: 가슴 노출이 심했던 작년에 비해서 모두 노출도 3할 줄었음!!! 올해는 가슴을 가리고 목덜미를 노출해요

2010년 2월 호

표제: 대학수험이나 의사가 된다든가 그런 예비교와 학원과 학교는 이 세상

에 별처럼 많지만 눈을 크게 하는 학교는 이 세상에 단 하나뿐! 정월은 한가하니까 개교했습니다—큰눈 특훈 세미나!!!

부제: 지방 쵸쵸(ちょうちょ, 호스티스)들의 일상, 가부키(歌舞伎) 쵸쵸의 우울
— 어떻게 여기를 정화해도 우리들과 이 거리에 빛은 계속 닿지 않는다

이 사례들에서 알 수 있듯이, 표제와 부제는 일반적으로 패션기사와 마음의 어두움에 대한 기사가 번갈아가면서 배치되며 심지어 패션과는 직접 관련이 없는 기사의 제목이 표제가 되고 표지도 그에 맞춰 구성되는 경우도 있다. 2009년 8월 호가 그에 해당되는데, 이 호의 표지는 머리를 염색한 독자 모델 두 명이 남성용 교복인 검은색 가쿠란(学ラン)과 흰 장갑 차림[58]으로 한 명은 주먹을 힘차게 내밀고 있으며, 다른 한명은 응원단과 같은 포즈를 취하고 있다. 이는 잘 차려입은 미모의 여성을 전면에 내세우고 패션, 화장, 레저에 관한 다양한 표제를 주위에 배열하는 일반적인 여성 패션잡지의 표지와는 명확하게 구분되고, 표제에 들어간 단어들 또한 '무장(武裝)', '갑옷(鎧)', '상처(傷)', '우울(憂鬱)' 등, 여성 패션잡지에서는 일반적으로 사용하지 않는 것들이다.

그리고 이런 반짝거리는 표지와 선명한 대비를 이루는 것이 잡지의 내용이다. 일반적인 여성 패션지가 패션기사와 함께 어떻게 하면 귀엽고 인기를 끌 수 있는지, 즉 타인의 시선에 자신이 어떻게 비치는지에 초점을 맞추는 반면, ≪소악마아게하≫는 반짝이는 표지와 화려한 모델의 겉모습과는 상반되는 마음의 어두움을 여과 없이 드러냄으로써 독자의 공감을 이끌어낸다. 특히 '아게모(age모)'로 불리는 독자 모델은 현직 호스티스뿐만 아니라

---

58 이는 일반적으로 일본의 응원단이 많이 입는 옷차림이다.

트랜스젠더, 몰락한 연예인 지망생, 미혼모 등이 포함되어 화려한 겉모습과 함께 여과 없이 자신의 경험과 아픔을 토로한다. 이런 기사들은 매호에 특집으로 실리는 경우가 많다. 독자 모델들의 화려한 사진과 함께 마치 친구에게 고백하는 것처럼 지방 사투리를 포함한 구어체로 자신의 상처, 혹은 현재 하는 일이나 사귀는 사람과의 문제를 토로한다. 이런 기사들의 밑바닥에 깔려 있는 정서는 상처 입은 마음과 과거에 대한 회한, 그리고 자신이 살고 있는 지역(地元)에 대한 애착이다.

> 어렸을 때는 요염하게 보였던 이 거리도 일해 보면 지방에 흔히 있는 〈○○ 긴자(銀座)〉. "저 애, 도쿄에서는 안 통했대." 그런 소문은 금방 퍼진다. 왠지 나는 안심한다. "슬슬 날아가고 싶네." 가게[호스티스 클럽]의 동료와 항상 이야기하지만 익숙한 저 산을 넘기에는 내 날개는 연료 부족인데다 유통기한이 지나버렸지……? 슬픔이 눈처럼 쌓여도 금방 녹아버리는 아스팔트가 있으면 좋을텐데. '잠들지 않는 거리'의 네온사인이라면 추운 겨울도, 꽁꽁 어는 밤도 끊임없이 비추어줄텐데.
> 네온가는 대도회에만 있지 않아♥ 북으로는 홋카이도, 남쪽으로는 오키나와까지, 쵸쵸는 일본 각지에 생활 중! 각각 이유가 있어서 고향(地元)에서 일하면서 매일 노력하고 있어♪ 그런 고향사랑(地元愛) 깊은 쵸쵸의 실태를 일하는 가게와 함께 소개♥
>
> ≪소악마아게하≫ 2010년 3월 호에서 발췌

이상과 같은 삶의 태도를 가장 잘 체현하고 있는 것은 ≪소악마아게하≫가 배출한 독자 모델 중 가장 유명해진 모모에리(ももえり)의 사례이다. 어렸을 때 임신을 계기로 사귀던 사람과 결혼했지만 곧 이혼하고, 싱글맘으로

서 아들을 부양하기 위해 시즈오카(静岡)의 호스티스 클럽에서 일하던 그녀는 이 잡지의 창간 후에 독자 모델로 일하면서 카리스마적인 인기를 얻게 되고, 현재는 액세서리 디자이너이자 회사 사장, 모델로서 바쁜 나날을 보내고 있다. 흥미로운 것은, 일본 전국에서 성공적으로 사업을 전개하고 있는 그녀가 도쿄로 이사하는 대신 고향인 시즈오카에 여전히 머물러 아이를 키우고 있다는 점이다. 모모에리는 자신의 고향에 밀착해 살아가는 것을 중시하며 실제로 도쿄에 진출할 계획이 없냐고 묻는 인터뷰에서 그녀는 "전혀 생각하지 않아요. 이 시즈오카가 좋고 내가 태어나고 자란 토지에서 아들을 키우고 싶으니까"[59]라고 단언하고 있다.

여기서 주목해야 할 점은 그녀가 여전히 자신의 고향에 머물러 있고, 싱글맘이라는 사실을 전면에 내세운다는 점[60]으로, 우선 전자는 ≪소악마아게하≫에 등장하는 독자 모델들이 기사에서 사투리를 숨기지 않고 사용하는 것, 그리고 자신의 이야기와 함께 자신이 거주하는 지역과 일하는 클럽이 반드시 함께 표기되는 것으로 표현되며, 앞에서 살펴본 젊은이들의 지역에 머무르고자 하는 성향을 잘 보여주고 있다. 후자는 일견 여성으로서 실패한 것으로 보이는 이혼과 싱글맘이라는 경력을 당당히 공개함으로써 독자들의 공감을 부를 뿐만 아니라 독자들에게 친근감을 느끼게 하는 효과를 불러오고 있다.

그리고 이런 여성들의 경제적 수준을 보여주는 것은 이 잡지에 실려 있는 상품들의 가격대이다. 대부분의 드레스가 5천 엔 이하의 저렴한 가격으로,

---

59 ≪BRUTUS≫, 661호 2009년 5월 1일 자 〈girl's culture〉 특집, 〈Girls File 02 桃華絵里〉, p. 25쪽.
60 모모에리는 현재 ≪소악마아게하≫는 은퇴하였지만, 자매 잡지로 비정기 무크지인 ≪I Love Mama≫에서 아들과 함께 패션기사에 모델로 자주 등장하고 있고, 그 외의 대중 매체에 노출될 때도 아들과 함께 등장하는 경우가 많다.

가장 비싼 것도 만 엔을 넘지 않고 여성 패션지의 상당 부분을 차지하는 패션 관련 광고를 거의 찾아볼 수 없다. 이는 화려함와 사치스런 이미지로 점철된 기존의 호스티스상과는 동떨어진 부분으로, 실제 이 잡지의 독자층이 어떤 경제적 지위에 있는지를 웅변하고 있다. 직업상 꼭 필요한 옷들임에도 불구하고 이 정도 가격이 아니면 이들은 구입할 수 없는 것이다. 호스티스를 선택한 동기가 사치하기 위해서가 아니라 생활을 유지하기 위해서라는 점을 여기서도 미루어 짐작할 수 있다.

≪소악마아게하≫ 잡지 모델의 실화를 만화로 그려낸『코믹아게하(Comic AGEHA)』에 등장하는 모델 메구[Megu, 후쿠이(福井) 현 거주]의 사례는 이와 관련하여 가장 전형적이다. 어릴 때 양친이 이혼하고 스낵을 경영하는 엄마와 함께 살던 그녀는 10대 후반부터 밤의 세계에서 일했지만 19세에 사귀던 남자친구의 아기를 임신해서 그와 결혼하게 된다. 그러나 가정은 돌보지 않고 바람을 피우는 남편과 크게 싸우고 나서 친정에서 아기를 낳고, 그 과정에서 다시 남편과 합치게 되지만 끊이지 않는 남편의 바람에 결국 아기를 데리고 가출한 그녀가 선택한 길은 싱글맘으로서 호스티스 일을 하면서 아기를 키우는 것이었다. "[재혼한] 엄마에게는 새로운 생활이 있어…… 누구에게도 기대지 않고 혼자 해나갈 수밖에 없어…… 내가 할 수 있는 건 이것[호스티스]밖에 없어. 직장 가까운 곳에 방을 빌려서 밤에는 아기를 맡기고 일하고 낮에는 가사와 육아, 잘 틈이라곤 없어."[61] 인상적인 것은 아기의 아빠와 재결합한 그녀였지만, 큰 싸움을 하고 남편이 집을 나가버리는 것으로 만화가 끝맺는다는 점이다. 재결합과 헤어짐을 3번이나 반복하면서 꿋꿋이 아

---

61 <うち, あんたのママでいたいねん : 波乱のシングルマザー物語>,『Comic AGEHA』 101쪽에서 발췌(東京 : インフォレスト, 2008).

기를 키워왔지만 결국 호스티스라는 이유로 아기의 양육권을 남편에게 빼앗기고, 그럼에도 불구하고 아기를 언젠가 되찾겠다는 목표로 열심히 살아가고 있는 그녀의 삶은 안타깝고 아픈 것이다.

여기서 다시 『연공』으로 돌아가보자. 앞에서 다룬 미카의 친구로 밤일에 종사하고 있는 우타의 경우도 그렇지만, 과거의 상처에도 불구하고 호스티스로 일하고 있는 《소악마아게하》의 여성들은 강한 동시에 약하다. 겉으로는 화려해 보이는 우타는 남자친구와 헤어지지 않기 위해서 임신 중절을 두 번이나 했지만 너무나 좋아했기 때문에 어쩔 수 없었다고 말한다. 미카 또한 자신을 위해서라고는 하지만 남자친구로부터 일방적으로 이별을 통고받고 자신의 사랑을 증명해보이기 위해 폭력적인 성행위를 감수한 후, 히로가 강요하는대로 담뱃불로 팔 지지기(根性焼き)를 스스로 실행한다. 《소악마아게하》의 한 독자 모델은 처음 사귄 남자친구가 '남자와 눈이 마주쳤다는 이유만으로 때려서 이제는 DV(데이트 폭력)는 안되겠다'고 생각하면서도, "뭐, 그때는 푹 빠졌었어. 뭐라고 해도 멋졌구"라고 담담하게 과거를 돌이킨다.[62]

모모에리처럼 어린 나이에 결혼과 이혼을 경험하고 싱글맘으로서 홀로 아기를 키우는 삶에서도 전남편의 그림자—미련이나 원망을 포함한—는 찾아볼 수 없다. 명백히 상대방의 잘못임에도 불구하고 상대방을 원망하기 보다는 이를 자신에게 주어진 운명으로 수용하는 이런 태도에서 우리는 자기 책임의 논리 및 자신에게 주어진 부당한 관계성을 수용하는 종순한 태도와 가정을 무엇보다 소중히 하는 보수적인 가치관을 엿볼 수 있다. 1990년대 일본 사회를 떠들썩하게 했던 원조교제의 주인공들로 시부야(渋谷)를 점령했

---

62 『Comic AGEHA』, p. 33.

던 고갸루(コギャル)들은 교복을 입은 소녀라는 이미지를 성적으로 향유하고자 하는 기성세대의 이중적인 성 관념, 정조 관념을 비웃으며 그를 이용하는 것으로 묘사되었던 것에 반해, 2000년대 텅 빈 지방을 지키는 이 여성들은 가정과 아기로 대표되는 작은 행복을 견실하게 지키고 더 이상 상처 입지 않기 위해 높이 올린 머리와 화려한 드레스로 무장한 채 텅 빈 지방에서 호스티스로서 손님을 접대한다.[63]

5. 젊은 여성들의 선택으로 본 2000년대와 '불황문화' 일본

지금까지 핸드폰소설을 출발점으로 해서 현대 일본 젊은이들의 커뮤니케이션 양상과 지방 사회의 공동화와 양키문화의 소멸, 그리고 ≪소악마아게하≫로 대표되는 호스티스에 대한 관심이 무엇을 의미하는지 살펴보았다. 우선, 일본 사회에서 핸드폰은 인터넷 이용의 핵심 도구이며 인터넷 환경이 정비되어 있지 않은 지방에서 보다 그 중요성이 크다고 할 수 있다. 한편, 핸드폰소설이 갖는 '리얼함'은 그 내용과 형식적 특성(극단적이고도 진부한 전개, 개인의 고백담, 지방 사회의 정경, 극단적으로 짧은 문장 등)뿐만 아니라 장면 장면에서 묘사되는 핸드폰을 매개로 한 커뮤니케이션 양태의 현실성에서도 기인한다는 사실이 밝혀졌다. 그리고 이런 핸드폰소설은 도쿄를 중심으로 팔리는 다른 일반 소설과는 달리 대형 서점 체인을 통해 전국적으로

---

63 이러한 여성들의 보수적인 태도에 관련해서 양키문화 내부의 여성들, 즉 〈레이디즈(レディズ)〉라고 불렸던 이들의 남존여비적 성향과 관련짓기도 한다. 보다 자세한 것은 하야미즈의 책을 참조하라.

판매되었는데, 이는 핸드폰을 매개로한 인터넷 이용이 지방에서 보다 활발한 것과 밀접하게 연결되어 있다.

물론 이상의 논의는 핸드폰을 통한 인터넷이 지방 젊은이들의 전유물이라고 주장하는 것은 아니다. 사실상 핸드폰은 일본 사회에서 모든 세대에 걸쳐 필수불가결한 것이 되었고, 이것이 커뮤니케이션과 친밀성에 큰 변화를 가져왔다는 점은 자명하다. 그러나 핸드폰소설의 작가와 독자층이 젊은 여성이었다는 사실, 그리고 핸드폰소설의 인기가 일본 사회 전체에 공통된 것이 아니라, 어떤 특정 세대 및 특정 계층에 의해 지지된 것 또한 지적되어야 할 필요가 있다. 그리고 이 집단은 도심보다는 교외와 지방 사회에 많고, 젊은 여성이 많다는 점, 핸드폰소설의 배경 자체가 이런 교외 및 지방 사회라는 점에 이 글은 주목하였다.

1990년대 중반 이후 '패스트풍토화'로 상징되는 지방 경제의 붕괴는 지역을 기반으로 했던 하위문화로서 양키문화의 쇠락을 불러왔다. 한때는 불량 청소년이었으나 성인이 되면 견실한 남편이자 가장으로 지역사회에 뿌리내렸던 양키들이 갈 곳을 잃으면서, 과거에는 이들의 아내이자 엄마로서 살아가기를 선택했던 지방의 여성들은 그보다 더한 경제적 상황에 내몰렸다. 과거에도 경제적 상황으로 인해 어쩔 수 없이 밤업소에 취직을 했던 여성들은 존재했을 것이다. 그러나 일본 사회 전반에 걸친 경제 불황의 여파로 인해 약화된 지방 경제는 과거에 비해 더 많은 여성들을 이 선택지로 몰아넣었고, 이 과정에서 호스티스는 오히려 가장 현실적인 직업 중의 하나로 대두하게 되었다. 공중파 티비에서 인기를 얻으며 방영되었던 호스티스, 호스트를 소재로 한 드라마나 같은 소재를 다룬 핸드폰 게임의 인기는 이런 현상을 직접적으로 반영하고 있다.

하야미즈는 이를 '불황문화(デフレカルチャー)'라 이름 붙이면서, 2016년

현재 35세 미만인 세대를 '태어났을 때부터 불황이었던 세대'로 규정한다. ≪소악마아게하≫에서 드러나는 삶의 태도는 반짝이고 화려한 겉모습과는 달리 검소하고 절약하는 것이며, 이들에게 호스티스라는 직업은 일부를 제외하고는 대부분 현재의 삶의 질을 간신히 유지하기 위한 수단에 불과하다는 것이다. 실제로 ≪소악마아게하≫의 독자 모델들이 가감 없이 구어체로, 때로는 사투리로 고백하는 과거는 굴곡으로 가득 차 있는 이들의 삶을 반영하고, 이것이 호스티스가 아닌 일반 독자들의 공감을 얻는 계기가 되었다. 최근 일어난 휴간 사태에도 불구하고 1년 만에 다시 복간된 것은 그만큼 독자들의 지지가 탄탄하다는 사실, 즉 공동화된 지방과 젊은 여성들의 문제는 아직도 해결되지 않은 채 남아있다는 점을 잘 보여준다. 일견 황당무계하고 진부한 내용으로 가득 찬 핸드폰소설은 이런 여성들에게 자신과 같은 처지에 있는 여성들의 고백을 나누고 공감한다는 의미에서 '리얼'한 매체인 것이다.[64]

---

64 이는 문화 현상으로서 최근 유행하는 〈트라우마 고백하기(トラウマ語り)〉와 밀접하게 연관된다. 지면상 이 부분에 대해서는 다룰 수 없었으나 일본에서 개인의 극한적인 체험담을 출판하여 인기를 얻는 사례가 1990년대 중반 이후 다수 보고되고 있다는 점을 부기해둔다.

참고문헌

강현구. 2008. 「뉴미디어 시대의 핸드폰소설- 일본 핸드폰소설의 서사적 특성을 중심으로」. ≪대중서사연구≫, 제14권 제2호.

고네나가 사토시. 2007. 「Web2.0 미디어로서의 휴대전화: 인터넷의 저 연령층에의 확장과 "환경화"」. 한국언론학회 제 13회 한일언론학 심포지엄 발표문.

미카. 2009. 『연공』. 상, 하. 이주지 옮김. 조형북스.

사사키 도시나오. 2010. 『전자책의 충격』. 한석주 옮김. 커뮤니케이션북스.

이정준. 2010. 「휴대폰 소설- 새 매체 속의 새로운 문학 장르」. ≪독일문학≫, 116집.

다케모토 노바라. 2005. 『시모츠마 이야기』. 기린 옮김. 두드림.

폴 윌리스. 2004. 『학교와 계급재생산』. 김찬호 옮김. 이매진.

東浩紀・北田暁大. 2007. 『東京から考える』. 東京: 日本放送出版協会.

阿部真大. 2009. 「ヤンキーたちは地域に戻ることができるのか」. 五十嵐太郎編. 『ヤンキー文化論序説』. 東京: 河出書房新社.

香山リカ・森健. 2004. 『ネット王子とケ-タイ姫』. 東京: 中公新書ラクレ.

佐野正弘. 2007. 『大人が知らない携帯サイトの世界: PCとは全く違うもう一つのネット文化』. 東京: 朝日コミュニケーションズ.

土井隆義. 2008. 『友だち地獄:「空気を読む」世代のサバイバル』』. 東京: 筑摩書房.

_____. 2010. 『地方の空洞化と若者の地元志向ーフラット化する日常空間のアイロニー』. ≪社会学ジャーナル≫, 35. 筑波大学社会学研究室.

成美弘至. 2009. 「ヤンキーファッション　過剰さのなかの創造性」. 五十嵐太郎編. 『ヤンキー文化論序説』. 東京: 河出書房新社

難波功士. 2007. 『族の系譜学』. 東京: 青弓社.

濱野智史. 2008. 『アーキテクチャの生態系: 情報環境はいかに設計されてきたか』. 東京: NTT出版.

速水健郎. 2008. 『ケ-タイ小説的. --"再ヤンキー化"時代の少女たち』. 東京: 原書房.

本田透. 2008. 『なぜケ-タイ小説は売れるのか?』. 東京: ソフトバンククリエイティブ.

松田美佐. 2000. 「若者の友人関係と携帯電話利用-関係希薄化論から選択的関係論へ」. ≪社会情報学研究≫, 4.

三浦展. 2008. 「ファスト風土が日本を壊す!」. 洋泉社編集部編. 『地方を殺すな!』. 東

京：洋泉社MOOK.

若林幹夫.「ポケットの中の〈他者〉」.≪毎日新聞≫朝刊. 1997년 3월 9일 자.

≪BRUTUS≫ no. 661 2009년 5월 1일 자 〈girl's culture〉 특집

水玉ペリ. 2008 〈うち, あんたのママでいたいねん：波乱のシングルマザー物語〉.『Comic AGEHA』. 東京：インフォレスト.

박영경. 2007. 7.1. "핸드폰소설에 열광하는 일본 여중고생들: 부모 몰래 이불속에서 도 꾹꾹". ≪일요신문≫, http://www.ilyo.co.kr/news/articleView.html? idx-no=62973 (검색일: 2016년 4월 11일)

안민정. 2009. 7.15. "일본에서 지금 '양키'가 대세인 이유?'. ≪JPNEWS≫, http://www.jpnews.kr/sub_read.html?uid=922, (검색일 2011년 6월 28일)

佐々木俊尚. 2007. "ソーシャルメディアとしてのケータイ小説" http://japan.cnet.com/blog/sasaki/2007/12/20/entry_25003250/(검색일: 2011년 5월 1일)

"「プロフ」で売春誘う書き込み 少女のケータイ「援交」急増" 2008년 http://www.j-cast.com/2008/11/10030074.html(검색일: 2016년 4월 11일)

i-mode, http://ja.wikipedia.org/wiki/I%E3%83%A2%E3%83%BC%E3%83%89(검색일: 2011년 5월 4일), https://www.nttdocomo.co.jp/service/imode/index. html(검색일: 2016년 3월 6일)

恋空 ロケ地ガイド, http://loca.ash.jp/show/2007/m2007_koizora.htm(검색일: 2011년 6월 28일)

木更津キャッツアイ, http://ja.wikipedia.org/wiki/%E6%9C%A8%E6%9B%B4% E6% B4%A5%E3%82%AD%E3%83%A3%E3%83%83%E3%83%84%E3%82% A2%E3%82%A4 (검색일: 2011년 6월 28일)

速水健朗.「デフレカルチャー 第一回「生まれたときから不況の世代」」≪講談社メーマ ガジン≫2010年6月18日号, http://eq.kds.jp/kmail/bn/?r=c&m=8& c=8(검색 일: 2011년 5월 1일)

「小悪魔ageha」編集長にインタビュー, 世の中には「かわいい」か「かわいくない」の2つし か無い」≪GIGAZINE≫http://gigazine.net/news/20090714_koakuma_age-ha/ 2009年7月14日, (검색일: 2011년 5월 3일)

Onishi Norimitsu "Thumbs Race as Japan's Best Sellers Go Cellular"www. nytimes. com/2008/01/20/world/asia/20japan.html?_r=0(검색일: 2016년 4월 12일)

찾아보기

/

각 장 출처 목록

/

1장 전후 천황제와 젠더: 황태자비 마사코의 시련과 황실의 위기를 중심으로

이 글은 ≪일본비평≫ 9호(2013.8), 18~55쪽에 발표된 「전후 천황제와 젠더: 황태자비 마사코의 시련과 황실의 위기를 중심으로」를 수정 보완한 것이다.

2장 "개인적인 것이 정치적인 것이다": 선택적 부부별성과 이름의 정치학

이 글은 "The Personal is Political: Women's Surname Change in Japan," *Journal of Korean Law* 8(1)(2009), pp. 161~179에 발표된 필자의 영어 논문을 한글로 번역하여 최근의 변화를 첨가하여 수정 보완한 것이다.

3장 근대 일본 여성운동의 조직화와 노선 갈등: ≪여성동맹≫을 통해 보는 신부인협회의 역사와 의의

이 글은 ≪동양사학연구≫ 116(2011.9), 289~339쪽에 발표된 「다이쇼기 일본 여성운동의 조직화와 노선 갈등-≪여성동맹≫을 통해 보는 신부인협회(1919~1922)의 역사와 의의」를 수정보완한 것이다.

4장 수다 공동체의 진지전과 제한적 내부화: 일본 슈퍼마켓 기업의 인사관리 제도에 관한 젠더 분석

이 글은 *Social Science Japan Journal* vol. 11 no. 2(2008)에 게재된 "Personnel Management Reforms in Japanese Supermarket: The Positional Warfare and Limited Assimilation of Conversational Communities"를 필자가 번역한 것이다. 일본어 번역본은 ≪社会科学研究≫ 61卷 5・6号(2010)에 게재되었다(논문명 おしゃべり共同体の陣地戦と制限的内部化; 日本のスーパーマーケットの人事管理 制度とは).

5장 부모를 돌보는 비혼 남성의 남성성: 일본의 젠더 질서와 가족 돌봄의 역학

이 글은 ≪한국 여성학≫ 30(4)(2014.12), 77~117쪽에 발표된 논문이다.

6장 금기와 미망을 넘어서: 일본 남성 동성애문학세계 읽기

이 글은 ≪日本研究≫ 제21집(2014.2), 101~122쪽에 실린 「일본 LGBT문학 시론-남성 동성애문학을 중심으로」를 바탕으로 대폭 가필하고 재구성한 것이다.

7장 2000년대 이후 지방 공동화와 젊은 여성들: 핸드폰소설, ≪소악마아게하≫, 그리고 '불황문화'

이 글은 ≪일본비평≫ 5호(2011.8), 50~89쪽에 게재된 연구자의 논문 「공동화된 지방 사회와 젊은 여성들-핸드폰소설, ≪소악마아게하≫ 그리고 '불황문화'」를 이 단행본의 취지와 일본 사회의 변화에 맞추어 수정 및 가필, 보완한 글이다.

지은이

/

권숙인

서울대학교 인류학과 교수이다. 서울대학교 인류학과를 졸업하고 스탠퍼드 대학에서 인류학 박사학위를 받았다. 서울대학교 인류학과장, 사회과학대학 교무부학장, 여성학협동과정 전공 주임, 비교문화연구소장 등을 역임했으며 캘리포니아 대학 방문학자, 하버드-옌칭 연구소 (Harvard-Yenching Institute) 초빙학자로 연구했다. 주변부 집단의 정체성, 이주와 이산, 여성 과 이주/이동, 식민지 조선의 일본인, 재일한인 등의 주제에 관심을 갖고 있다. 최근의 저서와 논문으로『현대 일본의 전통문화』(2012),『다문화사회 일본과 정체성 정치』(2010), "Japanese Female Settlers in Colonial Korea,"(2014) "Ethnic Korean Returnees from Japan in Korea, Experiences and Identities"(2014) 등이 있다.

김영

부산대학교 사회학과 부교수이다. 일본과 한국의 여성 노동, 비정규 노동, 청년 노동에 관해 폭넓은 연구를 해왔다. 주된 연구 관심은 여성의 저항과 사회변동이다. 특히 주변부에 위치한 미조직 행위자의 행위가 사회변동으로 이어지는 과정에 관심을 가지고 있다. 주요 논문으로「밀양 765kV송전탑건설반대운동에 대한 젠더 분석」(2015),「지연되는 이행과 스크럼 가족」(2015),「관계의 빈곤과 청년의 홈리스화」(2013),「'요요 이행'과 'DIY 일대기'」(공저, 2013),「기혼여성 비정규 노동자의 노동경험과 집합행동참가」(2010),「均衡を考慮した処遇制度と働き方のジェンダー化」(2009) 등이 있다.

김효진

서울대학교 일본연구소 HK조교수이다. 서울대학교 인류학과에서 학사 및 석사를, 하버드 대학 인류학과에서 박사학위를 받았다. 오타쿠 문화를 중심으로 한 현대 일본 사회의 대중문화 및 젠더 정치학, 한일 문화 교류와 세계화 속의 문화민족주의, 인터넷 커뮤니케이션 등을 주로 연구하고 있다. 주요 저서로『女性マンガ研究』(공저, 2015), 주요 논문으로「요시나가 후미의 '오오쿠(大奥)'-역사적 상상력과 여성만화의 가능성」(2014),「레이디스 코믹이 재현하는 여성의 일상- 3.11 동일본대지진의 사례를 중심으로」(2014),「후조시는 말할 수 있는가?-'여자' 오타쿠의 발견」 (2010) 등이 있다.

신기영

일본 국립 오차노미즈 여자대학 대학원 및 젠더연구소 준교수로 재직 중이다. 서울대학교 외교학과를 졸업하고, 미국 워싱턴 대학에서 정치학 박사학위를 받았다. 일본학술진흥회 외국인특별연구원을 역임했다. 젠더와 정치, 페미니즘 이론, 동아시아와 일본 등으로, 젠더시각에서 주류정

치학 및 국제정치학 문제를 새롭게 질문하고 대안적 시각을 탐구하는 것에 관심을 가지고 있다. 서울대학교 일본연구소 학술저널 ≪일본비평≫ 14호(2016)의 특집 '동아시아 속의 재일코리안'을 편집했으며, 공저로 *The Oxford Handbook of Feminist Theory*(2015), *Gender and Power*(2015), 「ジェンダー・クォータ： 世界の女性議員はなぜ増えたのか」(2014) 등이 있고, *Politics & Gender, International Political Science Review, Pacific Affairs* 등에 논문을 발표했다.

이은경

서울대학교 일본연구소 HK조교수이다. 서울대학교 동양사학과에서 학사와 석사를 마치고, 일본 도쿄 대학 대학원 총합문화연구과에서 박사학위를 받았다. 최근의 주된 연구 관심은 일본 근현대사 중에서도 여성운동과 생활, 현대 일본 사회의 기원으로서의 근대 문화의 형성, 근대 일본에서 그리스도교의 수용과 사회적 역할 등이다. 연구 성과로는 『전후 일본의 생활평화주의』(2014), 『현대일본의 전통문화』(2012), 『일본사의 변혁기를 본다』(2011) 등의 공저와, 「모성 참정권 전쟁 그리고 국가: 근대 일본 여성운동의 통시적 고찰」(2016), 「전후 일본의 각성하는 '모성'과 평화: 〈일본모친대회〉(1955~)의 태동과 초기 활동을 중심으로」(2013) 등의 논문이 있다.

이지형

숙명여자대학교 일본학과 교수로 재직 중이다. 고려대학교 일어일문학과를 졸업하고 와세다 대학에서 석사, 쓰쿠바 대학에서 박사학위를 받았다. 일본 근현대문학이 주요 전공이며 근현대문화 전반에 관심을 가지고 연구와 강의를 하고 있다. 주요 논문으로 「일본 한센병소설의 계보와 변천」(2016), 「일본 전후 성과학잡지 고찰」(2015), 「일본 마이너리티문학 연구의 현재와 과제」(2014), 「일본 LGBT문학 시론」(2014) 등이 있다. 최근 연구 관심사는 신체, 젠더, 섹슈얼리티, 장애 등을 중심 대상으로 한 일본 마이너리티문학이며, 억압과 차별을 정당화한 이론적 근거였던 근대 우생학에 대해서도 천착하고 있다.

지은숙

한림대학교 일본학연구소 연구원으로 재직하고 있다. 젠더 관점에서 결혼과 가족의 문제, 돌봄과 이주 현상을 해명하는 것이 주된 연구 관심사이다. 최근에는 가족 관계와 젠더 질서의 변화 가운데서도 특히 여성 비혼자의 사회적 관계가 확대되는 경향과 남성 돌봄자가 수적으로 증가하고 있는 현상에 주목하고 있다. 「비혼(非婚)을 통해 본 현대 일본의 가족 관계와 젠더 질서」(2016)로 서울대학교 인류학과에서 박사학위를 받았고, 논문으로 「가족주의 사회와 비혼 여성의 새로운 친밀권: 독신부인연맹의 사례를 중심으로」(2014), 「디아스포라 관점에서 본 재일조선인 여성의 결혼문제: 30대 여성의 결혼활동을 중심으로」(2011)가 있다.

한울아카데미 1924

젠더와 일본 사회

ⓒ 권숙인 · 김효진 · 지은숙 외, 2016

엮은이 ㅣ 권숙인 · 김효진 · 지은숙
지은이 ㅣ 권숙인 · 김영 · 김효진 · 신기영 · 이은경 · 이지형 · 지은숙
펴낸이 ㅣ 김종수
펴낸곳 ㅣ 한울엠플러스(주)

초판 1쇄 발행 ㅣ 2016년 9월 12일
초판 2쇄 발행 ㅣ 2017년 10월 25일

주소 ㅣ 10881 경기도 파주시 광인사길 153 한울시소빌딩 3층
전화 ㅣ 031-955-0655
팩스 ㅣ 031-955-0656
홈페이지 ㅣ www.hanulmplus.kr
등록번호 ㅣ 제406-2015-000143호

Printed in Korea.
ISBN 978-89-460-5924-5   93330(양장)
      978-89-460-6226-9   93330(학생판)

* 책값은 겉표지에 표시되어 있습니다.
* 이 책은 강의를 위한 학생판 교재를 따로 준비했습니다.
  강의 교재로 사용하실 때에는 본사로 연락주십시오.